高等学校电子商务专业系列教材

电子商务案例分析

周兴建　泮家丽 ◎ 主编
侯德林　蔡丽华　罗福 ◎ 副主编

電子工業出版社
Publishing House of Electronics Industry
北京 • BEIJING

图书在版编目（CIP）数据

电子商务案例分析 / 周兴建，泮家丽主编. —北京：电子工业出版社，2021.8

ISBN 978-7-121-41554-8

Ⅰ. ①电… Ⅱ. ①周… ②泮… Ⅲ. ①电子商务－案例－高等学校－教材 Ⅳ. ①F713.36

中国版本图书馆 CIP 数据核字（2021）第 137312 号

责任编辑：刘淑敏　　　　特约编辑：田学清
印　　刷：河北虎彩印刷有限公司
装　　订：河北虎彩印刷有限公司
出版发行：电子工业出版社
　　　　　北京市海淀区万寿路 173 信箱　　　邮编：100036
开　　本：787×1092　1/16　印张：13　字数：333 千字
版　　次：2021 年 8 月第 1 版
印　　次：2026 年 1 月第 4 次印刷
定　　价：49.80 元

凡所购买电子工业出版社图书有缺损问题，请向购买书店调换。若书店售缺，请与本社发行部联系，联系及邮购电话：（010）88254888，88258888。

质量投诉请发邮件至 zlts@phei.com.cn，盗版侵权举报请发邮件至 dbqq@phei.com.cn。

本书咨询联系方式：（010）88254199，sjb@phei.com.cn。

前　言

互联网经济的迅猛发展为消费市场提供了强大的驱动力，在大众消费观不断变化、下沉市场持续增长、直播带货快速兴起、社交经济逐渐成长等多类因素的助推下，电子商务行业表现得格外精彩。随着新零售线上线下消费场景融合、大数据云计算技术等的深度应用，电子商务行业正朝着数智化迈进。“直播+零售”模式的出现，帮助实体商业改善生存现状。一方面，线下实体店通过线上直播可以切中用户消费心理，传递品牌价值；另一方面，线上直播突破了空间和时间限制，覆盖了更广泛的消费人群，可以有效提升线下门店坪效。同时，大数据决策与反向定制借助电商数字化平台大大缩短了对潜在的目标消费者进行问卷调查或者访谈的时间，“喜欢什么卖什么”“需要什么卖什么”成为现实。直播、社交、跨境电商的兴起，改变了许多产业现状，甚至一个地区的生活和经济形态。

在这样的时代浪潮和行业发展背景下，本书对当前电子商务创新模式进行了深入的研究分析，力图从中挖掘和发现具有规律性、普遍性的成分，以加强学习者对电子商务理论与应用的更深层次理解，并最终转化为新的创新。具体而言，本书主要有如下特点：

① 内容更紧密地结合数字经济和数智化时代特征。重点研究数字化转型背景下的电子商务热点模式和创新模式，还原真实的电子商务运营场景，用贴近实际应用的电子商务运营模式，激发学习者的学习兴趣与热情。

② 更好地培养学习者的学习兴趣和创新思维。在对典型的 B2B、B2C、C2C、O2O、C2B 电子商务案例进行分析的基础上，将直播电子商务、跨境电子商务等创新模式纳入其中，更有利于培养学习者创新思维和开拓精神。

③ 具有更利于互动教学的编写风格和体例模式。对典型的电子商务案例详加剖析，强化案例分析过程而非结果，思考典型案例中提出的问题等，让学习者在思考中掌握，在掌握中深入，在深入中进一步思考、提高。

本书共 9 章，包括 26 个正文案例、8 个引导案例和 8 个实训案例。本书由周兴建、泮家丽担任主编并负责编写全书框架，侯德林、蔡丽华、罗福担任副主编。本书具体编写分工如下：周兴建编写第 1～5 章，泮家丽编写第 6～9 章，侯德林编写各章的引导案例，蔡丽华编写各章的实训案例，罗福编写各章的复习思考并负责案例初始资料的收集整理，周兴建和蔡丽华负责全书统稿。

编者在编写本书的过程中，参考了大量的学术文献及互联网资源，在此对一众作者表示衷心的感谢。电子商务的发展日新月异，各种创新模式尚在不断的探索和尝试之中，加之编者水平有限，书中难免存在疏漏之处，恳请广大读者和同行包容谅解，批评指正。

目　　录

第1章 概述

【学习目标】

1．电子商务的定义与内涵；
2．电子商务的产生与发展；
3．电子商务的功能与特征；
4．电子商务盈利模式；
5．电子商务模式的类型。

【引导案例】

电子商务发展的典范亚马逊

30岁时的杰夫·贝佐斯（Jeff Bezos）惊讶地注意到网络使用率每年提高2300%，这对他而言是一项重要发现。他开始思考：既然有这样的趋势，自己该如何在这样的网络空间中创造无穷的商机呢？最后得出的结论是：网络完全可以创造更高的顾客价值，这种价值足以催生出一个崭新的经营和消费模式。随后，贝佐斯得到了好友的支持和父母30万美元退休金的资助，在咨询了创业专家及律师后，于1995年创建了亚马逊，这是一个完全建立在信息网络技术基础上的新型商务模式。贝佐斯的观点是：对于实体店，最重要的是地段；对于网上经营，最重要的是技术。这一指导思想自亚马逊创建之日起就被不停地强调，这使得亚马逊在经营中科技含量不断提高。贝佐斯非常自豪于自己公司的技术软件，因为其公司的技术软件不断创新而使得竞争者望尘莫及。

强调技术的重要性，并不等于忽视商务和顾客。相反，在贝佐斯的心目中，顾客一直被摆在核心的地位，而技术则是更好地为顾客服务的手段。亚马逊成立初期，贝佐斯就有一个想法：创造世界上最重视顾客的公司。事实上，亚马逊一直在为顾客提供方便舒适的网上购物环境。方便购书是亚马逊最大的特色，通过网络顾客可以任意检索、浏览、购买任何书籍。通过"一点通"（One-Click）设计，顾客只要在该网站买过一次书，其通信地址和信用卡账号就会被安全地存储下来。下次再购买时顾客只要单击欲购之物，网络系统就会帮助顾客完成以后的手续，不仅是填写消费者的收件资料，甚至是刷卡付费也可由网络系统代劳。亚马逊还利用软件收集顾客购物爱好和购物历史方面的信息，随时为顾客购买图书提供建议。

从顾客的角度出发，亚马逊提出了 LIP （Listen、Invent、Personalize），即“聆听、发明、量身定制”的企业经营理念。亚马逊认为：不会聆听顾客的公司肯定无法生存，但单靠聆听，甚至按照顾客要求去做还不够，应根据需求推出创新的消费方式，最后为顾客量身定制他们的购物天地。例如，你喜欢科幻小说，亚马逊便根据你的买书习惯推出个人界面，向你推荐你爱看的科幻书。

不断发展的电子商务经济和电子商务技术成为亚马逊持续发展的动力和新增长点，亚马逊的成功也使贝佐斯成为电子商务领域的传奇人物。《时代》杂志资深评论员彼尔·菲尔兹博士说：“亚马逊是互联网时代的典型象征之一，也是伟大的幸存者。亚马逊的成功得益于其首席执行官贝佐斯的智慧和分析能力。”他还说：“贝佐斯最大的本事是创造和利用了技术，用最佳的消费模式将商品转移到顾客的手中。”直至今天，亚马逊仍是全球最大的电子商务公司，在其引领下各种新型的电子商务企业不断涌现，整个世界也迈入了一个崭新的电子商务时代。

辩证与思考：亚马逊的电子商务发展为何能取得成功？

分析与提示：电子商务发展的内涵和特征。

1.1 电子商务发展概述

1.1.1 电子商务的理解

1. 电子商务的表达

顾名思义，电子商务就是应用电子技术开展的商务活动的总称。然而，由于电子技术和商务活动的界定范围不同，因此对电子商务的理解和表达也有所不同。

在英文中，电子商务主要有两个词与之相对应：一是 Electronic Commerce，简写为 E-Commerce；二是 Electronic Business，简写为 E-Business。采用 E-Commerce 还是 E-Business，反映了人们对电子商务在理解和认识上的差异。

就词义来看，Commerce 和 Business 有相同的地方，但又存在着一定的差别。按照词典中的解释：Commerce 主要是指商业、贸易，即商品的买卖，尤指大规模的，如城市和国家之间的贸易；而 Business 除了一般的商业交易，还包括工业和职业的交易，尤其是交易涉及的工商企业外部与内部的各项事务。仅就 Commerce 和 Business 这两个词的意思来看，Commerce 的词义相对窄一些，而 Business 的词义更加宽泛。因此，人们一般将 E-Commerce 称为狭义电子商务，而将 E-Business 称为广义电子商务。

2. 电子商务的不同定义

（1）E-Commerce 的定义

将电子商务理解为 E-Commerce 是很多政府支持的观点。美国政府在其制定的《全球电子商务纲要》中定义：电子商务是指通过 Internet 进行的各项商务活动，包括广告、交易、支付、服务等活动。欧洲议会在《电子商务欧洲动议》中定义：电子商务是通过电子方式进行的商务活动，它的技术是通过电子方式处理和传递数据，包括文本、声音和图像。它的商务则涉及许多活动，不但包括货物电子贸易和服务、在线数据传递、电子资金划拨、电子证券交易、货运单证、商业拍卖、合作设计和工程、在线资料、公共产品获得等有形商品的商务活动，而且包括无形商品（服务）的商务活动，如信息服务、金融服务、法律服务、健身服务、教育服务等。国际商会举行的“世界电子商务会议”中定义：电子商务是指对整个贸易活动实现电子化。

电子商务从外延方面可以定义为：交易各方以电子交易方式而不是通过当面交换或直接面谈方式进行的任何形式的商业交易。它的技术是多种技术的集合体，包括交换数据（如电子数据交换、电子邮件）、获得数据（共享数据库、电子公告牌）及自动捕获数据（条形码）等。它的商务包括信息交换、售前售后服务、销售、电子支付、运输、组建虚拟企业、公司和贸易伙伴可以共同拥有和运营共享的商业方法等。

（2）E-Business 的定义

将电子商务理解为 E-Business 则是企业界特别是一些信息产业著名企业的观点。E-Business 这一表达是由 IBM 公司首先提出来的，IBM 公司认为：电子商务是在 Internet 等网络的广泛联系与传统信息技术系统的丰富资源相互结合的背景下应运而生的一种相互关联的动态商务活动。电子商务是在 Internet 上进行的重要事务，它利用前所未有的网络方式，将顾客、销售商、供货商和雇员联系在一起，将有价值的信息迅速传递给需要的人们，而不仅仅是商业交易。

另一家积极倡导 E-Business 的企业是 Intel 公司，Intel 公司指出：电子商务是基于网络连接的不同计算机之间建立的商业运作体系，它利用 Internet/Intranet 来使商务运作电子化。电子交易是电子商务的一部分，是企业与企业之间或企业与消费者之间使用 Internet 进行的商业交易（如广告宣传、商品订购、付款、售后服务等）。

SUN 公司以更富专业性的语言对电子商务进行了描述：电子商务就是利用 Internet 进行的商务交易。在技术上可以给出如下定义：在现有的 Web 信息发布的基础上，加上 Java 网上应用软件以完成网上公开交易；在现有的企业内部网（Intranet）的基础上，开发 Java 网上企业应用软件，达到企业应用 Internet 化，进而扩展到外部网（Extranet），使外部客户可以使用企业的应用软件进行交易；电子商务客户将通过包括 PC、网络电视机顶盒（Set Top Box，STB）、电话、手机、个人数字助理（PDA）和 Java 设备进行交易。

一些国际组织也赞同 E-Business 的观点。例如，世界贸易组织就认为：电子商务就是通过电信网络进行的生产、营销、销售和流通活动，它不但指基于 Internet 的交易，而且指所有利用电子信息技术来解决问题、降低成本、增加价值和创造商机的商务活动，包括通过网络实现从原材料查询、采购、产品展示、订购到出品、储运及电子支付等一系列的贸易活动。

3. 不同电子商务定义的比较

将上面两种不同的电子商务定义进行比较可以看出，E-Commerce 与 E-Business 之间的区别主要表现在两个方面：一是电子技术所包含内容的差别；二是商务活动所包含内容的差别。

E-Commerce 是指运用 Internet 开展的交易或与交易直接有关的活动，而 E-Business 则是指利用所有信息技术（IT 技术）和网络技术（Web 技术）对整个商务活动过程实现电子化。

E-Commerce 仅仅将通过 Internet 进行的交易活动归属于电子商务，而 E-Business 则将利用包括 Internet 等各种不同形式网络在内的一切计算机网络及其他信息技术进行的所有的企业活动都归属于电子商务。E-Commerce 与 E-Business 的比较如表 1-1 所示。

表 1-1　E-Commerce 与 E-Business 的比较

比较内容	E-Commerce	E-Business
电子技术	Web 技术	Web 技术+其他 IT 技术
商务活动	交易	交易+其他与企业经营有关的所有活动

E-Commerce 与 E-Business 既有相同点又有不同之处。相同点主要表现在：第一，都面向同一个事物——电子商务；第二，都强调电子化，强调在现代信息社会利用多种多样的电子信息工具；第三，工具作用的基本对象都为商务活动。不同点主要有：一是技术的涵盖面不同，均包括运用 Internet 技术，但 E-Business 还涵盖了其他信息技术；二是商务的涵盖面不同，均包括交易，但 E-Business 还涵盖了其他与企业经营管理有关的活动，如图 1-1 所示。

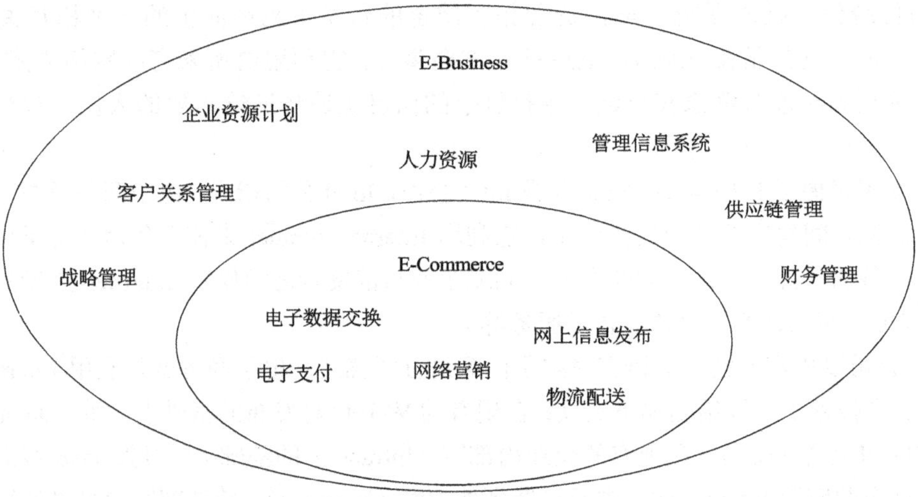

图 1-1　E-Business 与 E-Commerce 的比较

1.1.2　电子商务的内涵

目前，虽然人们对电子商务的理解和表达还没有完全统一，但已经有越来越多的人接受了 E-Business，即广义电子商务的概念。这是因为尽管电子商务最早是从利用网络开展贸易或商品销售开始的，但仅在交易环节实现电子化是远远不够的。商务活动是一个连续的过程，交易和销售只是商务过程末端的一个环节。没有前端的开发研制、生产加工、物流配送、支付结算及客户服务等环节的电子化、网络化支持，交易环节的电子化、网络化就难以实现，其相对于传统商务的优越性也就无法得到充分体现。因此，在对交易环节实行电子化、网络化的同时，需要对产品的整个开发研制、生产加工、物流配送、支付结算及客户服务等所有环节都实行电子化和网络化的运作，只有这样，才有可能实现真正意义上的电子商务。

基于这种认识，本书给出如下定义：电子商务是指利用各种信息、网络技术所进行的商品服务贸易及与此相关的各种经营管理活动的总和。

1.1.3 电子商务的产生与发展

1. 电子商务的产生与发展的动力

（1）对电子商务内涵的认识

电子商务产生与发展的动力首先来自市场竞争的压力。在市场经济条件下，企业之间按照“优胜劣汰”的法则相互进行竞争，只有那些具有竞争优势的企业才能够在市场中获得长期的生存和发展。企业的竞争优势主要来自两个方面：一是更优质的服务，二是更低的成本。而提高服务质量和降低运营成本的主要途径就是技术进步。因此，企业在不断地寻求新的技术并将其应用于企业的经营与管理过程。而信息网络技术的出现，为企业提高服务质量和降低运营成本提供了新的有效途径。信息网络技术的应用，可以使企业的业务流程得到优化、经营管理效率得到提高、服务质量和水平得到提升、生产和销售成本得到降低。因此，不断发展的新的信息网络技术很快被广大企业应用于企业运营与管理过程，从而促进了电子商务的产生和发展。

（2）经济全球化的促进

经济全球化是指生产要素跨越国界，在全球范围内自由流动，各国、各地区相互融合成为一个整体的历史过程。经济全球化不断发展，导致各种生产要素及产品、服务等流动的地域不断扩大，数量也在不断增加。相对于国内的商务活动，国际商务活动受到的制约因素更多，信息的传递与沟通面临的障碍更大，交易成本高的问题更加突出。为突破地域与国家不同所带来的各种障碍，降低在国际经济关系中的交易成本，提高国际经济交往的效率，人们将电子技术及信息网络技术应用于国际经济事务中。因此，经济全球化对电子商务的产生与发展起到了极大的促进作用。

（3）各国政府的重视与推动

随着信息时代的到来，各国政府开始认识到信息化、网络化对经济发展的巨大推动作用，并把电子商务的发展作为实现国民经济信息化、提高国家竞争力和发展水平的重要内容，并加以推动和支持。许多国家的政府都制定了电子商务发展的战略规划，加大了对信息基础设施的投入，制定了有利于电子商务发展的政策。我国制定的《中华人民共和国电子商务法》已由中华人民共和国第十三届全国人民代表大会常务委员会第五次会议于 2018 年 8 月 31 日通过，自 2019 年 1 月 1 日起施行，为电子商务的发展提供了有利的政策和制度环境。可以说，各国政府对电子商务的积极倡导和大力支持，对电子商务在世界范围的发展起到了巨大的推动作用。

2. 电子商务的产生与发展的条件

（1）计算机的广泛应用

电子商务的产生与发展离不开计算机技术的迅速发展与广泛应用。计算机从诞生以来，经历了多个发展过程，从最早的电子管计算机，到后来的晶体管计算机和集成电路计算机，直至今天的大规模（超大规模）集成电路计算机和并行处理（多 CPU）计算机，计算机技术取得了突飞猛进的发展。计算机的处理速度越来越快、处理能力越来越强、价格越来越低、应用越来越广泛，这为电子商务的产生和发展奠定了基础。

（2）信息网络的普及和成熟

电子商务的产生与发展离不开信息网络技术的发展。单个计算机的作用是有限的，只有当不同的计算机相互连接成为网络时，计算机的作用才能真正得到充分体现。因此，各种计算机网络，特别是 Internet 的产生与发展，是电子商务产生与发展的又一必不可少的重要条件。Internet 是由通信网络、计算机网络和信息资源网络构成的全球互联网络，把分布在各地的计算机连接起来，逐步实现了硬件资源、软件资源和信息资源共享。互联网逐渐成为全球通信与交易的媒介，其快捷、安全、低成本的特点使其成为新的商务工具，而全球上网用户量呈几何级数增长趋势，形成了巨大的虚拟市场，这些变化为电子商务的发展提供了必要的条件。

（3）网络支付手段的发展

完整的电子商务不仅要在网上进行交易，通过网络传递订单和交易信息，实现商流的信息化和网络化，还要通过网络进行支付和结算，实现资金流的信息化和网络化，因此，电子商务的发展离不开各种网络支付工具和手段的支持。随着金融电子化和网络化的发展，各种电子支付工具逐渐普及，特别是信用卡以其方便、快捷、安全等优点，已经成为人们消费支付的重要手段，并由此形成了完善的全球性信用卡计算机网络支付与结算系统，使网上支付与结算成为可能，这为电子商务资金流的电子化和网络化提供了重要的手段。

（4）电子交易安全水平的提高

电子商务能否为广大企业和消费者所接受，不仅取决于这种新的交易方式的便利性，还取决于这种交易方式的安全性。只有在交易安全能够得到充分保障的情况下，电子商务才能够得到推广与普及，成为占主导地位的交易方式。因此，电子商务的发展需要安全的交易环境来保障。鉴于此，网络安全一直是人们关注的一个焦点，并在技术上取得了很大的进步。随着网络安全技术的发展，网络交易安全的程度也在不断提高。例如，关于电子商务安全的电子安全交易协议（Secure Electronic Transfer Protocol，SET）自正式出台后，便得到了大多数厂商的认可和支持，并得到迅速推广，该协议的执行使得网络上的交易安全水平有了很大的提高，为电子商务的发展提供了一个必要的安全保障。

3. 电子商务的发展阶段

（1）基于电子数据交换的电子商务

从技术的角度来看，人类利用电子通信的方式进行贸易活动已有几十年的历史了。早在 20 世纪 60 年代，人们就开始用电报机发送商务文件；20 世纪 70 年代人们普遍采用方便、快捷的传真机来替代电报，但是由于传真文件是通过纸面打印来传递和管理信息的，不能将信息直接转入信息系统中，因此人们开始采用电子数据交换（Electronic Data Interchange，EDI）来进行企业间商务数据和信息的传递，这就是电子商务的雏形。

EDI 是将业务文件按一个公认的标准从一台计算机传输到另一台计算机的电子传输方法。

EDI 在 20 世纪 60 年代末期产生于美国，当时的贸易商们在使用计算机处理各类商务文件时发现：由人工输入到一台计算机中的数据 70%来源于另一台计算机输出的文件，而且由于过多的人为因素干预，影响了数据的准确性和工作效率的提高，因此人们开始尝试使数据能够在贸易伙伴之间的计算机上自动交换，EDI 应运而生。由于 EDI 大大减少了纸质票据的使用，因此人们也形象地称之为“无纸贸易”或“无纸交易”。

（2）基于 Internet 的电子商务

20 世纪 90 年代之前，大多数 EDI 都不是通过 Internet，而是通过租用的计算机线在专用网络上实现的，这类专用的网络被称为增值网（Value Added Network，VAN），这样做主要是为了安全。但由于使用 VAN 的费用很高，仅大型企业才会使用，因此限制了基于 EDI 的电子商务应用范围的扩大。20 世纪 90 年代之后，Internet 开始走向成熟并迅速普及，逐步从大学、科研机构走向企业和家庭，其功能也已从信息共享演变为一种大众化的信息传播工具。从 1991 年起，一直排斥在 Internet 之外的商业贸易活动正式进入这个新的领域，使电子商务成为 Internet 应用的最大热点。随着 Internet 安全性的日益提高，作为一个费用更低、覆盖面更广、服务更好的系统，Internet 逐步替代 VAN 而成为 EDI 的硬件载体，因此有人把通过 Internet 实现的 EDI 直接叫作 Internet EDI，即基于 Internet 的电子商务。这一转变标志着真正意义上的电子商务已经形成，电子商务从少数大企业的专利转变为所有企业都可以采用的新型商务模式和工具。

4. 电子商务的发展趋势

（1）由企业外部发展到企业内部

早期的电子商务主要局限于企业外部经营活动的电子化和网络化，将企业对外的经营业务，如网上采购、网上销售、网上支付与结算等移植到互联网上。随着电子商务的深入发展，其应用范围不再局限于企业外部的经营，而是进一步深入企业内部的管理，即企业内部的管理活动也以电子化、网络化的方式进行，包括企业内部的生产管理、库存管理、人力资源管理及财务管理等。企业的外部经营与内部管理在电子商务的基础上达到一致和协同，在企业内部电子商务的支持下，企业外部的电子商务能够更为有效地开展。

（2）由单项业务发展到综合业务

早期的电子商务系统主要是为适应某个单项业务，如网络交易、网络营销等开发设计的，其功能比较单一，同时面向不同业务的系统相互分离，缺少相互的连接与集成。随着电子商务应用范围及其功能的不断拓展，要求各个系统能够相互连接，在信息集成的基础上实现业务的集成。例如，将原来的网上销售系统与供应链管理（Supply Chain Management，SCM）、客户关系管理（Customer Relationship Management，CRM）、企业资源计划（Enterprise Resource Planning，ERP）等系统相互连接，将产品销售、营销业务与产品的研发、生产、物流及财务等业务在信息共享的基础上实现协同，这就使原来局限于不同单项业务的电子商务系统发展成为将所有业务融为一体的综合业务电子商务系统。

（3）由单个企业发展到企业网络

早期的电子商务一般都是以单个的企业为单位进行的，各个企业仅根据自己的需求来实施电子商务方案，开展电子商务活动。但在社会分工日益深入的背景下，企业变得更加专业化，不同的企业分别承担不同的职能，这就使得不同企业之间的联系更加密切，相互依赖的程度加深。在这种情况下，企业能否在市场上得以生存并不断发展，不仅要靠自己的努力，还需要与其他相关企业进行有效的合作与协同。这促使企业将各自的电子商务系统也进行相互连接并形成企业网络，与其他相关企业构建起覆盖所有关联企业的电子商务系统，如联盟资源计划（Union Resource Planning，URP），在信息共享的基础上实现资源共享，并在企业网络的层面上协同开展电子商务。

（4）由自我实现发展到公共服务

在电子商务发展的开始阶段，实施电子商务的企业还仅局限于少数企业，无法形成对第三方服务的需求规模，因而也就难以形成专门提供第三方服务的专业机构和产业。所以，这时的电子商务一般都是由企业自我实施的。例如，企业自行组织电子商务系统的开发，自己对电子商务系统进行部署，自我承担电子商务的运行和维护的各项工作，等等。随着电子商务的日益普及和开展，电子商务企业日益增多，一些专门提供电子商务公共服务的企业也不断涌现，电子商务应用和服务分离。在这些企业中，有的专门提供标准化的电子商务系统软件，如 SCM、CRM、ERP 等；有的专门为企业提供某种电子商务业务，如订单管理、客户服务等；还有的为企业的电子商务活动提供公共平台，如电子交易中心、网上商城等。这就使电子商务的应用变得更加简便易行，实施电子商务的成本大大降低，从而为所有企业，特别是一些中小企业的电子商务应用创造了更为有利的条件。

1.1.4 电子商务的功能与特征

1. 电子商务的功能

电子商务作为一个系统，主要具有三大功能模块，包括内容管理（Content Management）、协同处理（Collaboration）和交易服务（Commerce）。由于这三大功能模块的英文都以字母“C”开头，所以又称之为 3C 功能模块。这三个功能模块相互联系和交叉，成为一个有机的整体。

电子商务中的内容是指经过数据化的信息。内容管理就是管理企业电子商务系统中的各种信息，包括信息的搜集、存储、处理、传递、发布等。在现代信息社会中，能否有效地获得信息并利用好这些信息，是决定企业成败的关键因素。因此，通过内容管理来消除信息流动的障碍，确保公司内部各部门及员工之间、企业与供应商和经销商等合作伙伴之间及企业与顾客之间有效联系和沟通，是企业实现正常运营的重要前提。内容管理还包括对通过网络对外发布的各种信息的管理，有效的信息发布还可以起到宣传企业形象、扩大公司的影响、增加企业品牌价值的作用。在电子商务的三大功能中，内容管理是电子商务的基础功能。内容管理的功能主要包括五个方面。

（1）信息搜集

信息搜集主要是指通过企业的信息系统和技术自动地搜集主要媒体、相关期刊、行业协会报告等各种主要信息源中的信息，并根据实际需要进行筛选和组织。信息的搜集和整理也可由专门人员负责。

（2）信息存储和检索

企业员工、合作伙伴及最终客户都有自己的信息需求，对信息的需求有时是一致的。因此，为了快捷地提供服务，电子商务系统应该具备多媒体信息的存储功能，包括照片、录像、录音、工程计划等都应该得以存储，并提供快速检索的能力。

（3）保护及管理关键数据

对于一个企业而言，为了提高企业知名度、推销产品及进行必要的企业间的沟通，有些信息是必须公开或者可以公开的；但是，为了确保自己的竞争优势，一些竞争情报是不能向外公布的，一些关乎企业战略的重要信息或商业秘密，如公司财经数据、客户数据或者生产工艺等，即使对企业内部的员工也是不能泄露的。因此，在电子商务运作过程中，应该有相应的信息流通控制功能，对信息的内容及信息流的方向进行安全控制。

（4）企业内部信息传播

将各种信息在企业内部进行传播，如在企业内部网上发布公司政策、招聘及各种通知，适度地公布本公司的产品信息和经营信息，提供公司竞争对手、合作伙伴的相关信息，提供日常新闻信息及行业信息等。

（5）企业对外信息发布

企业需要及时地通过 Internet 及网站发布各种信息，主要是公司的产品信息和服务信息，以及品牌宣传的相关信息，还包括公司的经营理念、管理思想，如果企业是上市公司，还需要定时在 Internet 上提供财务信息等其他内容。要对企业的网站进行相关的管理和维护，不断更新其内容。

2. 协同处理

信息的传递与沟通本身并不是目的，而是一种手段。信息传递与沟通的目的在于协同人们的工作和行为，使企业内部各部门及人员、企业与其他经营合作伙伴之间能够保持步调的一致和协调。协同处理的目标就是在技术上支持群体的协同工作，通过提供业务流程的自动处理及监测和控制系统，减少公司内部及公司与外部的摩擦，降低运营成本，缩短产品开发周期，提高市场响应速度。在现代经济中，企业内部与外部的协同一致是企业竞争力的根本保证。因此，在电子商务的三大功能中，协同处理居于中心地位，是电子商务的核心功能。协同处理功能的主要内容包括四个方面。

（1）通信系统

通信系统主要包括电子邮件（E-mail）和信息系统。这是企业网络应用中的首要内容，同时是协同工作的基本保障。员工通过 E-mail 及其他专门的信息系统实现及时的沟通和协调，从而使工作能够快速高效、保质保量地完成。另外，通信系统还包括建立与顾客的通信联系渠道，在企业的网站上提供咨询用的 E-mail 地址，或者设计调查表来搜集建议和意见，帮助用户解决各种具体问题。

（2）企业内部网和企业外部网

企业内部网（Intranet）将企业内部各组织紧密地联系在一起，在提供信息共享、信息交流的基础上完成各个部门之间的沟通和协作。企业外部网（Extranet）则强调企业与制造商、供应商、经销商及物流中心等业务伙伴共享信息和进行流水作业的问题，通过外部网可以很好地解决企业的采购谈判、采购管理等问题，从而使企业与其他合作伙伴实现业务系统的无缝连接，达到协同的目的。

（3）工作流程的自动化

企业的很多工作都是有固定流程的，如一份采购合同的审定和签署需要相关人员依次审批。企业可以根据实际情况对一些信息系统的参数进行具体设定，并由信息管理系统对其进行自动处理。这样不仅可以加快工作进度，还可以确保工作程序严格，排除人为因素的干扰，提高工作效率。

（4）企业内部资源管理

企业的运行过程需要应用各种资源，包括人力资源、资金、设备、材料等。这些资源相互关联，需要根据企业的业务要求和情况的变化进行合理的配置，这样才能保证企业的经营活动有效地开展。企业内部资源管理的目的就是通过对各种信息的集成和协同处理，有效地调配企业的人力、财力、物力等资源，确保企业运营过程的顺利进行。

3. 交易服务

任何企业运营的终点都是按照消费者的需要和要求，将产品和服务提供给消费者。电子商务的最终目标，就是要完成与消费者之间的产品或服务交易。在电子商务的环境下，现代信息网络技术的发展和应用为企业拓宽了市场范围，在网络的虚拟空间内开辟了一个更加广阔的市场。而消费者则可以通过网络获得更多的产品信息，从而有了更多的选择权，可以通过网络进行商品和服务的购买并在网络上进行支付与结算。交易服务功能就是为在网络上进行的各种交易活动提供技术支持，保证企业的网络销售和服务能够正常进行。在电子商务的三大功能中交易服务属于外部功能，是前两项功能的根本目的和最终体现。交易服务功能的内容主要包括三个方面。

（1）提供商品和服务目录

企业要让消费者购买商品，首先要向消费者提供有关商品和服务的信息。因此，交易服务的首要内容是在网上提供一个可供消费者选择和购买的商品和服务目录，其中包括商品的各种信息，以帮助消费者进行购买决策。

（2）生成与处理订单

当消费者在网上确定购买对象后，就可以通过系统提供的相应工具在网上生成订单，填写各种有关数据和信息并提交给系统。系统在接到消费者的订单后对订单自动进行处理：一方面对消费者进行交易信息处理反馈，并与消费者完成签订交易合同、款项支付与结算等流程；另一方面将有关交易信息传递到生产、库存、销售、配送及财务等部门，协同这些部门的工作，直至交易合同最终执行。

（3）消费者服务

交易服务不仅包括对交易本身的服务，还包括与交易相关的售前和售后服务。在企业网站中，往往有很多技术支持信息，包括产品的驱动程序下载、软件的升级服务等。通过访问相应网站，消费者可以实现自助服务，解决遇到的各种问题。除自助服务外，企业也会按照事先的约定提供主动服务，包括对消费者意见的征询，根据消费者的意见反馈对消费者做出回应等。

4. 电子商务的特征

（1）商业性

电子商务的本质特征就在于为商业活动（商品或服务的买卖交易）提供技术支持，电子商务的其他功能都是围绕商业性这一基本特征而展开的。电子商务将交易的场所由店铺或其他实体空间转移到互联网上，将企业与用户之间面对面的交易方式改变为通过网络虚拟空间进行的交易方式，一方面为用户提供了一种更为便捷的交易方式和途径，降低了交易成本；另一方面为企业提供了更多的市场机会，开辟了更加广阔的市场空间。因此，商业性是电子商务最主要的特征，也是电子商务最基本的功能。

（2）服务性

电子商务作为一种新的交易方式，必须有相应的服务来支撑。电子商务中交易的商品大多数仍然是传统的商品，商品没有变，只是服务发生了变化。在现代信息网络技术的支持下，消费者可以获得更加完全、充分的信息，更好地进行选择和决策。网络还使消费者可以随时随地挑选、购买自己需要的商品和服务，使交易变得更加方便、快捷。信息网络技术还能够帮助企业与消费者进行更加有效的沟通，了解每个消费者的需求并为其提供有针对性的个性化服务，使消费者的需求得到更大满足。因此，在电子商务条件下，消费者可以获得更多传统商务所不具备的增值性的服务，这也正是电子商务的价值和优势所在。

（3）安全性

互联网具有开放性、自由性、全球性等特点，这些特点使电子商务的安全性受到威胁。而电子商务的安全性是决定电子商务发展的关键因素。在缺乏安全保障的情况下，无论网上的商品如何具有吸引力，也无法吸引消费者。特别是对于企业间的交易来说，其交易数额巨大、风险更高，交易的安全性更需要得到充分的保障。因此，在电子商务中，安全性是必须具备的重要前提，其要求网络能提供一种端到端的安全解决方案，包括加密机制、签名机制、分布式安全管理、存取控制、防火墙、安全万维网服务器、防病毒保护等。为了帮助企业创建和实现这些方案，国际上由多家公司联合开展了安全电子交易的技术标准和方案研究，并发表了安全套接层（SSL）和安全电子交易（SET）等协议标准，为建立安全的电子商务环境提供了必要的技术支持，使电子商务的安全性在很大程度上得到保障。

（4）协调性

协调企业内部、企业与供应商及客户之间的关系，是电子商务的又一重要特征。就商务活动的特性来看，商务活动本身就是一种协调过程，它需要企业员工与客户之间，客户与企业内部、生产商、批发商、零售商之间的协调。在电子商务环境中，除上述有关方面的协调外，企业还必须与银行、配送中心、通信部门、技术服务等多个部门通力协作，才能实现电子商务活动的全过程。因此，协调性既是电子商务的一个重要特征，又反映了电子商务的一项基本要求。为了保证电子商务的协调性，有关组织提供了一些交互式的协议，电子商务活动可在这些协议的基础上进行，同时，许多专门的系统和软件被不断地开发出来，包括企业资源计划（ERP）、供应链管理（SCM）、客户关系管理（CRM）等，它们被应用于企业的电子商务过程，为企业内部各部门之间、企业与合作伙伴之间及企业与客户之间的相互协调提供必要的技术支持。

（5）集成性

“集成”一词来源于电子技术中的集成电路，集成电路是将很多电子元器件集成在芯片上的一种高级微电子器件，集成电路使电子元器件的功能和效率大大提升。后来，“集成”的思想和方法被发展到其他领域，用于表明将不同的部分功能相互连接并重新组织，使之成为一个新的有机整体。“集成”的思想和方法也在电子商务中得到充分的体现，集成性成为电子商务的一个重要特征。电子商务的集成性主要体现在两个方面：技术集成和事务集成。其中，技术集成是事务集成的基础。电子商务的价值不仅在于采用了各种最新的信息技术，还在于能够进行技术集成，一方面将不同系统和模块功能集成在一起，使各种技术和系统能够相互兼容、协同工作；另一方面将新老技术集成在一起，使用户能够在采用新技术的同时，保留和利用已有的资源和技术的价值。在技术集成的基础上再对事务进行集成，可保持事务处理的整体性和统一性。事务集成能规范事务处理的工作流程，将人工操作和电子信息处理集成为一个不可分割的整体，这样不仅能提高工作的效率，还可以提高系统运行的严密程度。

（6）可扩展性

企业运用电子商务，是个循序渐进的过程。随着客户群的增大、企业业务的扩展，必须对原先设计的电子商务解决方案进行扩展。因此，电子商务作为一个系统，必须具有可扩展性。与传统商务相比，电子商务是在更为广阔的网络空间中进行的，潜在消费者的数目存在极大的不确定性。这就要求电子商务的服务系统必须具备高度的弹性，以适应越来越多的消费需求。否则，电子商务系统将难以承受消费者的增多而使服务水平降低，最终将导致企业失去市场生存能力。同时，市场需求的变化和企业服务水平的提高要求电子商务系统在功能上也能够进行调整，如在原有的基础上增加新的数据处理和服务功能，这也要求电子商务系统具有很强的可扩展性，以满足企业市场扩大和业务拓展的需求。

1.2 电子商务发展模式

1.2.1 电子商务模式概述

1. 电子商务模式关键要素

电子商务模式是一系列流程（Processes）的集合，企业通过这些流程达到盈利的目的。电子商务模式包括价值定位、收入模式、市场机遇、竞争环境、竞争优势、市场战略、组织发展和管理团队八个关键要素。

（1）价值定位（Value Proposition）

企业的价值定位是其商务模式的核心问题。价值定位就是明确企业要通过它的产品和服务为客户创造怎样的价值。例如，使交易更加便利、满足个性化需求和降低用户的采购成本等。

（2）收入模式（Revenue Model）

收入模式就是一个企业获取经济收益的途径和方法。它描述了一个企业知何取得收入、产生利润和通过被投资的资产产生更高的回报。例如，商店通过销售产品获得收入，报社通过收取订阅费来获得收入。

（3）市场机遇（Market Opportunity）

市场机遇是指一个企业潜在的市场空间和在这个市场空间里企业能够利用的全部潜在的财务机会。

（4）竞争环境（Competitive Environment）

一个企业的竞争环境是指与该企业销售相似产品并且在同一市场空间中经营的其他企业。有时也指可替代产品的出现、新的市场进入者和客户及供应商对企业业务施加的影响力等。

（5）竞争优势（Competitive Advantage）

竞争优势是产品某种不同于其他竞争对手的独特品质，这种品质在竞争中是能够比较明显地表现出来的。竞争优势主要来自四个方面：一是产品成本和质量，二是企业拥有的特殊资产和专门知识，三是通过设置障碍来阻止竞争对手进入，四是借助更多的资源或更大的投入在市场上挤垮竞争对手。

（6）市场战略（Market Strategy）

市场战略是指企业在复杂的市场环境中，为实现其经营目标，制定一定时期内的市场营销总体规划。它是指企业在原有产品和市场的基础上，通过提高产品质量、加强广告宣传、增加销售渠道等措施，来保持老用户，开发新用户，逐步扩大产品的销售量，提高原有产品的市场占有率。

（7）组织发展（Organizational Development）

通常情况下，企业都需要一种组织架构使之能够高效地将商业计划和战略付诸实施。组织发展计划就是对如何有效组织需要完成的工作的描述。

（8）管理团队（Management Team）

管理团队是负责维系商业模型正常运营的一群人。一个好的管理团队有丰富的市场营销经验和较强的商业计划实施能力，能够给外部投资者带来信心。

2. 电子商务模式的定义

电子商务模式目前还没有一个统一的定义，不同的专家、学者和企业有不同的看法。例如，欧洲学者 Paul Timmer 认为，电子商务模式是通过电子市场反映产品流、服务流、信息流及其价值创造过程的运作机制。美国学者 Allan Afuah 和 Christopher L. Tucci 认为，商务模式具体体现了公司现在如何获利，以及在未来长时间内的计划，它可以归结概括为一个系统，这个系统包括价值、规模、收入来源、定价、关联活动、整合运作、各种能力、持久性等部分，以及各部分之间的连接环节和系统的“动力机制”。电子商务模式也是一个系统，它包括上面所说的各个部分，更为突出的一点是它利用了互联网的特性来获利。

虽然以上观点有所不同，但都揭示了商务模式的一个本质，即企业获取利润的方式。因此，本书将电子商务模式定义为：在网络环境中基于一定技术基础的商务运作方式和盈利模式。

3. 电子商务盈利模式

电子商务的盈利模式是指电子商务企业获取经济收益的途径和方法。总的来讲，目前电子商务盈利模式主要有以下几种类型。

（1）基于销售的盈利模式

企业通过在网络上从事商品交易来创造收益，这就是销售收入。商品包括数字产品和非数字产品，数字产品有视频、音乐、电子文档、短信等，非数字产品有汽车、日用品、图书等。

例如，京东商城从电视机厂商采购一批电视机并通过其网站销售出去，此时采购价和零售价的差额就是销售收入。

（2）基于交易费的盈利模式

交易费是指企业根据所处理的交易的数量或规模收取的佣金。这是目前电子市场等交易中介的主要收费模式。例如，团购网站所收取的交易佣金就属于这一类。

（3）基于信息费的盈利模式

企业通过网络向用户提供某种信息来获得收入，收费的多少与信息内容的价值有关，如电子报刊的收费下载等。近年兴起的知识付费也属于这一类。

（4）基于广告费的盈利模式

企业可以利用自己的知名度较高及客户数量较多的优势，允许其他企业在自己的网站上宣传企业形象及进行产品推广，并收取一定的费用。例如，新浪网通过在其主页上放置广告来收取广告费。

（5）基于订阅费的盈利模式

订阅费是指企业按一定时间段（1 个月或 1 年）向客户收取的一定费用，企业同时向客户提供某种服务，如信息服务、接入服务等。

（6）基于游戏的盈利模式

商家通过网络提供游戏服务，用户参与游戏需要向用户收取一定的费用，或者游戏可以免费参与，但游戏中的一些装备、道具等需要付费购买。

（7）基于会员费的盈利模式

会员费是指商家向注册会员收取的费用。有些商家将会员分为免费会员和收费会员两种，收费会员需要缴纳一定的会员费，但能获得一些额外的增值服务。

（8）基于服务费的盈利模式

企业通过提供电子邮箱服务、网站托管服务、网页制作和维护服务、价格比较服务、信息搜索服务及医疗法律等专业在线服务等而获得收入。

（9）基于联属推荐费的盈利模式

企业拥有一些联属商家，它们的网站上有通向这些商家网站的链接。当访问者通过点击这些链接进入联属商家的网站，并在这些网站上购买商品后，联属商家要缴纳一定的费用。这就是联属推荐费，联属推荐费通常是其收入的一部分。

在大多数情况下，企业会采用多种收益模式。值得注意的是，有时企业不一定能从它的商业模型中获取直接的资金收益，但可以获得一些无形的、非量化的利益。例如，可以通过电子商务增进和改善客户服务质量，降低搜索成本和交易费用，通过关联交易促进交易量，通过提高客户的转移成本来锁定客户，通过创新交易方式培养新的市场等。

需要说明的是，在电子商务中还存在一些所谓的灰色收入，也就是通过一些不正当甚至非法的行为获取的收入。这些行为包括网络删帖、发送垃圾邮件、买卖网络用户资源、传播网络病毒、刷信誉、网络推手及传播色情信息等，这些属于监管机构打击的行为。

1.2.2 电子商务模式类型

电子商务模式按照不同的分类标准可以划分为多种不同的类型，以下是几种常见的分类方法。

1. 按交易主体划分

在市场经济中，参与市场交易进行各种交易活动的交易主体主要有三种：企业、消费者和政府。企业作为商品或服务的主要生产者和提供者，一般在市场交易活动中处于卖方的位置，但企业为了组织生产和经营活动，又需要从他人那里购进原材料、机器设备等生产资料，因此企业同时在市场交易中作为买方出现。而消费者作为商品或服务的需求者，在市场交易活动中主要处于买方的位置，但在某些情况下消费者个人也会出让和销售某些属于个人的物品，成为市场交易的卖方。政府在交易活动中作为管理者和服务者出现，政府向企业和个人提供公共服务，作为补偿，企业和个人向政府缴纳各种税收，政府与企业或个人之间征缴税收的行为也可以视为政府与企业和个人之间的一种交易行为。另外，政府为开展各项活动，维持机构的运行，也需要各种物品，这些物品需要向企业采购，在这种情况下政府作为买方与企业发生交易行为。

（1）B2B

B2B 即 Business to Business，是指企业与企业之间的交易，是电子交易最主要的部分。B2B 交易包括生产企业之间进行的原材料和生产设备等生产资料、零配件和半成品等中间产品的交易，以及生产企业与流通企业之间产成品的交易。企业与企业之间的交易一般为大宗交易，因此，B2B 交易是电子交易中能产生巨大效益的领域。典型的 B2B 电子商务交易平台有阿里巴巴、慧聪网等。

（2）B2C

B2C 即 Business to Consumer，是指企业与消费者之间的交易，是电子交易最活跃的部分。无论是生产企业还是流通企业，最终都必须面对消费者，将产品或服务销售到消费者手中，产品或服务的价值才算最终得到实现，生产和流通的过程才算完成。因此，B2C 交易才是电子商务价值的最终体现。典型的 B2C 电子商务交易平台有京东、唯品会等。

（3）C2C

C2C 即 Consumer to Consumer，是消费者之间通过互联网进行交易的电子商务模式。在该模式中，交易的双方都是个人，他们一般通过第三方经营的电子商务平台进行实物和服务的交易。这种模式最早在美国产生，eBay 是美国最知名的 C2C 交易网站，目前我国的拍拍、转转和闲鱼都是典型的 C2C 电子商务交易平台。

（4）C2B

C2B 是电子商务模式的一种，即消费者对企业（Customer to Business）。C2B 模式的核心是通过聚合分布分散但数量庞大的用户，形成一个强大的采购集团，以此来改变 B2C 模式中用户一对一出价的弱势地位，使之享受到以大批发商的价格买单件商品的利益。典型的 C2B 网站有葫芦网、响应网等。

2. 按交易客体划分

交易客体也就是交易的对象。根据交易客体的属性，交易客体可以大致分为三类：实物商品、数字商品和在线服务。因此，电子交易按照交易客体可以分为实物商品交易、数字商品交易和在线服务交易三种类型。

（1）实物商品交易

实物商品是指通过网络销售的普通商品。电子交易中的实物商品交易是指以电子的方式完成信息流、商流和资金流的过程，再以物理的方式完成商品的物流过程。因此，电子交易中的实物商品交易不仅需要信息网络技术的支持，还需要快捷、高效的现代物流技术和网络的配合与支持，才能得以实现，并充分体现出电子商务的优越性。

（2）数字商品交易

数字商品是由“比特”组成的商品，如在网络上出版的电子书刊、通过网络播放的各种音像作品及通过网络传送的各种电子软件等，数字商品是由计算机制作出来、通过计算机发行，并通过计算机消费的。它没有实物形式，是仅存在于网络空间的事物，因此最适合通过网络进行交易。数字商品的电子交易，不仅信息流、商流、资金流可以通过网络完成，物流也可以在网上进行。数字商品是电子交易独有的商品，也是最适合通过电子和网络进行交易的商品。尽管这些商品在一定程度上也可以转化为实物，如将电子文档、软件制作成光盘、磁盘，但是在网络技术已经高度发达的情况下，这样做完全是多此一举，是对资源的一种浪费。因此，电子交易是数字商品的最佳交易方式。随着计算机信息技术的发展，人类社会生活数字化的程度将不断提高，数字商品交易无论在数量上还是在种类上都将大大增加，并在所有商品的交易中占有越来越高的比重。

（3）在线服务交易

在线服务就是通过网络提供的各种服务。在线服务包括各种信息中介服务，如证券信息服务、房产中介服务等，还包括与人们日常生活密切相关的各种服务，如机票和车船票的预订、旅馆的预约、医院的预约等。由于这些服务一般不提供实物产品，不需要面对面地进行交易，因而更适合通过网络开展。按照产业的分类，服务行业属于第三产业。经济发展和人们收入水平越高，生活服务的社会化程度越高，人们对社会服务的需求量越大。因此，随着产业结构的高度化和第三产业的发展，在线服务交易将具有十分广阔的需求和市场潜力。

3. 按交易过程划分

（1）直接交易

直接交易是指没有中间商的交易方式，即企业将产品直接销售给消费者。在商品交换出现早期，由于商品经济不发达，生产和交易的规模很小，交易的地域范围和时间的跨度十分有限，所以采用的是直接交易的方式。但随着经济的发展和生产技术水平的提高，生产和交易的规模不断扩大，交易的地域范围和时间跨度变大，信息不对称的程度加大，在大多数情况下直接交易变得十分不经济，难以适应商品流通发展的要求，因此逐渐为间接交易所代替。然而，信息网络技术的发展使企业进行交易的技术条件发生了根本性的改变，大大降低了直接交易的信息成本，企业与消费者之间直接进行交易又重新成为可能。正因为如此，人们把直接交易视为电子交易的一个重要特征，而网络与电子商务的发展，为企业直接面向消费者的销售提供了有力的技术支持。

（2）中介交易

中介交易是通过中间商进行交易的方式。中间商存在的主要原因是买卖双方的信息不对称增加了交易费用，同时零散的交易造成规模不经济，增加了企业的销售成本。而中间商通过买卖双方的信息，消除了商品流通中的障碍，降低了商品流通过程中的交易费用，同时将零散的消费活动汇集在一起，满足了规模经济的要求。因此，以中间商为中介的间接交易是商品流通的主要形式。网上商品交易中心作为交易信息的汇集点，帮助买卖双方寻找交易对象，并对交易进行撮合，使网上的电子交易能够更便捷、顺利和有效地进行。

（3）O2O 交易

O2O 即 Online to Offline，是将线下商务的机会与互联网结合在一起，让互联网成为线下交易前台的一种电子商务模式。这样线下服务就可以通过线上来揽客，消费者也可以利用线上筛选服务，并在线结算，线上与线下通过 O2O 被打通了。简单来说，O2O 模式就是让用户在线支付购买线下的商品和服务后，到线下去享受服务，因此，O2O 模式特别适合必须到店消费的商品和本地生活服务，如餐饮、健身、电影和演出、美容美发、摄影等。典型的 O2O 网站有美团网、携程网等。

4. 新型电子商务模式

（1）直播电商

目前，“直播+电商”主要有三种模式，这三种模式都拥有各自的特点，在各自的领域发挥着不同的作用。第一种是电商平台直接镶嵌直播功能，电商平台镶嵌直播功能其实已经被许多电商界顶级企业应用，如淘宝、京东等在自己的平台中镶嵌相应的直播功能，相当于把直播变成电商的“附属品”。第二种是直播平台通过商品链接与电商平台发生关系，如专业的游戏直播平台，可能会在直播室中挂上游戏币、游戏点卡的购买链接。第三种是以直播为主打的内容电商平台，即“直播+电商”的营销模式，如小红唇、波罗蜜等。

（2）社交电商

社交电商是指将关注、分析、沟通、讨论、互动等社交化元素应用于电子商务交易过程的现象。具体而言，从消费者的角度来看，社交电商既体现在消费者购买前的店铺选择、商品比较等，又体现在购物过程中通过社交平台与电商企业间的交流与互动，也体现在购买商品后的消费评价及购物分享等。从电子商务企业的角度来看，社交电商是通过社交化工具的应用及与社交化媒体、网络的合作，完成企业营销、推广和商品的最终销售。社交电商的优势在于可以及时了解用户的需求，实现精准营销，从而实现较高的流量转化率。由于买卖双方存在社交关系，消费者的黏性和忠诚度大大提高，产品的复购率也相应提高。社交电商的出现，购物趋向于场景化，在与人社交、娱乐的互动中产生需求、解决需求，极大地提高了用户购物的体验感，更好地适应了消费者消费观念的变化。此类电商企业有三只松鼠、小红书等。

（3）跨境电商

所谓跨境电商，也被人们称为跨境贸易电子商务，一般是指不同的地区及国家之间通过互联网及相关的网络平台进行交易，之后进行线下物流出口业务，这是当下十分流行的一种电子商务应用模式。跨境电商的买家和卖家来自不同的国家，买卖双方依靠网络平台实现交易，最后利用跨境物流进行货品的运输，这是一种国际商业活动形式。但我国的跨境电商主要是指交易主体为中国境内群体，但涉及的交易活动属于跨境交易的电商企业。典型的跨境电商企业有敦煌网、网易考拉、天猫国际等。

（4）行业电商

行业电商可以分为几个典型的电商行业，如农产品电商、生鲜电商、社交电商等。以社交电商为例，社交电商是新型电子商务的重要表现形式之一，它使用社交网站、社交媒介、网络媒介等来进行传播，借助社交互动、用户自身内容等方式来帮助商品销售。按照社交对电商主要环节的影响，社交电商主要可以分为四种模式：①拼购型：这一类型以拼多多为代表，通过利益激励、鼓励个人分享商品链接推广商品，主要影响分享传播；②分销型：以云集、环球捕手为代表，基于社交场景、分销关系搭建线上零售平台，主要影响销售模式；③内容分享型：以礼物说为代表，采用内容分享、引流导购，主要影响购买决策；④社区团购型：以芙蓉兴盛、我你您、食享会为代表，采用流量裂变、社交团购等玩法，主要影响用户需求获取。

本章小结

一般将 E-Commerce 称为狭义电子商务，而将 E-Business 称为广义电子商务。本书给电子商务做出如下定义：电子商务是指利用各种信息、网络技术进行的商品服务贸易及与此相关的各种经营管理活动的总和。电子商务产生与发展动力源于对电子商务内涵的认识、经济全球化的促进和各国政府的重视与推动。同时，计算机的广泛应用、信息网络的普及和成熟、网络支付手段的发展、电子交易安全水平的提高为电子商务产生与发展提供了条件。电子商务作为一个系统，主要具有三大功能模块，包括内容管理（Content Management）、协同处理（Collaboration）和交易服务（Commerce）。电子商务具有商业性、服务性、安全性、协调性、集成性、可扩展性等特征。电子商务模式是一系列流程（Processes）的集合，企业通过这些流程达到盈利的目的，一个商务模式包括价值定位、收入模式、市场机遇、竞争环境、竞争优势、市场战略、组织发展和管理团队八个关键要素。电子商务模式按照交易主体可以划分为多种不同的类型，如 B2B、B2C、C2C、O2O、C2B，以及直播电商、社交电商、跨境电商、行业电商等。

复习思考

1. 什么是电子商务？如何理解电子与商务之间的关系？
2. 电子商务有哪些基本功能？有哪些基本特征？
3. 电子商务模式包含哪几个关键要素？
4. 电子商务盈利模式主要有哪几种？
5. 电子商务可以划分为哪几种模式？

第2章

电子商务 B2B 案例

【学习目标】

1. 中农网 B2B 电子商务模式；
2. 阿里零售通 B2B 电子商务模式；
3. 黑蜘蛛 B2B 电子商务模式；
4. 买塑网 B2B 电子商务模式。

【引导案例】

找钢网的 B2B 模式

上海钢富电子商务有限公司的主要业务载体是采用标准创投模式成立的电子商务平台找钢网，该网站可为钢铁行业提供信息、交易等 B2B 电子商务服务。

1. 改造传统业务模式，减少中间环节

传统钢材交易以买断代理制为主，信息不透明、不对称，钢材从钢厂到终端至少需要经过钢厂、大代理商、中间商、采购商最后到达终端五个环节。其中，中间商往往从大代理商处购买钢铁，再加价卖给采购商，从而赚取高额利润。

在撮合交易方面，与中间商提供对接服务赚取利润不同，找钢网为大代理商和采购商提供免费撮合服务。在具体操作上，找钢网收集整理资源单（报价单），建立卖家可售库存数据库，由交易员在数据库匹配买家需求，免费推荐最适合的卖家资源，撮合买卖双方交易。找钢网取代传统钢铁交易的中间商，但并不赚取中间差价。

在找钢商城上，找钢网与钢厂签订“保值代销”协议，帮助钢厂分销钢材。在具体操作上，找钢网不买断钢厂的产品，而是由钢厂每天定价，找钢网按照钢厂价格销售，并根据出售钢材的品种不同收取一定的佣金。钢厂通过找钢网能够直接面对采购商，使钢材的销售从批发转向零售，不仅提升了钢材的交易效率，还增加了利润，同时能帮助钢厂及时更新市场数据，调整生产结构和产品价格。

通过以上两种方式，找钢网在汇聚信息、提供站内搜索的同时，深度参与买卖双方之间的交易。采购商可以自己在找钢网上发布求购信息，也可以将业务委托给找钢网。这样既满足了采购商的信息需求，又解决了钢厂销售困难的问题。

2. 以数据信息为核心，提供金融、物流增值服务

在钢贸流通过程中，供应链水平影响着整个钢铁交易的效率，传统供应链服务信息的不对称，造成整个交易过程中问题频发。在资金周转上，末端买家资金存量小，许多买家只有十几万至二十几万元的资金量，由于其业务量小，银行往往因无法甄别其信用能力而不予办理相关业务，企业只能依靠担保公司等完成资金周转；在物流运输上，只有 7%～9%的买家拥有自己的运输车辆，而不具备自有车辆的买家则需要和运输车队打电话、询价、对比，同时伴随着不能准时运送等问题。找钢网基于平台上产生的钢铁交易数据，针对交易过程中不同的需求整合供应链资源，提供增值服务。

针对小型采购商贷款困难的问题，找钢网推出胖猫白条，提供“先提货，后付款”的信用赊购服务。在采购商筛选上，一方面找钢网要求采购商成立并连续经营两年以上，且在找钢网连续 6 个月的直营交易量达到一定数量；另一方面，找钢网通过平台的交易数据建立诚信系统，对采购商进行分析，筛选出交易频率高、交易金额大、信用良好的客户。在以上两方面审核的基础上，找钢网给予这些采购商一定的白条额度，用于先买货后付款，付款利息以天计算，随时可还，为采购商提供快速、简单的贷款服务。

针对在钢铁物流运输过程中信息不对称的问题，找钢网基于 PC 端及移动端推出了胖猫物流第四方物流平台，为需求客户和承运商匹配物流车辆，整合订单流、运输流、账单流及第三方物流，提供物流委托、在线跟踪等服务，并根据钢铁买家及承运商的不同需求推出客户版 App 和车队版 App。客户版 App 针对钢铁买家对承运商不信任的问题，免费为钢铁采购商提供实时咨询、在线委托、订单跟踪等服务；车队版 App 针对承运商市场竞争激烈、坏账风险等问题，提供信息完整、准确的快速报价，实时订单管理和账单明细查看等服务。

辩证与思考：找钢网的 B2B 模式有什么特点？

分析与提示：B2B 电子商务模式特征。

2.1 案例 1 中农网：区块链解决 B2B 信任问题

2.1.1 中农网的 B2B 模式简介

农产品 B2B 存在买卖双方信息不对称、农户买难卖难、存货积压、优品贱卖、高风险民间借贷、经营风险容易失控、物流运输成本高、速度慢等问题。这些问题怎么规避和解决，一直是困扰行业的难题。农产品在整个经济结构中，一直被定义为第一产业。而“互联网+”与产业融合顺序是第三产业、第二产业、第一产业。一些农产品的特点决定了其电子商务化发展道路要比别的行业艰难。但同时，农产品具备大宗交易、网上交易成功的核心要素，符合互联网跨越空间和跨越时间的两个特质，相比传统的线下农产品贸易，基于互联网平台的农产品电子商务具有无法比拟的跨界整合、协作供应的颠覆性优势。

中农网成立于 2010 年，打造的是农产品大宗交易的 B2B 平台和供应链服务体系。中农网

是"平台+自营+供应链"的新型商务模式，建立了"互联网+农产品"开放式平台，在平台上交易的各种客户可进行自行定价、自主选择产品与服务。中农网整合上下游厂家、第三方物流、金融机构等，成为国内农产品陆运、海运、内河航运、冷链物流采购信息和需求信息的交互中心，将运输、仓储、库存、装卸搬运及包装等物流活动进行集成式管理，降低了交易成本。中农网以 ERP 系统为工具，形成立体及多元化的供应链金融服务体系，通过担保授信、货物预售、代理采购、延期支付等方式，为会员定制方便快捷、期限灵活的融资方案。客户不仅提高了融资的灵活性、便捷性，而且在中农网平台上获得供应链金融服务的成本平均下降了 20%～30%，有效解决了融资困难、民间借贷风险高、经营风险易失控等问题。

中农网目前已经实现千亿级别的交易额，在提高服务深度、扩大覆盖品类和行业广度上，中农网将联合更多行业伙伴和投资者，构建共同生长、营养丰富的"蓝海生态圈"。

2.1.2 中农网 B2B 模式运作特点

1. 专业化的平台运作模式

中农网的发展模式是先从专业领域切入，不断提升垂直领域的订单密度，逐步构建完整的专业领域交易模式，再拓展进入不同品类专业领域。从农产品来讲，不同的品类其上下游的用户需求特点完全不同，其交易模式也有很大差异。只有在细分领域更准确地把握用户需求，以更准确的交易方式满足用户需求，才能更好地产生平台的价值，才能形成用户"黏性"。中农网从白糖领域切入，逐步构建了白糖、茧丝、板材、水果等专业交易平台，形成了针对不同农产品品类的专业的交易服务模式。

在白糖领域，中农网针对上游供应商规模小、企业类型多、集中于广西、云南、广东的特点，准确把握他们的需求，快速销售并回笼资金；针对下游用户企业规模化差异大、供应链效率要求高、注重品质的需求特点，突出价格优、品质好、确保交付效率核心要点。因此，中农网结合不同上下游用户的特点构建不同的交易模式与交付模式，采取"平台+自营+供应链"的灵活模式，满足不同用户的需求。中农网构建起产地仓、销区仓的仓配体系，支持对不同用户的快速交付，并且有效整合行业经销商的现有存量资源，实现了各种资源的有效利用，进而实现了在整体白糖细分领域的市场快速发展。

在茧丝领域，中农网针对行业分散的特点，重点在打通全产业链方面发挥平台的信息服务价值。下属的茧丝交易网在全国盛产茧丝的城市与茧丝企业客户达成友好合作，覆盖茧站、缫丝厂、绸厂、服装厂、中间商、外贸公司等茧丝绸行业的整个产业链。结合茧丝市场特点，中农网在广西、浙江、四川等地设立合作仓储网点，构建覆盖全国的贸易配送体系，并整合社会仓储、运输、融资、质检等各种服务资源，开展网上交易、结算、行业信息、品质控制、管理等服务，实现茧丝绸各企业从入库、信息发布、合同签订、支付结算到出库的一条龙服务。

在板材领域，中农网针对贸易库存问题，为板材加工厂、贸易商推出了自主研发的"中农易板"App，成为国内木材板材行业第一个多功能互联网应用系统，同时在主要产、销区建立合作仓库，助力国内板材行业实现高效流通。

在水果领域，中农网针对农产品季产年销的特性，为水果产业链参与者提供交易和产业链的线上线下服务，推出仓储管理产品果满仓 App 及产销对接产品果来乐 App，随着对产业链数据的不断积累和沉淀，进一步实现产销精准化匹配。

2. 持续向产业链上下游场景布局，形成产业链闭环

从中农网的模式看，其交易模式逐步沿供应链两端向上游与下游延伸。在上游，帮助生产、加工企业构建链接农户、合作社、种植、养殖基地的供应链体系，建立稳定的交易体系，以相关的金融工具帮助农户、合作社与加工企业构建稳定的交易关系。例如，甘蔗项目向上游延伸，拓展涉农业务规模，为蔗农提供融资服务，形成深度的产业链服务。在下游，逐步切入不用的终端用户，以不同的交易服务方式，满足不同渠道商、终端不同用户的需求，特别是有效满足不同用户的个性化需求，并且构建满足 C 端用户的平台体系，逐步形成完整的产业链闭环。其投资的“好伙计”项目，将产业链下游场景纳入公司整体生态圈布局，主要对接大型食品厂、专业连锁门店、高端餐饮等高净值大客户，打造辐射多城市的专业化农产品电商平台。

3. 以技术提升平台效率

中农网基于互联网环境下的技术体系，形成了完整的 B2B 交易模式，并能够与 ERP[①]、仓储物流、大数据、CA 认证[②]、第三方金融机构实现共享，实现业务流、资金流、物流与数据流的打通，支持多商户及 B、C 端用户，围绕精细化运营构建平台运行技术体系。主要表现在以下几方面。

① 建立完整的交易体系。把握农产品 B2B 电商未来将实现内外贸易融合发展、网上和网下融合发展、硬件和软件融合发展、围绕转型升级外迁融合发展、农产品电子商务品牌融合发展五大趋势，构建生态圈融合，供应链闭环，逐步将平台融合为产品层、使用层和技术支持层的生态大融合，实现生产和交易的互联网化和信息化、整个链条和流程的可视化和透明化。

② 构建科学的交付体系。中农网在全国拥有合作仓储网点，构建了完整的全国性交付物流体系，实现了从产区到销区的库存配置，完全根据平台交易数据实现智能化调配，实现以大数据智能化分配、物流环节的全程可视化管理。在传统贸易中，白糖流通周期为 7～15 天，中农网将在其平台上进行交易的白糖流通周期缩短为 1～3 天，平台交易每吨白糖的购销成本从传统贸易的 25 元/吨降低到 7 元/吨，大幅度提高了流通效率，降低了流通成本。

③ 大数据技术提升效率、降低成本。中农网根据历史数据的挖掘，针对上下游用户的不同生产周期、不同市场波峰，以及天气、节日、需求的波动来提前进行部署。对于采购商而言，不需要在库存上承担现金流的压力，也不需要承担在途时大宗商品价格波动的风险。同样，对上游或者经销商而言，依赖于平台的赋能，不需要很庞大的队伍去运营维护，过去拥有几十人的销售队伍，现在只需要两个人就可以全部完成任务。

4. 构建生态化运营闭环

中农网针对不同大宗农产品的品类属性，通过垂直方式进入各个大宗农产品窄分领域。从

① ERP（Enterprise Resource Planning），即企业资源计划，由美国 Gartner Group 公司提出。

② CA 认证，即电子认证服务，是指为电子签名相关各方提供真实性、可靠性验证的活动。

少 SKU[①]开始，逐步切入白糖、干茧、生丝、板材、水果领域，以经营少品种、形成大的订单密度构建生态化的闭环体系，核心是立足于这些品类行业现实状况和客户痛点，搭建专属单品 B2B 平台对应客户，有效满足客户需求，形成不同品类的交易闭环。在这种交易闭环模式基础上，可以构建围绕企业需求的生态化的服务体系，特别是金融服务体系，以更有效地支持产业链企业。

2.1.3 基于区块链解决 B2B 信任问题

针对供应链管理上的信任问题，中农网以茧丝行业为起点，提出了“区块链+物联网”的解决方案，发布了我国第一个茧丝区块链项目“Z-BaaS”，展开了区块链之于农业、之于中农网、之于未来的探索。

1. 产业链上的信任成本

在农产品流通领域，不管是上游的资金压力，还是下游的销售压力，归根结底都是源于信息不对称导致的不信任。银行不信任农产品生产、加工企业，所以不愿意贷款给这些企业，导致农产品生产、加工企业资金周转困难；消费者不信任农产品销售者，所以不愿意购买，导致农产品销售困难。如果通过中农网的“Z-BaaS”平台进行交易，这样的信任问题就会变得容易解决。从授权存证到风险控制，区块链打开了一个信任传递产生价值的世界。其本质是时序下生成的一个个区块，其价值是在符合现实世界的规则下进一步对资产存在做出诠释。在正式对外发布“Z-BaaS”后，中农网将区块链应用到了农产品的生产、加工、仓储、物流等环节，并与众邦银行、京东数科等金融机构合作，为农业企业提供供应链金融服务。

2. 区块链+农业的多场景探索

为鲜茧筐打上 RFID[②]标签、改造冷库和常规仓库、做可溯源白糖 PE 包装袋、为旧包装白糖做辅码贴标、部署新包装的自动化设备——对区块链的应用，让中农网的数字化进程全面提速。通过物联网采集数据，将产业链上的流通信息进行数字化，这是中农网为产业变革走出的一小步，清晰、有效的数据支撑将为产业的变革、新技术的应用释放巨大的能量。

中农网在“Z-BaaS”平台上，通过引入“区块链+物联网”来解决信息的获取和流动问题，利用区块链不可篡改的特性，对信息进行存证，从而顺藤摸瓜实现溯源。缫丝厂采购蚕茧，通过区块链确保蚕茧采购数据真实，生丝溯源至庄口（蚕茧产地）乃至茧农，缫丝厂可以根据相关信息追溯再次选购到同类蚕茧。在食糖的溯源体系中，中农网旗下品牌“派得科技”将区块链应用到了食糖可溯源新包装自动化包装生产线，由机器即时采集包装袋上的二维码信息并上传到系统中，可精准定位每一袋糖的批次信息和位置信息。

在中农网“Z-BaaS”平台上登记过身份信息的茧农，将蚕茧送到接入了中农网“Z-BaaS”平台的茧站或者茧丝生产企业，只需要将身份证和银行卡交给工作人员进行识别，即可第一时

---

① SKU 全称为 Stock Keeping Unit（库存量单位），即库存进出计量的基本单元，可以以件、盒、托盘等为单位。

② RFID（Radio Frequency Identification）技术，又称无线射频识别，是一种通信技术，俗称电子标签。

间收到茧丝生产企业支付的茧款。这背后是中农网以物联网作为数据的读取，以区块链作为数据的传输，向银行同步传送蚕茧信息，启动的供应链金融服务。

改造完成的试点糖厂生产线和智能云仓，在投入生产后人工成本降低 46.8%，智能云仓则将每吨糖的装卸成本降低了 12.5 元，单榨季节为试点企业节省成本 62.5 万元。借助新技术的力量、用机器取代人工、推动农业产业的数字化进程是中农网作为行业参与者的涓滴改进，也是中农网“技数化”道路上的星星之火。

3. 区块链上的新商业

区块链的出现，构建出了在“数字化”状态下的信任体系、价值体系和交易秩序，让农产品流通成本显著降低。通过区块链的智能信任，农产品流通数据变得可确权、可信任、可追溯、可共享，最大限度地降低信任成本和风控成本，农产品流通的价值被最大限度地体现，区块链为农业的产业变革带来了一丝曙光。

在大数据、物联网、人工智能、区块链等大批新技术相继而来的浪潮下，中农网亦紧跟技术创新的步伐，确立了“以数字化为支撑，以技术为驱动”的“技数化”发展道路。中农网还与农资、农机公司、第三方物流、金融机构、政府等生态圈的其他参与者一起协同推动技术改造，打造一个简单可信和长期共建的关系，逐步实现产能的共享，发掘农业未来价值。

2.2 案例 2 阿里零售通：变革 B2B 渠道与物流

2.2.1 阿里零售通 B2B 模式简介

零售通是阿里巴巴 B 类事业群面向线下实体经营企业推出的服务，主要目的是联合本地优秀供应商面向零售店供货，使零售店拥有更强大、更精准、更高效的便民服务能力。零售通主要业务范围是基于餐饮生鲜和日用百货行业，链接品牌商、经销商和零售门店形成全产业链发展模式（见图 2-1），共享数据信息，提升服务效能。通过新分销、新营销、新门店“三新”策略，构建品牌商到零售门店“看得见”的智能体系，实现品牌商、经销商、零售门店整个通路的数据化。

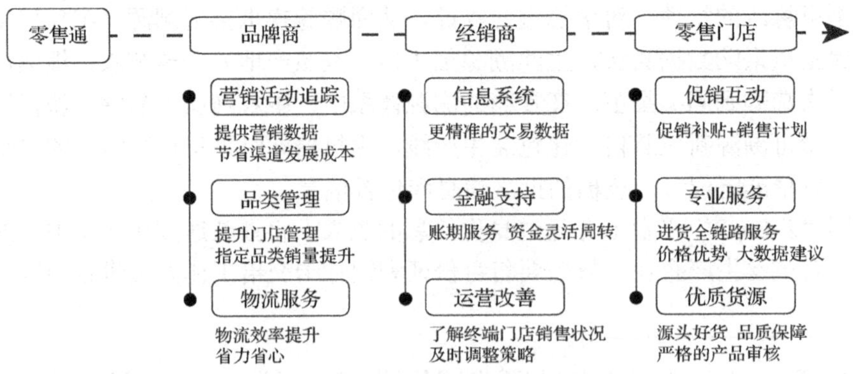

图 2-1 零售通全产业链

具体来说，零售通能够为社区零售小店提供订货、物流、营销、增值业务、店铺管理等全方位服务。零售通小店对比传统零售店的提升如图 2-2 所示。

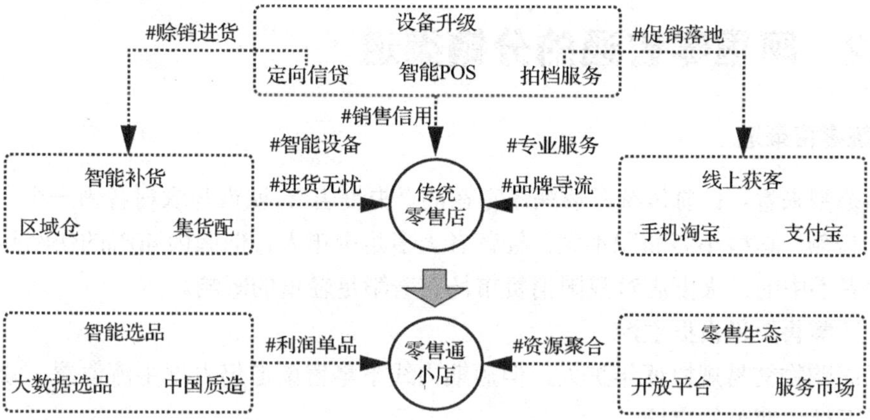

图 2-2　零售通小店对比传统零售店的提升

例如，某品牌的分销商本来只在某区县内进行线下销售，零售通把该分销商的商品信息放到 App 上，借助该分销商的业务员将其所覆盖的 1000 家商店安装上零售通的 App，再通过该分销商的仓配，把商品送到每一家商店。零售通的职责是提供一个数字化的交易平台，帮经销商拿到订单。这个过程完成了交易信息化、数字化，同时让效率得到了提高。零售通会在广大深度分销的经销商里挑出一些仓配能力很强、覆盖范围很广的经销商作为合作伙伴，让他们做当地区县的企业拍档，培养小店的使用习惯，甚至提供售后服务，使小店的仓配介入整个零售通体系，成为零售通前置仓，负责最后一千米的配送。这时，一些中浅度的品牌可以通过零售通自建城市仓和区域仓，借助和深度分销品牌合作后带来的流量促进中浅度分销。零售通平台各单位之间的关系如图 2-3 所示。

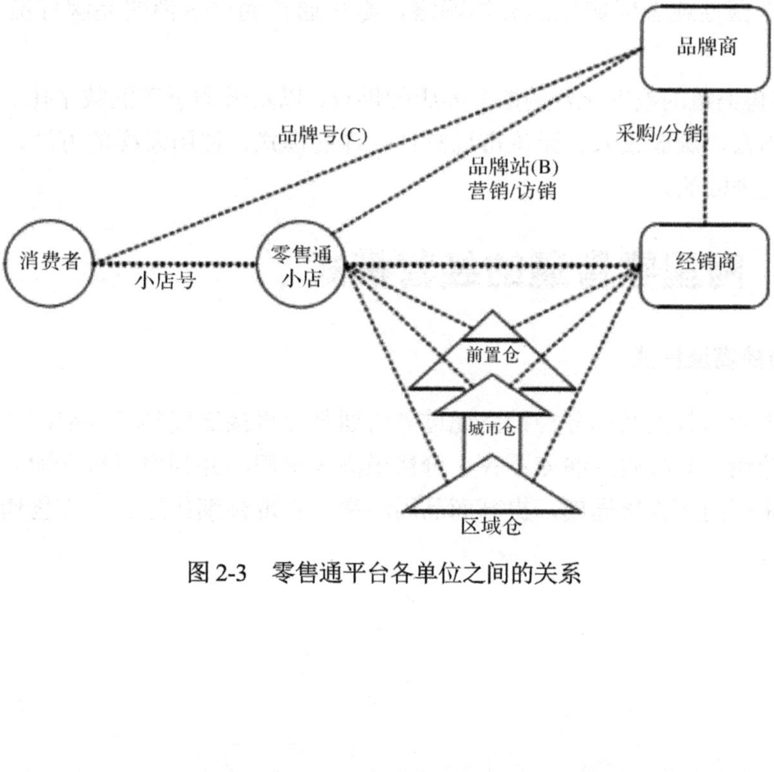

图 2-3　零售通平台各单位之间的关系

零售通的目的就是利用品牌经销商的能力及低成本的优势，服务整个快消行业，与品牌商、经销商等合作伙伴一起建立智能分销网络。

2.2.2 阿里零售通的分销渠道

1. 传统零售渠道

从全国范围来看，目前传统零售渠道存在的“夫妻店”，城市与农村各占一半，占据快消品市场 50%的份额。这些小店面积不大，经营者大多是中年人，但国内 40%的快消品是通过夫妻店来到消费者手中的，夫妻店对我国消费市场有着举足轻重的影响。

（1）线下零售渠道占据主流

我国网络购物交易规模逐年扩大，但短期内线下零售渠道仍占据主流位置，众多互联网巨头瞄向了线下渠道变革的市场。

（2）传统零售渠道存在的痛点

一方面，品牌商需要通过多级经销商来触达小店，供应链效率十分低，对消费者的洞察也相对滞后；另一方面，小店由于处于行业最末端，商品采购价高、质量无保障，无法体系化管理商品结构和库存等。

2. 零售通数字化分销

在数字化分销上，零售通的业务主要有三个方面。

① 既有深度分销体系的线上化，是指如水饮、乳饮等市场，各大类消费品牌已经建立了很强大的深度分销渠道，零售通帮助这些既有分销体系做线上化和数字化的提升。

② 中浅度分销渠道通路的打造，是指一些日化、休食、日百等品类，一些厂商由于各种原因无法建立全国性或者区域性的分销网络，零售通帮助这些消费品牌打造中浅度分销渠道通路。

③ 终端零售渠道的数字化，是指夫妻店的供货，以及天猫小店的数字化。零售通帮助厂家将货物商品卖出去，赚取收入。无论市场是什么样的模式、使用怎样的方法，商品卖不出去就没有收入，就是失败的。

2.2.3 阿里零售通的经营模式

1. 零售通的商流模式

零售通将上游品牌商及部分经销商通过零售通平台直接连接到了末端门店，解决了快消行业原有的层层分销、商品质量参差不齐、价格虚高等弊病，并利用三级仓配体系，减少货物中转环节，缩短末端门店收货周期，提高商品周转率，实现精细化运营。零售通的商流模式示意图如图 2-4 所示。

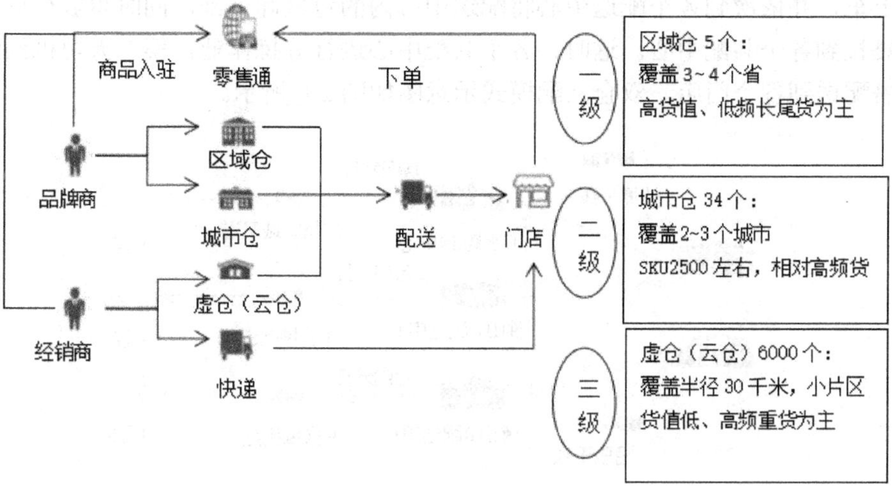

图 2-4　零售通的商流模式示意图

2. 零售通的配送模式

由于零售通对于末端配送商的选择不同，零售通的配送模式主要分为单仓城配、双仓共配及落地配等三种模式。城配、共配公司的主要代表为唯捷、北领、蓝豚等，落地配公司的主要代表为区域型落地配南京晟邦、山东递速、河南建华等。

（1）单仓城配

单仓城配多适用于区域仓离配送城市较远，且配送城市离城市仓较近的客户订单密度大的城市。优点是可以将城市仓的商品包裹快速送达客户手中；缺点是同一笔订单的包裹可能会分两个公司，不同批次送达，客户体验较差。以南京市、镇江市为例，在南京城市仓内，城配送公司人员将南京门店的包裹分拣到已调度的每个城配司机的区域，司机在当天或者第二天按照已调度的装车单，将货物包裹按照先装后送的顺序依次配送至各个门店。镇江市的包裹，则在当天晚上用干线车辆短驳至建在镇江的配送中心，在配送中心将包裹分配给各个城配司机，第二天司机到配送中心拉货，配送到各个门店。单仓城配模式示意图如图 2-5 所示。

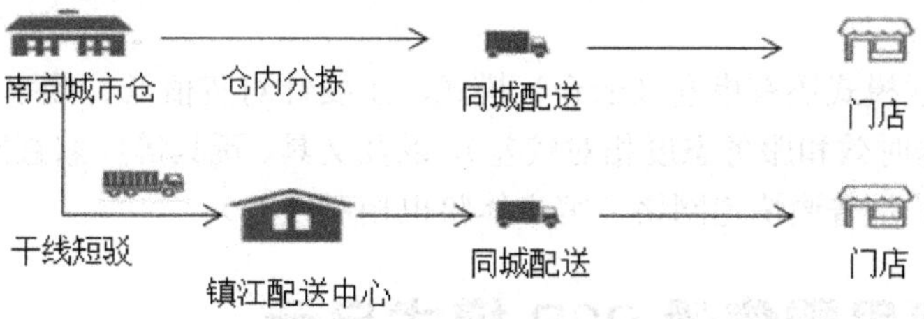

图 2-5　单仓城配模式示意图

（2）双仓共配

双仓共配多用于配送城市距离区域仓和城市仓相对较近的订单多的大城市。优点是可以将小店订购的商品同一时间配送到门店；但缺点也同样明显，需要配送端安排多个配送中心，增加配送成本。以广州和佛山为例，首先用外埠干线车辆将东莞区域仓内各个共配中心的包裹依次分开装上车，并依次到各个配送中心将配送中心内的包裹卸下来，同时短驳车辆将佛山城市仓内的包裹拉到各个共配中心。这时，各个共配中心进行分拣作业，第二天司机到配送中心拉货，将包裹配送到各个门店。双仓共配模式示意图如图 2-6 所示。

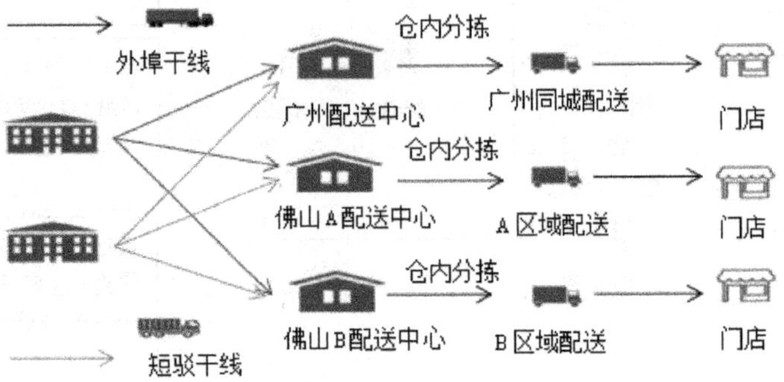

图 2-6　双仓共配模式示意图

（3）落地配

落地配模式类似于快递模式，多用于距离区域仓较远或者客户订单密度较小的城市。优点是利用天猫超市的落地配网络配送零售通订单，相对更节约成本；缺点是乡镇和农村订单，落地配难以配送上门，客户体验较差。以南平市为例，落地配公司安排车辆分别至区域仓和城市仓提货，并将货物拉到就近的大型分拨中心，在分拨中心按照各个站点依次分拣，然后拉到各个站点，由各个站点的小件员进行配送。落地配模式示意图如图 2-7 所示。

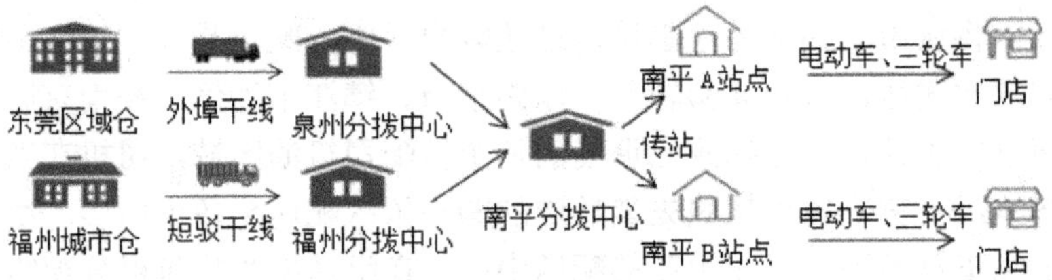

图 2-7　落地配模式示意图

（4）其他模式

除此之外，配送模式还有虚仓（云仓）模式，主要针对货值低、频率高的商品（一般由经销商自行配送，配送时效和服务态度相对较差），以及文具、玩具等厂家直发的“长尾”商品（相对需求更低，使用的是普通快递网络，客户体验也相对较差）。

2.2.4　阿里零售通 B2B 模式启示

1. 经销商仍然不可或缺

零售通将中间环节去掉，直接打通品牌商与小店的联系，中间经销商看似活不下去，实则不然。经销商承担着厂家的生产和库存压力，如果零售通只是批发平台、订货平台，那么批发商就会被“打死”。这样的结果导致厂家将会承担更高的库存压力，这是厂家也不愿看到的。另外，平台无法完全取代经销商的作用，如人际关系等。经销商作为厂家的利润紧密关联方，它在人际关系层面所发挥的作用是平台、大数据不可能替代的。

2. 经销商、厂家、零售通的角色转变

由于原有的经销商销售渠道、网络局部密度，以及人际关系不是平台短时间内可以给厂家带来的，原有经销商给厂家带来了更低的获客成本及更多的存量客户。这些是零售通无法做到的，零售通平台可以带来全国更多的销量，但无法深扎局部。所以，未来经销商的角色仍然举足轻重，经销商仍扮演厂家为小店提供增值服务的角色，如退换货、新品的推广等。而厂家则多了一条销售渠道，从而增加销量，在减少广告费用、促销费用的同时，获取更多的利润。零售通平台则在为夫妻店提供商品和供应链的基础上，利用数字化改造帮助厂家把生意做得更好。经销商的功能会被弱化、优化，但不会消失。

3. 快消①B2B 盈利目前还是区域型为主

大量立足地方、深耕区域的快消 B2B 平台，如湖南的新高桥、成都的惠进货、福建的万全速配等，其优势在于门店的覆盖密度和在区域内长时间形成的强大的供应链组织能力，拥有很强的竞争壁垒，堪称“区域之王”。除了上市公司怡亚通，只有彩华商贸、易久批、新高桥等寥寥数个平台有盈利的消息。雅堂小超、店商互联等快消 B2B 的倒闭，百世店加、中商惠民的业务收缩，剩余的快消 B2B 平台背后没有强大的资金链支持也不太好过。全国性快消 B2B 背后都有强大的互联网巨头资本撑腰，目前已基本完成了全国的布局，开始向精细化运营的战略调整，发展质量也越来越成为其追求的重点，如何盈利是零售商品 B2B 模式发展的主要方向。

2.3　案例 3 黑蜘蛛：优化 B2B 模式打造竞争力

2.3.1　黑蜘蛛 B2B 模式简介

黑蜘蛛电子商务有限公司（以下简称黑蜘蛛）成立于 2011 年，并于 2015 年成功在新三板挂牌上市。其依托河南各个地级市各地产业集聚优势，通过互联网技术打造成了全流程一站式交易服务平台，整合地方企业品牌、产品、渠道、仓储、物流和金融等资源，打通产品买卖双向销售渠道，促进地方特色产品快速进入销售渠道，世界各个地方名优商品落地进终端。

黑蜘蛛的 B2B 模式主要包括以下几方面。

1. 互联网渠道顾问服务

基于互联网渠道特性、竞争和顾客数据分析、媒体传播特点等，为企业提供互联网渠道顾问服务，手把手指导企业进入和拓展互联网渠道。服务内容主要包括行业、竞争和顾客数据分

① 快消行业是指消费频率高、使用时限短、拥有广泛的消费群体、对于消费的便利性要求很高的商品销售行业。快消行业的销售渠道种类多而复杂，传统业态和新兴业态等多种渠道并存。快消行业集中度逐步上升，竞争度加大。

析，产品设计与包装建议，渠道选择、建设和运营策略，品牌推广策略，运营模式选择，IT 和供应链支撑辅导等。

2. 互联网渠道推广服务

基于品牌认知目的进行互联网多渠道推广，包括搜索引擎推广与优化，互联网媒体公关与危机处理，互联网渠道招商等。服务内容主要包括：①关键词挖掘与关联。通过搜索引擎挖掘提升品牌和品类相关关键词，强化相关搜索，提升品牌和产品曝光率，实现和强化品牌与产品相关联。②搜索引擎推广。借助分类信息平台、论坛、博客、SNS 互动平台、新闻源、垂直论坛等，强化文化收录与排名，全面提升品牌和产品的知名度。③互联网媒体公关。通过各大网络媒体平台或相关的论坛进行互联网媒体公关，通过软文新闻稿、媒体转发、视频、问答、贴吧等多媒体形式对品牌进行宣传，使其更具影响力及品牌效应，增强顾客认知。

3. 互联网渠道代销服务

帮助企业构建互联网渠道产品销售通路，包括平台渠道、分销渠道和自建渠道的运营，企业提供稳定货源和供应链，而黑蜘蛛则提供多渠道的代销服务。

2.3.2 黑蜘蛛 B2B 竞争力分析

1. 议价能力

黑蜘蛛的卖家目前主要是河南中小微企业，并没有年销售额巨大、资金实力雄厚的大型企业，平台的盈利来源于货物买卖价差，且现在基本上是买方市场，因此，理论上讲供应商在议价能力方面的主动权较薄弱。由于黑蜘蛛平台能够为供应商提供一整套完整的、标准的交易服务流程，并为其提供营销等服务，若离开平台，则需要组织专业外贸人员进行出口业务，供应商离开平台的成本相对较高，故其议价能力较低。

2. 客户讨价还价能力

黑蜘蛛的买家主要是集中在欧美等发达国家或地区的中小微客户，因为客户经济实力相对比较弱，同时没有能力成立相关的买方战略联盟组织，所以客户讨价还价的能力相对较低，但是比卖家的议价能力稍微高一些。由于国外存在很多同样优秀的平台交易服务，如 eBay 和 Amazon 等，对客户来说离开平台的成本相对来说并不高。由此判断对于下游客户的吸引力将缺乏一定优势。

3. 新进入者的威胁

目前潜在的进入者主要有两种：一种是传统大型企业的自建跨境出口 B2B 电商平台，另一种是其他类似的第三方建立的类似的出口平台。首先传统大型企业自建 B2B 出口电商企业需要投入大量人力、资金，而且整合供应链后的资金利用效率因投入过大而相应降低，因此自建 B2B 电商平台威胁不高。第三方平台的建立理论上要完善平台使其正常运营，这需要专业的技术支持，同时整合供应链的能力需要一段时间来提升，而且平台的建立还需要大量专业的外贸人才，招聘优秀人才成为另外一大人工成本。综合判断，由于结构性障碍等，造成新竞争者的进入成本相对较高，新进入者对平台威胁不大。

4. 潜在替代品的威胁

目前替代品有两类：一类是 B2C 出口电商企业，另一类是自建的 B2B 出口企业。第一类 B2C 出口电商企业是主要潜在的替代模式，若其提供免费服务，这样国内卖家可能在多个平台注册账号，从 2017 年跨境出口电商的比率来看，B2C 处于上升趋势，在跨境电商中的占比为 14.8%，市场不够成熟是 B2C 替代品的最大劣势。第二类自建 B2B 出口企业为了能够销售，这些 B2B 企业必须要向国内的供应商进行批量采购，这需要极大的资金投入，并且采购交易中的所有成本和风险都需要企业自己承担，这在无形中降低了和平台类企业的竞争优势；而且自营出口企业需要有品种丰富的库存，大量库存的成本和风险是一个 B2B 企业很明显的致命威胁。综合以上信息判断，替代品对企业造成的影响很小，也没有绝对的竞争优势。

5. 行业间现有企业的竞争

这对黑蜘蛛威胁最大，目前黑蜘蛛直接的竞争对手有中国制造网、环球资源、阿里巴巴国际版、大龙网、敦煌网等全球性的网站。环球资源、环球市场、阿里巴巴国际版、中国制造网等在市场份额方面存在着绝对优势，有一定的销售规模，但这几个平台目前主要以提供买方信息发布服务为主，发展空间有限，随着 B2B 的进一步发展，这些大的跨境出口平台已经意识到 B2B 出口平台的发展方向将会向交易服务模式转型，竞争的压力将会加大。行业内现存的企业竞争对黑蜘蛛影响最大，另外还有来自大财团的资本介入和新跨境 B2B 企业的威胁。

2.3.3　黑蜘蛛 B2B 模式启示

随着国内经济形势的向好发展，目前国内人民生活水平有了很大提高，国外高品质产品受到国内大众的青睐，但是国内很多经销商没有从国外采购商品的经验和能力，这使得国外大批质优价廉的产品无法进入国内市场。黑蜘蛛业务模式相对单一，为了完善企业业务模式，可以借助 B2B 出口模式，把进口 B2B 平台真正带动起来，把国外著名的品牌时装、皮具、香水、化妆品、葡萄酒、家具、家纺、厨具、餐具和瓷器等放到平台上，国内采购商可以减少采购流程，直接从国外供应商处购买商品，大大降低中间环节的成本和佣金，也减少了流通环节。例如，欧洲最新款的商品——巴黎时装秀上最新款服装，通过铁路可以在一个月内（包含清关、上架等），以最低的运输成本到达国内市场。

1. 组建进口 B2B 平台

为了能够增加企业的盈利能力，同时扩大企业的国内外影响力，建议迅速组建进口 B2B 平台，同时对新入驻的企业实行佣金制度，如按照销售合同金额收取 1%～5%的佣金。

2. 加大海外投放广告力度

在海外主要国际展销会场所，如美国洛杉矶、德国法兰克福、意大利米兰国际展览中心等主要国际性展览会场，根据交易会不同阶段展出不同的产品，大量投入不同产品的广告，同时对国内参展商收取广告费。

3. 组建国际物流货运公司

组建国际物流货运公司，可以低成本打通海、陆、空及铁路运输网络，为客户提供完善的物流体系服务，如门到门服务等，同时收取服务费。

4. 筹建海外公共仓

可以在美国洛杉矶、纽约、英国伦敦、德国法兰克福、西班牙马德里、法国巴黎、加拿大温哥华、澳大利亚悉尼、墨尔本 9 个城市，布局海外公共仓，辐射北美、欧洲、澳洲，同时收取仓储服务费。

5. 提供融资服务

目前中小企业除了市场因素，最主要的问题是资金不足，且无法快速融资，或融资的成本太高。因此，可以根据企业经营状况及信誉，给企业进行授信，根据企业的授信情况，给企业一定的授信额度，对企业的应收账款、退税等提供专业的出口保理融资业务，收取客户日息万分之四至万分之八的资金使用费。

6. 提供专业的市场调查分析报告

很多企业由于对当地语言、风俗及政府的政策不了解，在打开某个敏感国家或地区的市场时，很容易出现货到地头死的尴尬被动局面，甚至很可能造成货款收不回来的情况，严重时经营者可能因违反当地法律被捕入狱。针对急需此类专业报告的客户，可以提供专业的市场调查分析报告，同时收取报告费。

2.4 案例 4 买塑网：B2B 垂直闭环生态的构建

2.4.1 买塑网 B2B 模式简介

买塑网是富士康科技集团下的一家专业的第三方塑料化工产品交易电商平台，2016 年，买塑网正式上线。买塑网以互联网为平台工具，运用 B2B 电子商务模式，深度介入塑胶化工领域。目前平台产品以塑胶原材料为主，几乎覆盖了 90%种类的塑胶产品，覆盖区域遍布全国主要城市。公司平台除提供交易服务之外，还提供行业信息和产品信息服务、物流服务、金融服务、注塑工艺等技术支持服务、设备维保服务、周边产品配套服务等，形成了一个垂直闭环生态系统。

作为专业化的 B2B 商务平台，买塑网有竞争对手不具备的天然的优势。首先，买塑网是由一支专业的塑料化工营销团队+互联网技术团队构成的，这两方面人才的专业程度决定了企业的发展速度和潜力。其次，买塑网的两大股东，一个股东是富士康科技集团，其是全球最大的电子专业制造商，拥有全球最顶尖的客户资源、全产业链的配套资源和提供最深度的综合服务的能力（包括产品设计、模具开发、代加工生产等）。另外一家股东是中科招商投资管理集团有限公司，该集团是中国首家政府批准设立的大型人民币创业投资基金专业管理机构，在我国投资市场、融资市场和产业市场三大领域处于领航者地位。中科招商投资管理集团有限公司可以为买塑网提供充足的资金、资源支持和专业的运作管理。买塑网借助富士康科技集团庞大的制造产业资源和中科招商投资管理集团有限公司的强大的资金，通过自动化改造服务和工艺技术服务全面地帮助客户提升产品附加价值，帮助客户企业顺应“供给侧改革”的发展需求。买塑网利用这样的优势条件，通过专业的塑料化工交易平台和富士康科技集团 300 多家线下网点相结合，真正做到覆盖全国，企业发展目标直指行业龙头位置。

从买塑网上线的第一天，其定位就是服务于终端工厂。买塑网清楚地了解客户原材料采购的需求、仓储物流的需求、金融服务的需求，以及设备维保的需求、检测服务的需求、工艺技服的需求等，为了满足客户的各项需求，企业在管理上执行多（每天 5000 多家供应商，80 000 多条报价信息）、快（多渠道汇总报价，实时更新，时效性高）、好（多重审核机制，报价趋近真实成交价格）、省（微信查看，方便快捷，省时省力）四字方针。买塑网运用富士康科技集团庞大的上游石化厂报价资源，联合遍布全国的富贸商城网点和驻扎在各塑料城销售据点的信息，通过 IT 技术的专业建模大数据分析，企业上线了塑查查 App 功能软件，为终端客户更直接便捷地提供塑料交易信息服务，终端客户可以通过手机随时随地查报价、找供应商。

2.4.2 买塑网 B2B 发展核心要素

买塑网 B2B 垂直闭环生态系统的构建，离不开对客户价值、战略定位、盈利模式、价值链、核心竞争力几个方面的深刻认识和理解。

1. 客户价值

客户价值是商业模式中最核心的因素，因此在商业模式的创新过程中，必须要重点考虑客户价值因素。对塑料化工行业的 B2B 电子商务这种新的模式来说，新型的商业模式的出现，首先要充分考虑客户价值因素的影响。好的商业模式的建立，首先要做的必须是以客户为中心，针对客户的需求要进行重点分析，要找出目标的需求到底是什么。其次，根据客户的需求提出对客户的价值主张，满足客户的基本价值、期望价值和需求价值。只有提供给客户期望的价值，才能引领客户，才能在激烈的竞争中胜出。而企业只有通过丰富产品种类和功能、提高服务水平、找到客户价值的创新，才能获得新的市场空间。

塑料化工行业产品种类繁多，跨区域较大，企业众多，在传统的商业模式下，对于客户来说，特别是行业内的中小企业，在比较价格和寻找特殊规格产品供货商的时候经常会非常头痛。例如，某些国外塑料化工企业，在中国没有生产工厂，又因为销售渠道单一，很多企业在中国没有代理商或者经销商，这导致客户在购买该类产品时往往比较头痛，需要直接与国外厂家联系，直接从国外采购，这是非常不便利的。在价格方面，中国东西部、内地和沿海地带经济发展程度不同，华东和华南区域企业密集程度较高，导致货物供应和价格等都比较有竞争优势。

但是对于内地企业来说，特别是东北和西北地区的企业，在通过传统的方式进行采购的时候，价格方面的信息透明度不高，经常会导致材料采购成本过高，这大大降低了内地企业的竞争力。因此，随着互联网的发展，塑料化工行业的B2B电子商务模式的出现，给终端客户带来了极大的便利和实用性。

因此，对于客户来说，塑料化工行业的B2B电子商务模式的出现，影响了终端客户的切身利益，促进了终端客户的快速发展。

2. 战略定位

不同企业根据自身情况的不同，战略定位也不一样。有的企业是由贸易商、生产商转型的，贸易商、生产商转型的企业创始人一般在行业内积累了多年的经验。随着互联网发展的浪潮，创业者具有敏锐的市场嗅觉和洞察力，借助于创业者的行业背景优势和对客户及渠道商需求的了解，他们自建平台，迅速进入该新型领域，并且站稳脚跟。例如，快塑网、我的塑料网、有料网、网化商城、塑米网等。有的企业是由信息平台转型的，如老牌电子商务平台慧聪网等信息平台，借助本次改革浪潮，已经由原来的信息平台转化为交易平台，他们的优势在于拥有庞大的客户群体和资源，非常了解客户需求，并且拥有一支强大的团队。例如，买化网、大易有塑、上海化交等。有的企业是互联网在线交易模式，这一类企业是最互联网化的企业，团队内既拥有在塑料行业有多年经验的成员，又有非常懂“互联网+”模式的成员。例如，找塑料网、化塑网。还有一种企业是工具式网站，如摩贝网。

塑料化工行业B2B平台的这几种类型除了最后一类工具式企业，其余企业相互竞争非常激烈，因为在为客户创造价值及提供产品和服务上，这些企业都有着惊人的雷同，就连名字也雷同，所以消费者根本辨认不出谁是谁。这说明各家企业在战略定位上还不够成功。但如果从行业角度来分析，塑料化工行业B2B模式与传统模式的区别还是非常明显的。塑料化工行业传统经销模式主要分为直销和渠道代理经销两种模式，而大多数企业都会两种模式兼用，少量VIP大客户由直销团队进行开发和销售，而大多数中小客户是由代理商和渠道商进行市场开发和销售的，代理商和经销商又有区域和等级之分：区域代理经销、一级代理经销、二级代理经销等。这样在产品流通过程中，利润主要被各家渠道商及物流等占据，这使得终端客户所采购的产品价格一直居高不下，很多中小客户苦不堪言。而塑料化工行业B2B电子商务模式的出现彻底颠覆了原有传统模式，新模式能够在近几年迅速崛起，与其精准的战略定位密不可分，该战略定位抓住了客户的需求和传统模式的弊端。

3. 盈利模式

B2B电子商务盈利模式主要分为以下几类。

① 广告模式。广告是网站平台的首选盈利模式，主要包含文字广告、图片广告、动态广告、邮件广告、广告联盟分享投放知名网站上的广告等。

② 搜索模式，也就是竞价排名模式。企业为了促进商品的销售，希望能被更多的客户了解和知道，就必须争取把自己的产品信息排在B2B网站的信息搜索的靠前位置。例如，阿里巴巴的竞价排名就是他的会员通过交费的方式，对排名顺序进行调整来操作的。而中国化工网的化工搜索，因为其包含的信息量巨大，故采用搜索竞价排名的方式确定企业排名顺序。

这种搜索竞价排名存在一定弊端，不是所有排名靠前的企业都是好企业，有的时候劣质企业也可能排名靠前，B2B 平台必须严格管控企业的筛选工作，否则平台信誉都会受到很大的影响。

③ 自有产品的销售或者会费。企业要想在 B2B 电子商务平台上获取相关信息等服务，必须注册为网站会员，并且每年缴纳一定费用。例如，中塑在线网站，会给在线缴费会员提供产品和价格搜索等服务，而每年的会员费用是 2700 元。塑料行业的很多贸易商或者终端客户都愿意缴纳这个费用成为会员，因为仅仅通过网站提供的价格搜索，每年就可以为客户节约许多成本，非常划算。另外，阿里巴巴网站收取中国供应商、诚信通两种会员费，有了诚信通这样的标识，消费者会更放心与这样的企业进行交易。因此，这部分费用也是大多数企业愿意承担的。

④ 提供一系列增值服务。例如，支付服务佣金、网上拍卖佣金、物流服务佣金、交易佣金等。还有的企业提供了相应的行业发展报告、数据分析报告、信息咨询服务、组织线下会员服务、各种行业会议展会服务等。例如，迅速崛起的艾邦高分子 B2B 平台，就是通过吸收大量会员，频繁组织各种行业会议和展会，作为一个平台组织者，把产业链材料供应商和终端生产商联系在一起，这种模式受到业内人士的好评。因此，艾邦高分子处于行业的领导者地位。

⑤ 线下服务和商务合作模式。例如，B2B 平台通过网上吸收会员，并对会员进行培训、组织团购、牵头举办一些采购会及合作促进会等。目前，B2B 的盈利模式已经趋于同质化。塑料化工行业的 B2B 网站，基本上涵盖了这些盈利模式。中国企业的学习和模仿能力非常强，一旦有更新颖的创新模式出现，就会有大批的模仿和追随者。创新成本高，模仿成本低，这也是导致中国创新动力不足的原因之一。

4. 价值链

从产业角度依据价值链的理论分析，传统塑料化工行业的价值链可以分为卖家、一级经销商、二级经销商……，买家或者二级供应商、一级供应商、公司制造商。从以上渠道可以看出，在传统商业活动中，价值链通过线性延伸而增值，随着参与价值链的公司越来越多，加上每个节点都有可能包含几层代理商和分销商，他们也都会在价值链中从事增值活动。这导致生产和终端客户之间的链条越来越长，在一定程度上提高了成本和延长了时间。传统的交易模式的价值链不但有层层的外部上下游的节点，而且企业内部也存在诸多节点，每个企业内部管理层级较多，这也在一定程度上增加了企业运营的成本，并且层级越多，反应速度越慢。而电子商务 B2B 模式下，价值链发生了转变。中间环节被互联网平台取代，缩短了生产和终端客户的距离。交易成本降低并且厂家生产的产品将会越来越个性化。B2B 电子商务模式新型价值链对传统模式的影响主要是上游阶段，特别是现在这个时代，如汽车行业，大部分的整车厂商自己不会生产，而是通过零部件供应商或者外协厂进行生产，在过去，汽车厂商依赖于一级供应商，一级供应商又会依赖于二级供应商，甚至会出现三级和四级供应商。而在电子商务 B2B 时代，汽车厂商可以以最快的速度在整个市场选择最佳的供应商。如今，美国汽车厂商、日本汽车厂商都已经结盟，这些厂家的零部件在这几家汽车厂家中完全可以通用。这使得市场更加透明化，厂家采购的速度明显加快，成本明显降低。

5. 核心竞争力

企业或者行业的核心竞争力一般存在四个特征。

① 价值。能给客户带来价值，包括降低成本、提高产品性能和质量、提高效率节约客户时间。

② 稀缺。几乎没有其他竞争对手。

③ 不可替代。即使有竞争对手，但是竞争对手也是没办法完全替代的。

④ 难以模仿。企业的产品或者服务越难以模仿，其所赚取的利润越高。

塑料化工行业B2B电子商务的企业大多数是初创公司，企业刚刚建立，很多方面都需要完善。如果想要提升企业的核心竞争力，首先，要建立规范合理的管理制度，成为一家高质量、高效率的企业，有强大的执行力和自我纠错能力。有再好的商业模式的企业，如果管理水平差，也注定是失败的。其次，必须开发自己的核心技术，不能一味地抄袭和模仿别人。要想拥有与众不同的核心竞争力，最关键的是要有自己的核心技术。但核心技术的取得不是一朝一夕就能完成的，需要通过不断积累和持续投入，将外部的信息知识和内部的技术相结合，逐渐构成企业的核心资源，而核心资源经过积累就会成为核心技术的基础。对于初创企业来说，在创业初期一定要建立自己特有的企业文化，有时候人才的汇聚、客户的积累都是靠企业的文化来完成的。作为电子商务模式的公司，信用是至关重要的。因此，对于初创企业来说，建立和完善企业信用评定等级体系关乎企业的生死存亡，在互联网时代，任何坏消息都会被迅速传播并且产生放大效应，任何电子商务平台企业，被市场认为公司在对客户信用筛选方面不在意或者能力不足一定是这家公司的竞争对手最愿意听到并且大肆宣扬的消息。

2.4.3 买塑网B2B模式启示

1. 明确企业定位

买塑网的战略定位是垂直闭环生态系统模式下线上线下相结合的全渠道模式，主要以通用产品为主，主要的目标客户群体是中小企业。但是在实际贯彻执行中难免会有偏颇，进一步明确企业的定位是很有必要的。

首先，针对中小客户群这个定位不变，但业务员难免会遇到一些大客户，大客户业务量大，销售额多，但是很可能利润薄，并且还有账期，资金占用率高，相对来说企业的利润未必会很好。但与大客户做生意会提高企业声誉和知名度，更容易让企业敲开中小企业的大门，因此，可以专门成立一个大客户部门，专门服务公司的VIP客户。

其次，是对产品的定位，公司主要以通用的产品为主，因为通用产品市场用量大，易于推广，但是通用材料的一个特点就是市场价格透明、利润低，一般拼的是价格；而很多冷门材料、小众材料市场占有量不大，市场价格也不透明，所以利润空间相对较高，业务员在推广产品时，虽然以大宗产品为主，但不代表小众产品就被拒之门外，这两种材料应该相辅相成，或许占20%销量的小众产品，利润有可能会占80%。一句话，企业应以利润为重、以市场为重，客户需要什么就为客户提供什么。市场定位不是绝对的，应该灵活多变，以适应市场的变化。

2. 刺激盈利增长

积极尝试自己不熟悉的领域，不能仅仅做自己熟悉的领域和产品。例如，精细化学品、食品添加剂、医药类化学品等产品。开辟一些小众的市场，也会为自己带来很多人气和市场份额。

通过对买塑网的盈利模式进行分析，从中发现，买塑网为了吸引客户，迅速占领市场，采取了很多免费措施，这样的方案在初期是可以采取的，但是就目前企业发展的情况来看，必须对盈利模式的某些方面进行改进。

首先，作为注册会员模式的企业，收费是必须的。但对于新客户来说，应该提供 1～3 个月的试用期，协助新客户形成交易，让客户充分体验平台的服务之后，再进行收费。通过这样的方式提高平台准入门槛，既保护了企业客户的利益，又能更有效地促成目标客户的成交。

其次，为客户提供的信息咨询服务，也应该有差异地收费。建议保留部分基础资料让客户不用登录会员账号就能够通过平台免费查看，了解行业基本信息、产品基本信息、行业相关法律法规政策等。而一些核心资料，如行业分析报告、市场调研报告、产品价格及相关测试分析报告、客户更为详细的信息（包括名称和联系方式）等，必须交费才可以查询。

最后，买塑网应该成立法务部，为客户提供合作项目的风险评估、经济法、公司法和合同法等法律知识咨询甚至援助服务，当然这些应该是“免费咨询+有偿服务”的模式。在企业生产和经营方面，由于买塑网具有庞大的专业团队和上下游资源，可以协助企业派驻专业人员进厂进行相关方面的指导和培训，解决客户经营中存在的实际问题，这些方面的利润空间会很大。

3. 梳理核心资源

买塑网线上有数万种产品，每天业务员收集的客户的需求信息有几千份，面对如此庞大的信息量，把这些信息和资源进行有效匹配、整合是企业降低成本、提高企业效益的有效方法。可以应用大数据技术对平台交易和客户需求进行归类和汇总，并进行分析，通过数据了解什么产品给公司带来了核心利润，目标客户的核心需求都有哪些，客户的不满之处都有哪些，以及竞争对手的优势产品和劣势产品，竞争对手的优势市场和劣势市场等情况。收集到基础数据之后，下一步要做的就是对企业的资源进行全面的整合。

4. 完善供应商和客户管理

建立垂直闭环生态模式，让上下游资源通过平台的整合完成合作。建立完整的客户信用评定体系，对于上游供应商要重点甄别其经营产品资质问题，对于下游终端厂家要重点了解客户经营状况、公司发展前景、负债情况及企业信誉情况。组建并完善企业信用审核部门，针对客户和供应商的信用等级建立管理体系。

本章小结

B2B 电子商务是指企业与企业之间通过因特网或专用网方式进行的商务活动。这里的企业通常包括制造、流通（商业）和服务企业等。本章选取了 4 个企业的电子商务案例，分别分析了中农网借助区块链解决 B2B 信任问题，阿里零售通变革 B2B 渠道与物流，黑蜘蛛优化 B2B 模式打造竞争力，买塑网构建 B2B 垂直闭环生态等。

本章实训

实训案例

慧聪网 B2B 运营模式分析

慧聪网的服务的核心是为商家提供多媒体的商品展示机会,为买家提供购买所需的信息,帮助买卖双方达成交易,规范买卖双方的交易行为。同时为商家和买家、商家和商家之间提供交流的平台,达到以商会友的效果。

1．业务板块

买卖通:买卖通是慧聪网为企业用户提供的在网上做生意、结商友的诚信平台,企业可以通过买卖通建立起集合产品展示、企业推广、在线洽谈、身份认证等多种功能的网络商铺,从而使企业获得更多的商机,领先对手,获得生意上的成功。买卖通提供多个行业的交易、资讯信息,每天均有数十万以上的企业通过买卖通发布供应、采购、招标、代理等重要信息,同时进行着大量的买家卖家咨询、报价、洽谈、留言等。

商机搜索:商机搜索是慧聪网拥有独立知识产权的搜索引擎技术,覆盖 20 余万个网站、500 万条及时更新数据,与中国搜索联盟等 1000 余家网站平台相结合,它开创了依据行业用户的要求进行精、准、快搜索服务的先河。

商情广告:以商情报价、产品广告、产品技术信息为主的印刷品广告信息发布,信息量庞大、及时、集中、针对性强,能有效地方便行业内厂商与用户查询。

行业资讯大全:集“全面、权威、精粹、实用”为一体,以丰富的内容、准确的信息、专业化行业细分、便捷的查询成为行业人士必备的市场实用资讯工具宝典。

行业研究报告:凭借全国最大的商务资讯数据库及先进的信息服务软件等资源,在行业信息服务、市场调查、市场研究、营销顾问及管理咨询等领域为客户提供多层次、高品质的服务。

2．核心竞争能力

行业基本核心能力:电子商务存在的根本是帮助人们在网上促成交易。对于电子商务平台供应商而言,除交易平台及交易延伸服务外,信息服务、线下服务以及对中小企业的指导服务也越来越重要。服务是吸引成熟的电子商务客户的最有效捷径。

信息服务:以前有 100 多万个企业看慧聪刊物的黄页来做买卖,这些买卖占了中国一半的商务交易。当慧聪网把刊上的内容嫁接到网上,每天有 300 多万用户在慧聪网上查询信息。网站搜索信息的精确性是吸引客户的主要原因。慧聪网将资讯内容分为企业搜索、资讯搜索、产品搜索、商机资讯搜索、行业科技搜索等,将数据库分类是提高精确搜索的关键所在。

线下服务:慧聪网的业务人员扎根于客户之中,确保了对客户需求反应的及时性,同时业务员在与客户面对面的交流过程中收集到了更多的信息,了解到了更多的客户服务。

中小企业指导:中国大陆有几千万家中小企业,但仅有 30%左右的企业实现了信息技术的应用。一项调查结果表明,有将近 64%的公司注册了网址,并通过在线服务拓展了现有的业务范围,这些公司都拥有自己的商业模式和实在的产品。而那些没有注册网址的公司,有

39%是因为没有足够数据支持能帮助业务发展的或缺乏投资的回报；有 32%是因为缺乏技术；有 29%是因为接入网络的成本太高。打造一个成功的电子商务模式并非难事，而真正意义上实现电子商务，中小企业的最便捷途径就是依托 B2B 商务平台。

研发队伍：慧聪网的专业研发队伍由近百名技术专家和资深研发人员组成，是国内最早从事互联网领域研发的精英团队，在电子商务、网站建设、海量数据挖掘、人工智能、行业搜索等领域有着丰富的经验。

多项技术整合：门户站点内容管理技术、电子商务建设技术、论坛及博客技术、大型数据库技术、数据挖掘技术、海量信息检索技术等的综合运用，在慧聪网建设中得到合理科学的整合与发展。对大数据量、大并发量的高度支持，在千万级数据量的基础上，支持每日千万级的访问量。

硬件支持：慧聪网采用当前主流的硬件平台，这些硬件平台分布在全国多个核心骨干机房，保障了慧聪网能够提供高效稳定的 7×24 小时技术服务。

实训内容：分析慧聪网 B2B 模式如何形成竞争力。

实训要求：形成一份案例分析报告。

复习思考

1. 简述中农网 B2B 运作模式的特点。
2. 阿里零售通对比传统零售店的提升有哪些方面？
3. 黑蜘蛛 B2B 运营管理优化有哪几个方面？
4. 买塑网 B2B 模式的核心要素有哪些？

第3章

电子商务B2C案例

【学习目标】

1. 京东与天猫的B2C竞争策略；
2. 海尔B2C售后平台创新模式；
3. 拼多多B2C成功因素分析。

【引导案例】

老宋瓜王的B2C模式

老宋瓜王通过京东、中粮我买网平台向消费者销售产品，采用B2C（Business to Customer）的运营模式直接将产品推上网络，并提供充足的咨询服务与便利的接口吸引消费者选购商品。老宋瓜王电子商务运营模式如图3-1所示。

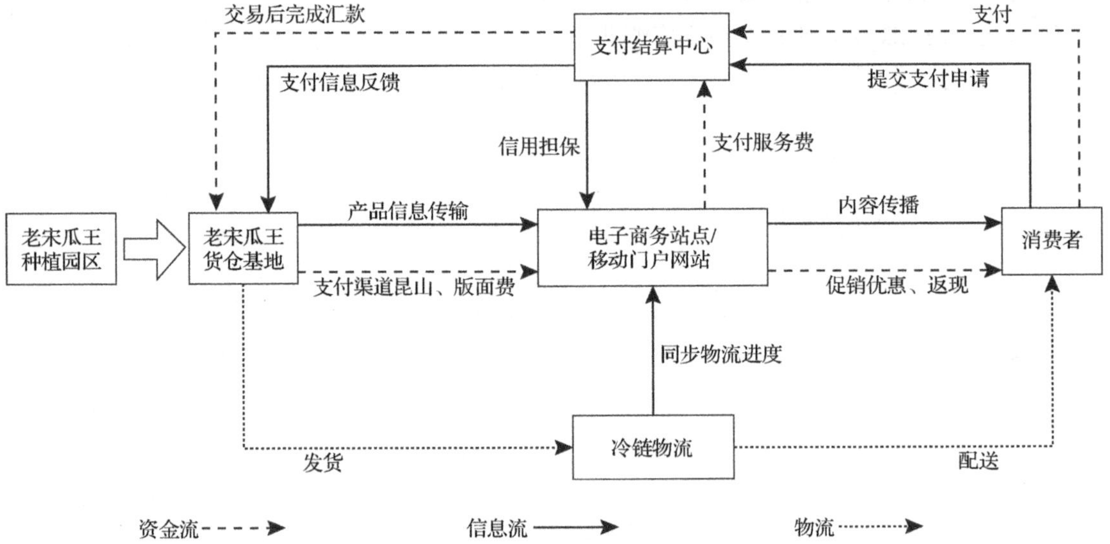

图3-1　老宋瓜王电子商务运营模式

线上的西瓜潜在客户消费群体庞大，线上销售具有良好的市场前景。老宋瓜王企业地处北京，京津冀地区人口超亿，农产品消费刚性需求强，高端消费旺盛。同时，全国的城镇化进程也在加快，大批生产者要转变为消费者。提高自身生活质量是所有消费者尤其高端消费者的需求。面向高端市场的老宋瓜王市场前景广阔，加之中国近年来在互联网相关领域的提速发展，其电商的发展潜力非常大。得益于优良的产品品质与品牌影响力，老宋瓜王的目标客户群体主要为中高端人群，老宋瓜王很少通过批发市场等渠道进行销售。老宋瓜王在线上主要通过电商平台进行产品销售，从而获得直接盈利。货源来自自己的西瓜生产基地，其通过线上宣传与售卖本企业的产品，获得产品销售利润。

老宋瓜王采用自有农场B2C模式在线上销售高品质西瓜，产品优良的品质是其核心竞争力。老宋瓜王采用的种植方法是多位农业领域相关专家与学者的现代化科技成果，同时融合了企业自身总结归纳的多年种植经验。老宋瓜王从产品种植、采摘到物流的各阶段，均制定了严格的标准，努力做到送到消费者手中的西瓜品质优异、口感一流。其主要物流服务为京东全程冷链物流、快递极速达，提供京津包邮服务。线上客服十分热情，能够快速受理顾客的各种问题。老宋瓜王通过电商渠道销售西瓜，打破了传统线下西瓜销售时间与地域上的限制，使交易更加便捷灵活。电商的业务模式能够使消费者使用移动终端实时浏览老宋瓜王旗下的产品并即刻下单，而不需要到实体销售店铺购买，因而使公司的西瓜成为消费者可以随时随手购买的农产品，极大地提高了老宋瓜王的销售效率。

辩证与思考：老宋瓜王的B2C模式有何特点?

分析与提示：B2C电子商务模式的特征。

3.1 案例5 京东与天猫：B2C竞争策略大起底

3.1.1 京东B2C竞争策略

京东是目前中国最大的自营型电商企业，销售上万个品牌、千万种商品，其自营产品销售额占总销售额的比例超过50%，严格控制商品正品率，因此手机等电子类产品是该平台的重点业务；物流方面，京东花费数十亿美元自建物流，推出“211限时达”，减少消费者等待时间。除此之外，京东金融成立后，京东推出“京东白条”服务，时常有“12期免息”等服务推出，促使消费者提前消费。为了顺应时代发展，京东作为第三方B2C平台，为其他电商卖家提供交易服务越来越多，京东B2C电子商务模式如图3-2所示。

1. 合作策略

京东与第三方卖家的合作模式有四种：FBP（Fulfillment by POP）、LBP（Logistics by POP）、SOP（Sales on POP）、SOPL（Sales on POP Logistics），其中，POP（Pctowap Open Platform）平台是指为网站以外的用户提供服务的开放平台。

FBP：商家自行在平台上传产品图片、描述及价格等信息，并将商品放入京东仓库，此后从仓储到配送到客服都是京东来操作的，京东自营的产品所有能享受的服务，商家的产品都能享受（支持 211 限时达、自提、货到付款、POS 刷卡等），客户体验值高。

LBP：商家自行在平台上传产品图片、描述及价格等信息，但是商品无须入库，京东要求商家在订单产生后 12 小时内将产品包装好并发货，分别发货到京东的五地仓储，36 小时内到达京东商城仓库，由京东开具给消费者的发票。

SOP：商家自行在平台上传产品图片、描述及价格等信息，与天猫商城模式类似，京东要求商家在订单产生后 12 小时内发货，由商家承担所有的服务。

SOPL：与 LBP 类似，商家无须入库，京东要求商家在订单产生后 12 小时内将产品包装好并发货，分别发货到京东的五地仓储，36 小时内到达京东商城仓库，但需由商家开具给消费者的发票。

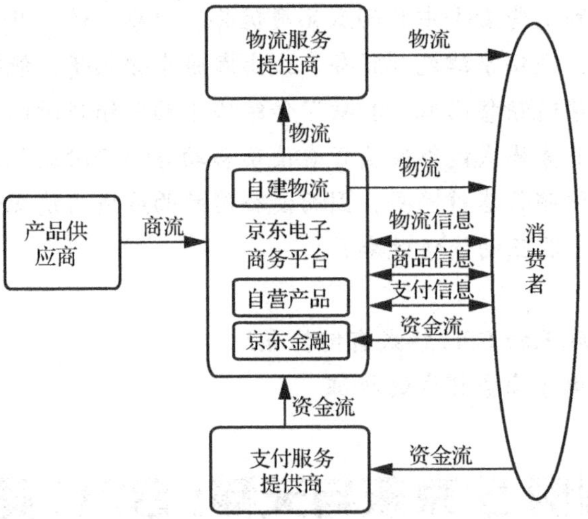

图 3-2　京东 B2C 电子商务模式

2. 盈利策略

京东盈利主要有三大来源：直接销售收入、虚拟店铺出租收入、广告费。

京东的主营业务是销售自营商品，从厂商进货，然后自己作为销售方将产品销售给消费者，其自营产品主要通过低价甚至牺牲毛利率来实现规模效应，提高存货周转率，其毛利率一直维持在 5%左右，库存周转天数为 12 天，与上游供应商现货现结。

虚拟店铺出租收入包含两部分：店铺租金、交易手续费。店铺租金是指当其他商家入驻平台时，商家需要缴纳一定的平台使用费，京东为其提供一定的服务，一般为 1000 元/月；而交易手续费是指商家需要实时按照销售金额的一定比率交付给京东平台一定的费用，由于商家入驻平台有四种模式，故不同入驻模式下费率不同，一般来说，SOP 模式下的费用比 FBP 模式下的费用高 1%左右，且费率为 1%～10%不等。

广告费是各大电商平台的一项重要收入，京东约 30%的收入来自广告，由于京东仍以打造“全场无假货”为奋斗目标，京东引入的商家都是年销售额亿元以上的，以保证产品的质量，价格也相对便宜。至今近 80%的主流 IT 品牌厂商已经和京东展开直接的合作，因此这部分广告收入巨大，将是京东广告业务发展的重点。

除此之外，京东还有资金沉淀收入和厂商返点等收入，资金沉淀收入主要是指京东利用平台收到顾客货款和支付供货商货款的时间差，将收到的资金进行再投资所获得的利润。京东是自营平台，因此当某些商品的销售量达到某一值时存在厂商返点的情况。

3. 京东物流策略

京东独特的物流专业化系统使得其不再是单一的 B2C 电子商务平台，而是具有配套物流运输与配送业务的企业。目前，京东的物流模式是以自建物流为主，与第三方物流相结合。

从 2004 年京东上线开始，京东就在全国各地陆续建立配送中心。京东在北京、上海、广州、武汉、成都等城市建立“亚洲一号”配送中心，逐渐使配送中心覆盖全国。不同于其他电子商务企业，京东在物流方面的追求一直是安全、快速的用户体验。以华东物流中心为例，京东每日能正常处理 2.5 万个订单，日订单基线处理能力达 5 万订单。京东还推出“京准达”服务，此服务是针对由于各种原因需要在一个特定的时间接收货物而推出的一项收费服务，用户需要支付 6 元钱（大件商品需要用户支付 39 元）便可在一周内预约精准的送达时间。

除了自营的物流配送，京东的物流配送还包括与第三方物流合作。京东自建的物流配送主要针对经济较发达地区，因为这些地区的商品需求量大，利润也丰厚，能够维持物流中心的运营。然而，经济不发达的地区，其利润低，京东便选择与第三方物流合作，完成相应的物流配送。随着越来越多第三方卖家的入驻，京东平台的第三方物流逐渐发展起来。京东的顾客购买的货品有任何问题需要退换，京东都提供免费上门取件服务。除此之外，京东意识到高校学生的配送问题，为学生设立了京东校园代理点，实现了点对点的快速物流配送，也减小了在物流过程中发生错误的可能。

3.1.2 天猫 B2C 竞争策略

天猫是阿里巴巴集团旗下的综合性 B2C 购物平台，是专门为电商卖家和消费者提供交易服务的第三方平台，其竞争优势在于：卖家数量庞大，商品种类丰富。此外，支付服务提供商“支付宝”与天猫同属于阿里巴巴集团，方便消费者直接支付，可以认为该平台提供一体化服务。天猫平台虽然提供了“花呗”分期付款服务，但是消费者需要购物达到一定额度才可以享用此服务，“花呗”分期付款服务给消费者带来的效用并不明显。其物流采取纯粹的第三方物流服务，阿里巴巴打造的“菜鸟网络”使其物流效率有所提升。

1. 盈利策略

天猫盈利主要有三大来源：技术服务年费和实时划扣技术服务费、广告收费和关键词竞价收费、软件和服务收费。

技术服务年费是指商家入驻平台后每年需要缴纳的固定费用，销售的商品种类不同，缴纳的费用不同，一般为 3 万元或者 6 万元，对于店铺销售额达到某一水平的商家，平台会返还年费的 50%或 100%，这也是促使商家尽量提高服务水平的激励措施；实时划扣技术服务费是指在交易过程中按照交易金额的一定比例向商家收取的手续费，对于不同商品技术服务费率不同，一般为 0.5%～5%。

天猫商城每天网站首页的访问量接近 1 亿人次，天猫商城是一个非常大的广告平台，天猫商城的广告主要有品牌展示广告、商品展示广告、旺旺植入广告等。对于每个消费者来说，当打开天猫商城 App 时，首页是不同的，天猫商城根据每个消费者的购物习惯推荐相应的商品，而广告就是商家付费购买广告位，增加曝光度的重要途径。另外，在天猫首页可以搜索想要的商品和店铺，而商品的排列顺序就是根据竞价而来的，电商卖家缴费越高，其商品排名越靠前，这也是天猫非常重要的收入来源。

天猫依靠自己的技术团队，通过分析电商后台的消费者行为数据，为电商卖家开发软件提供增值服务，如会员关系管理、数据魔方等。对于电商卖家来说，这些增值服务能够使其更方便地管理用户、更好地匹配客户需求，因此许多电商卖家愿意购买增值服务，这也是天猫平台的收入来源之一。

2. 天猫物流策略

与京东的自营物流模式不同，天猫借助菜鸟网络，利用自身平台的信息流对物流资源的分配进行指挥，然后借助第三方物流公司完成运输工作。菜鸟网络的核心是利用“天网”+“地网”提升物流效率。“天网”是指根据天猫的物流、交易信息搭建起来的数据网络，“地网”是指在全国各地建立的巨大仓储中心。此外，阿里巴巴分两次全资收购了高德地图，为菜鸟网络的运输发展打下基础；入股心怡科技，成为该企业的第二大股东，为“天猫超市”建立了华北、华南、华中的天猫仓库，为天猫超市提供仓储管理保障，而心怡科技负责天猫超市开仓的核心管理，包括存货管理、分拣、装货等一套完整的解决方案；与苏宁易购云商合作，借助苏宁易购面积巨大的仓储物流中心及大量的线下站点提升物流水平。

3.2 案例 6 海尔：B2C 电商平台售后服务创新

3.2.1 海尔 B2C 模式简介

家电在中国不断普及，家电行业的竞争也随之日趋激烈，从源头来看，主要是由于厂商众多，产品极其丰富。而 B2C 模式的网上零售作为一种新的购物渠道，凭借自身的低成本等优势，发展也非常迅速。正是为了改变传统模式中管理成本高、流通费用昂贵等问题，在激烈竞争中生存和发展，家电行业纷纷尝试新的销售渠道：电视购物、B2C 电子商务等。以厨房家电产品为例，有数据显示，目前国内大大小小涉足厨电产品的品牌超过 400 个，拥有生产厂家、加工厂的品牌更是不计其数。而终端销售网络的建设是一个实力企业崛起的重要条件，终端店面的建设需要耗费大量的资金。对于绝大多数中小企业、甚至手工作坊式的企业来说，低成本、快捷传播的 B2C 电子商务模式为企业提供了一个很好的选择。海尔集团发现这一优势后便很快引用了这种 B2C 模式，它完全由海尔集团负责建设、维护与经营，利用海尔现有的销售、物流与服务网络，为用户提供产品销售服务。

海尔一方面自己建立平台，如海尔商城、Argos 等，另一方面通过在第三方开放平台建立海尔旗舰店、专卖店等，用品牌、产品方案换取用户资源。

海尔采取借道策略，利用淘宝天猫进军电商 B2C 市场，全面进军电商渠道，展开大规模定制预售，汇集消费者需求订单，而后反向供应链生产，省去流通仓储等各种成本，降低了商品成本，进而增加了销售量。

▶▶ 3.2.2 海尔 B2C 运营流程

1. 信息服务流程

用户在海尔 B2C 平台下单后，由海尔 HP 系统①派工承接网点，同时物流配货发车 12 小时内送货至承接网点，网点收到货后 12 小时内安排送货车辆和服务人员于 12 小时内将产品送至用户家，并同时完成验机安装。海尔 B2C 电商平台服务流程如图 3-3 所示。

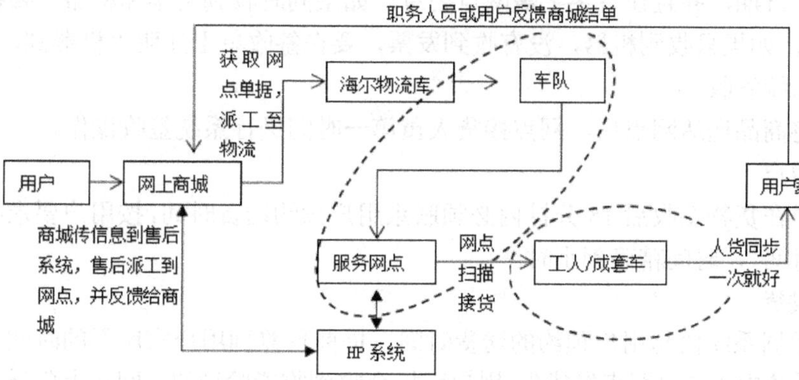

图 3-3 海尔 B2C 电商平台服务流程

海尔 B2C 电商平台订单信息操作流程节点如表 3-1 所示。

表 3-1 海尔 B2C 电商平台订单信息操作流程节点

节　点	操　作	操 作 员
网单信息派工	①网点信息员在 15 分钟内操作信息系统接受派工工单。 ②如不属于网点承接范围应在 5 分钟内联系相应人员进行信息核对，总部重新下单	网点信息员
网点接货	网点收到物流货物后，在签收单上签字并注明接货时间（时间精确到小时），盖签收章，签收后将签收验证码提供给物流	网点接货人员
预约用户送货	①网点收到货 15 分钟内与用户联系预约上门送货时间，按需送达（原则上 14 点前到货当天送达，14 点后到货第二天 12 点前送达）。 ②按照用户约定的时间上门，用户改约不要求当天送货的，必须在系统中录入用户实际预计的送达时间	网点信息员
送货上门	①网点安排人员送货，并在信息系统中操作网点发货，按约定时间上门，送装同步。 ②用户提供签收码。 ③如遇用户无法提供验收码，反馈相应网点专员，回访用户属实后，发总部系统重新生成验收码	服务人员
结单	服务人员完成服务后 30 分钟内反馈网点信息员结单	服务人员、网点信息员

① 海尔 HP 系统是惠普公司设计的全流程质量管理系统。

2. 发货与签收系统流程

（1）订单类型

海尔 B2C 平台订单分为普通订单与定金订单两种，普通订单是指用户已付全款，可直接送货；定金订单是指用户只付定金，需要在团购活动规定的付尾款时间内付尾款，系统提示“尾款是否支付”，弹出“是”后，方可联系用户送货，如遇用户未付尾款，售后网点提前联系用户送货，产生用户差评，由网点直接买单。

（2）网点接货

物流送货会提前联系网点接货人员，网点接货人员在约定时间内准备接货，接货时要将系统中工单的物流验证码提供给物流送货人，网点核对机器数量与型号后方可在物流签收单上签上收货人姓名、日期，并且在签字上盖网点公章。如果同时收到发票和机器，要在签收单上注明“货票同步”；如果只收到机器，没有收到发票，要在签收单上注明“机器到，发票未到”。

（3）网点系统签收

物流车队将商品送达网点后，网点接货人员第一时间进行系统签收操作。

（4）预约用户

网点信息员在货物签收后 15 分钟内必须联系用户预约送货时间，按用户要求的上门时间录入“预约送货时间”，时间精确到小时。

（5）网点发货

服务人员根据系统内与用户预约的送货时间，提前预算到用户家所需的时间，避免送货延迟。出发前在系统中点击“网点发货”，用户手机会收到收货验证码，网点上门送货时抄回验证码以便结单；如因用户手机屏蔽或预留电话为固话无法接收短信，可把工单发回总部重置。

（6）服务完成，短信实现签收

锁定“24 小时限时达、超时即免单、送装同步、一次就好”的目标，满足用户送装同步、人性化服务等差异化需求，实现海尔在互联网中的第一品牌目标；针对网点“24 小时限时达”服务进行监控，提高“24 小时限时达”完成率，开发“验证码短信签收”功能。

（7）网点系统结单

服务人员完成服务后第一时间反馈网点信息员进行结单，对于实现短信签收的工单，网点信息员直接录入机器编码便可结单。对于未实现短信签收的工单，网点信息员将验证码和机器编码一同录入系统进行结单。

（8）用户退换机的办理

如有质量问题，网点先联系电商各片区负责人，查看当地对应物流仓库是否有货，如果有货，网点立刻打款给电商重新购买一台，由专员发给电商各片区负责人进行系统录单。

3. 海尔 B2C 售后服务

所谓售后服务，就是在完成商品销售之后所提供的各种服务，是生产企业或者经销商把产品（或服务）销售给消费者之后提供的一系列服务，包括产品的介绍、咨询、送货、安装、调试、指导使用、故障维修、技术培训等。在市场竞争日益激烈的今天，消费者维权意识的提高和消费观念的变化，使得消费者在选购商品时，不仅关注产品本身，还重视产品的售后服务，尤其在同类产品的质量和性能相似的情况下。因此，企业在提供高质量、低价格的产品的同时，完善的售后服务已成为现代企业市场竞争的新优势。

海尔的售后服务一直是被世人称赞的，海尔本着“真诚到永远”的口号服务每一个用户，海尔已成为售后服务好、“以后推前”的企业典范。海尔 B2C 电商平台更是本着一贯的严苛的售后服务体系来服务用户的。从用户下单付款、物流把货物送至服务网点，到后面的一系列服务包括送货、安装、调试、讲解、试机，再到后期的产品维修、维护，以及处理用户抱怨、差评均是售后服务负责的范畴。在海尔，除了产品自身的质量与价格，其余的任何事情都可与售后服务相关联，任何方面的缺失均由售后来弥补。

（1）保证订单限时完成

按各行政区县限时达时效维护系统，按用户地址所在行政区县的限时达时效来显示限时达剩余时间（剩余时间=该区县限时达时效-（当前时间-派单时间））。网点严格按照地区限时达时效服务用户，保证订单限时完成。

（2）保证货票同步

服务人员上门前确保订单信息货票同步。服务人员送货前必须同时准备好电器和发票，确保货票不分离。将电器送达用户家时，服务人员要将发票亲手交到用户手中，完成服务后，在一票到底记录单上签收发票，并沟通到位。

（3）确保送安同步

订单“送货入户、送安同步”是社区店与大连锁、网店等渠道的差异化所在，送货和安装同步，保证送货入户，安装一次就好，不允许出现只送货未安装、先送货后安装、未送货入户、用户自提、用户搬运、安装未一次就好等情况。

（4）“24 小时限时达”

要求从用户下单到完成送货安装在 24 小时内。网点在收到货后 12 小时内将货送达用户、送安同步。网点服务人员完成服务后，向用户要短信验证码并上传至总部指定号码，即可完成“用户签收”，提高“24 小时限时达”完成率。

3.2.3 海尔 B2C 模式启示

要想获得用户的满意，热情、真诚为顾客着想的售后服务是必不可少的，B2C 电商平台需要以便利顾客为原则，不断地细化售后服务规范。谁能为消费者提供满意的售后服务，谁就能加快销售步伐。在所有的服务领域中，有一个颇具哲理的等式：100-1=0，寓意是服务人员的一次劣质服务带来的负面影响可以抵消 100 次优质服务产生的正面影响。社会已经逐步向服务经济社会靠拢，消费者对待产品和服务也变得挑剔、精明，平庸的服务再也不能赢得消费者的青睐和资金投入，优质的售后服务正成为企业走向成功的一块敲门砖。

1. 制定按时按需的售后服务体系

在所有因服务规范导致用户网络差评的案例中，用户的抱怨点基本都是由服务人员的不规范操作导致的，归根结底是集团对所有上门服务人员的培训不到位。意识的形成是做好一件事情的基础，服务行业更是如此。如果一个服务人员没有良好的服务意识，就绝对不可能为其用户提供优质的售后服务，服务意识的缺失成为服务人员不规范服务的最根本原因。如何提高服务人员的服务意识，首先要使全体服务人员充分认识到企业利益和个人利益是息息相关的，并真正做到思想和行动的统一，加强对服务人员服务意识、服务态度和职业道德教育，开展增强服务意识系列的活动，提高每个服务人员的品行、素质，使员工在工作中具有“一切为了顾客”的服务意识，并保证各项服务工作的服务质量。只有激活企业中“人”的因素，才能实现售后服务质量上的飞跃。而如何在知识层面上对服务人员进行有针对性的培训，让服务人员在尽可能短的时间里掌握并运用相关的知识，这对企业培训人员是一个不小的挑战。海尔通过对服务人员按时按需进行培训，对员工进行不间断的教育，更新知识，强化专业技能，形成完整的培训体系。

2. 针对售后服务规范的不断细化

想要最大限度地得到用户满意，要在前期处理投诉及网络差评时结合与用户沟通的实际问题，把服务流程化、细化。例如，网点人员上门送货安装，那么如何开箱验机，如何安全测电，如何安装调试并对用户演示讲解到位，每一个问题延伸开来都是一篇文章。另外，面对的不同类型的客户应采取什么样的服务规范来获得用户的高度评价，也是海尔在服务规范中不断更新、不断完善的内容。

3. 售后服务挽回用户满意的机制

提升“互联网服务口碑”不仅要做足正面宣传工作，还要做好“负面声音闭环清零”的文章，挽回忠诚用户不流失，保证网络订单达成率，真正实现以售后拉动售前的战略规划。

针对产品质量类差评，及时与用户沟通并约定上门时间，按约上门检测电器并且维修到位。若用户要求退换机，则及时为用户退换机，并告知用户退换机需要走流程，要耐心等待。一定要站在用户体验角度处理问题，不允许出现服务人员上门检测电器发现无质量问题而执意和用户说无问题不予以处理的情况。针对售后类差评，及时与用户沟通并约定上门时间，按约上门，带礼品向用户真诚致歉，并保证用户满意。如果是乱收费差评，则退回当次收费全额，向用户道歉、挽回用户。上门安装时要讲解清楚，与用户合理沟通，保证用户满意。造成用户不满意进而给予差评的原因是多种多样的，因此要根据造成用户不满意的具体原因细化分类，找出服务环节中的责任位，制定相应合理的用户挽回方案。

3.3 案例 7 拼多多：B2C 成功并不是因为价格

3.3.1 拼多多 B2C 模式简介

拼多多创始人黄峥注意到微信、抖音这些社交平台虽然拥有很多流量，但是没有与之匹配的商业模式使其实现高效的卖货变现，这让他萌生了进军社交电商领域的想法，并于 2015 年正式推出了以销售水果为主、让用户在社交软件上进行低价团购的“拼好货”。当“拼好货”正以强劲的势头快速壮大时，他认为可以把这种拼单模式做成平台，“拼多多”因此而诞生。“拼多多”是一个让商家入驻的第三方电商 B2C 平台，主打社交低价拼单，同时重视玩法的创新。它不再强调某一垂直领域的购物体验，这就是其与“拼好货”的区别。

拼多多将互联网思维融入经营理念中，形成了独具特色的风格。拼多多基于用户思维，注重参与感，强调用户体验；基于简约思维，设计最简化的分享链接，提高用户参与度；基于极致思维，抓住用户需求痛点，推出低价商品；基于迭代思维，不断更新商品，既可以减少库存，又可以更好地满足消费者需求；基于流量思维，重视流量指标，其注册用户数量、活跃用户数量都表现出十分亮眼的成绩；基于社会化思维，打造独特的社交玩法，拉近与用户之间的距离，重塑企业商业运作模式；基于大数据思维，打造爆款商品，提高供应链效率，加固核心竞争力；基于平台思维，与多方如腾讯等形成密切联系，构建共赢的平台生态圈；基于跨界思维，将社交与电商完美融合，打破壁垒，在阿里巴巴、京东的阻击下成功突围。

3.3.2 拼多多 B2C 运营分析

1. 运营模式分析

（1）效率型商业模式

效率型商业模式是指企业通过商业模式创新提高交易的效率，其核心是减少企业与所有利益相关方之间的交易成本。交易成本的降低来源于交易的风险、交易过程的复杂程度、合作成本的降低，也来源于信息的可获得性的提高。商业模式创新带来的交易成本的降低会使各个利益相关方都受益，使更多的用户、商家和合作者参与到交易中来，整个生态系统的经济规模会迅速扩张，这可能使得某些利益相关方的交易成本进一步降低，从而形成良性循环。另外，随着用户、商家和合作者的增加，会产生大量的交易数据及用户数据，对这些数据进行分析得出的结论，可以指导某些利益相关方更科学地安排生产经营活动，使其最大限度地利用产能，降低资金占用，提高周转率，降低利益相关方的经营成本。交易成本的降低会使利益相关者之间的转换成本增加，从而提高焦点企业与利益相关者之间的相互依赖性，促使它们更加密切地进行合作。

拼多多弱化搜索，通过反向推荐和低价拼团打造爆款；同时直接对接工厂，最大限度缩短供应链。低价拼团使得交易量大幅增长，商家实现批量定制化生产，节约了成本，顾客享受到了最低的价格。这使得交易达成的可能性提高，交易的复杂程度降低，交易成本明显降低，交易效率明显提高。平台为商家销售大量产品提供有效渠道，并为他们提供关于买方偏好和市场需求的全面数据分析，使复杂性或信息不确定性降低，降低商家的交易成本。同时，拼多多简化购物流程，也在一定程度上降低了顾客的交易成本。

（2）新颖型商业模式

通过新颖型商业模式设计，企业借由创新的交易结构或者与不同于以往的利益相关方进行经济交易，或者通过新的方式或交易结构设计与原有的利益相关方进行交易。拼多多的拼团模式是在电商中加入社交元素，通过社交分享完成拼团。这是一种新的交易方式，微信是新的交易方。另外，拼多多通过 C2M[①]模式和反向推荐打造低价爆款，颠覆了以往以搜索为主流的电商模式。

---

① C2M 是英文 Customer-to-Manufacturer（用户直连制造）的缩写，是一种新型的工业互联网电子商务的商业模式，又被称为“短路经济”。

2. 运营价值分析

（1）拼多多的价值创造

在用户细分方面，拼多多在早期不再执着于天猫、京东关注的主流一二线城市用户群体，反而将目标人群下沉，更注重三四线及以下城市和农村的用户，而其中又将女性作为重点目标，实现消费降级。三四线及以下城市和农村的用户学历通常低于一二线城市的用户学历，低学历人群更依赖社交，这类人群的社交软件主要是微信，完美契合拼多多基于微信的社交玩法，因此，拼多多更有利于在低学历人群中传播。另外，低线城市用户的购物需求、购买欲望、购买力度不再低于发达城市用户，尤其女性用户，她们更愿意在购物平台进行购买行为。据大数据显示，移动互联网夜间活跃用户占比明显增加，低线城市居民较一二线城市居民下班时间更早，这些群体在网购上花费的时间更长，可以更好地为平台提供GMV①。而当拼多多达到一定规模时，拼多多又通过“百亿补贴”的方式，在主打低价的同时保证正品，从而吸引一二线城市用户。当一二线用户以更低的价格拿到正品好货时，其心中的偏见也被打消了。由此，拼多多将逐渐打通各线城市之间的壁垒。

在价值主张方面，拼多多要做的不是满足某一类人的所有需求，而是满足所有人的某一类需求。有时他们是高净值用户，有时他们是价值敏感型用户。例如，拼多多现在的用户定位并不是三四五线城市的人，而是满足用户内心的三四五线的需求。拼多多想要做的“下沉”不是在地域上的下沉，而是满足用户内心的下沉欲望。拼多多将消费者的需求反向输出给厂家，使厂家得以精准生产，大大提升了效率。这样一来，拼多多就将消费者和厂家联系在一起，同时满足了双方的利益。

（2）拼多多的价值传递

在客户关系方面，早期拼多多依靠微信的高容忍度，可以让消费者通过砍价链接直接由微信界面进入拼多多平台，极大缩短了传播路径，提高了留客率。

在渠道通路方面，拼多多的拼团优势表现得很明显。拼团可以带来大量的用户和交易，平台在收集订单之后，可以马上和生产厂家或者商家代理进行直接沟通。这就是所谓的“反向刺激”，让上游供应链得以大规模进行生产。当形成一定规模后，生产厂家的成本自然就降低了，从而凸显了价格优势。C2B/C2M的模式将对低价商品有购买欲望的用户和找不到用户的商家联系在一起，这样商家专心打造爆款、减少SKU②，既能减少风险又有精力创建品牌。

很多人认为在拼多多上买到的商品质量不高，这是不对的。因为中小商家的流水线只有一条，不会增加成本开辟新流水线。一般情况下，一个商家会选择在不同平台开店铺，因为商家要做的是卖货，至于在哪儿卖反而不重要。并且拼多多上的运营费用低于其他平台，商家会因为在拼多多上有更低的成本而降低价格。这也是拼多多相较于其他平台价格更低的原因之一。

（3）拼多多的价值获取

拼多多的关键业务之一就是其主打的农产品类目。拼多多给自己的定位是永远做一家腿上

---

① GMV全称为Gross Merchandise Volume，是成交总额（一定时间段内）的意思，多用于电商行业，一般包含拍下未支付订单金额。

② SKU全称为Stock Keeping Unit（库存量单位），即库存进出计量的基本单元，可以以件、盒、托盘等为单位。这是对于大型连锁超市配送中心进行物流管理的一个必要的方法。现在SKU已经被引申为产品统一编号的简称，每种产品均对应有唯一的SKU号。

带泥的电商，它已经成为中国最大的农产品上行平台之一。其打造了独特的“农货中央处理系统”+“轻仓储”模式。拼多多先收集订单，再根据大订单购买农产品，从产地直发，仓库距离产地也不远。这样从销售路径和时间上都可以降低农产品的损耗。

同时，拼多多紧贴国家政策，积极开展精准扶贫活动，实现了农户、消费者、平台三赢的目标，不仅赢得了收益，还收获了口碑。拼多多的另一个关键业务是它的社交玩法。拼多多通过各种不同的游戏，吸引顾客并诱使顾客消费。例如，天天领红包，在规定的时间内，用户通过分享使其他人助力拆红包，拆红包的好友越多，红包金额也越大；多多果园是拼多多开发的养成类游戏，用户积攒“水滴”灌溉果树，当果树成熟时，就可以得到免费的水果。获取水滴的方式很多，这些方式都是非常好的提升 GMV 的手段，商家只需付出低价就可以提高 GMV，何乐而不为呢?

要想提升产品口碑，就要提升产品的质量。因此，技术支持也是拼多多的一个关键业务。只有拥有足够强大的技术支持，拼多多才能拥有一套成熟的识别低质量商品的机制。另外，只有得到了技术支持，拼多多才有资本将新奇的游戏想法落实到开发上。

在核心资源方面，首先腾讯是拼多多的一个重要的核心资源。作为用户最多、覆盖范围最广、使用频率最多的社交软件之一，微信为拼多多初期的发展提供了不可忽视的帮助。随着拼多多的发展，腾讯不仅为其提供了社交方面的帮助，让其砍价分享链接在微信中以最短路径进行传播，还在微信钱包的位置为拼多多添加了一个明显的一级窗口。并且，微信免密支付在一定程度上缩短了支付路径，也可以提升购买成功率。另外，腾讯和拼多多在云服务、用户拓展等方面也有合作，费用也比较优惠。

在合作伙伴方面，对于供应商的选择，拼多多最早将目光投向淘宝外溢的中小商家，这些商家生产规模小，在淘宝中没有优势，但在拼多多有机会成为头部商家。一方面，为了引流，这些商家配合平台实施低价战略，同时，拼多多基于大数据，为商家制定爆款商品、提供生产策略。另一方面，拼多多意识到农产品的品牌价值不强，可以通过农民直接销售农产品，这样既优化了供应链，节约了成本，又可以积极响应国家精准扶贫号召，提升品牌形象。

在财务方面，拼多多的盈利模式比较单一，主要针对商家的在线营销服务，包含广告和交易服务费等，其中交易服务费是给第三方支付平台的费用。因为拼多多的中小商家居多，其付费能力还不能与大商家对比。

（4）拼多多的价值实现

拼多多在用变现的思维经营企业、用现金流和用户资源整合一切的方面做得也比较好。首先，拼多多通过裂变游戏建立入口，以更低的获客成本获得更多流量；靠优质内容，也就是性价比高的商品，以及通过“百亿补贴”等一系列优惠活动实现“留量”，最终达到变现目的。虽然，拼多多还没有进入盈利的阶段，但现金流的正向流入说明补贴并没有对企业产生负担。

其次，拼多多通过专业过硬的团队构建平台，把在游戏公司和“拼好货”积累的成功经验运用在拼多多的构建上，利用用户资源开辟了“人找货”的新型购物渠道。

拼多多在做完整的生态模式，有机地布局未来的资源和盈利点，并寻找行业外的盈利方式，以期找到更多的盈利点。只有找到更多的盈利点，才有可能早日“转亏为盈”。

3.3.3 拼多多 B2C 模式启示

1. 利用现有商业模式打造差异化

（1）以发展农业为核心战略

拼多多主攻农产品，是中国最大的农产品电商平台。拼多多在保证后方供应链稳定的同时，重视前端宣传问题，不仅不断优化“多多果园”，还大力创新其他游戏，如“多多牧场”等。疫情之下，一二线城市的农产品不够充足，拼多多能做好农村与城市之间的调配，不仅可以助农，还不失为一个好商机。另外，除了农作物，拼多多还将眼光聚集在农资方面，不仅帮助农民卖农货，还通过互联网投资农资、助力春耕，这就使农民更加看重电商的地位，从而更有意愿与平台进行合作。

（2）改善供应链结构

拼多多现有的供应链结构使顾客的需求反向刺激上游供应链开展大规模生产，这需要花费一定的时间和精力用于供应链的改善上。拼多多除与第三方物流合作外，还效仿怡亚通供应链平台在全国设置分销网络，学习阿里巴巴零售通与村淘的协同体系及菜鸟裹裹平台的综合物流信息管理平台，使其在供应量的上游更有话语权。拼多多推出了线下团购工具“快团团”，针对居民无法外出采购日常刚需生活用品的问题，推出了收集用户需求的微信小程序。虽然它被定义为线下工具，但用户的需求收集整理、商品发布及下单支付都是在线上操作的。而且，用户在“快团团”上购物，商家可以直接送货到社区门口，不涉及运输等问题。这种“货找人”的商业模式让拼多多在没有专属物流和供应链的情况下，利用社区电商的优势实现近距离发货，从而“扬长避短”。

2. 完善用户增长体系

（1）不断完善砍价游戏

拼多多的商业模式是以“社交”为特色的，其通过不断创造出吸引客户的玩法来完善用户增长体系。例如，以现金诱惑和社交人脉诱惑让用户自发完成转发链接的操作。如果用户转发一定数量的砍价链接就能获得 100 或 200 元的红包，而转发第一次就能获得 90 多元，那么用户的积极性就会马上被调动起来。同样是上述的例子，如果老用户的助力只有几角钱甚至几分钱，而新用户的助力金额却有几元甚至十几元，那么这在一定程度上是非常有利于开发新用户的。而在帮助朋友的同时，助力的用户也能得到一份奖励，可以提高用户的参与感和积极性。另外，在打造拼单、砍价一类的游戏中，设置时间范围也很重要。当页面不断地提示用户距离完成游戏的时间所剩不多时，会给用户造成一定的紧迫感，加快用户参与的脚步。而且，在规定时间外失效这一点，很好地利用了用户“损失厌恶”的心理，当用户投入一定的精力试图完成游戏时，他们会更担心这些投入最终化为乌有，这时会有一股自然而然的力量督促用户继续做游戏。

（2）重视与农产品相关的玩法

因为农产品是拼多多的核心项目，所以，与农产品相关的游戏就是社交玩法的一个重点。

像已经趋于成熟的“多多果园”，用户通过浇水集水滴的方式养成果树，从而可以兑换免费水果。拼多多推出的“多多牧场”，其原理和“多多果园”相差不大，将果树换为牧场，同样是养成系列的游戏。这个系列的玩法重点是要足够简单，简单到无须做过多思考，每一个步骤都有明确且显眼的标志提示用户应该怎么操作。另外，养成方式一定要多元化，也就是说，用尽可能多的方式来实现农作物的养成，并把玩法和购买链接做成完美的互通。例如，通过点击查看、分享、购买链接中的产品，即可获得额外奖励。这不仅能提高用户的留存率，还可以在其他方面实现转化。

（3）创造不同游戏

拼多多为了提升用户“黏性”，以及开辟新的社交链，推出了“拼小圈”。这个功能可以使用户看到好友的购物经历，这就使怀疑评论真实性的消费者从朋友那里获得相对真实的评价。这项功能位于拼多多平台首页的显眼处，平台会自动向同意授权的用户推荐添加通讯录好友。

（4）重视直播

随着淘宝头部主播李佳琦和薇娅的爆红，电商直播显然成为电商行业又一主流玩法。拼多多这种以“社交+电商”为商业模式的平台开始培养自己的头部主播，打造具有号召力的KOL（关键意见领袖），拼多多通过自己的王牌——农产品另辟蹊径，让农民在农产品产地或家中就近直播，可以让消费者更直观地看到农产品质量，从而提升购买热情。在直播过程中，成交量越多就越会反向刺激农民的积极性，使卖方的卖货动力增强，以此达到双赢的效果。

（5）持续“百亿补贴”策略

依靠满足人们内心对于下沉的需求，拼多多在发展初期找到了适合的用户群体。但拼多多想要更进一步，就要满足用户的高净值需求，打破人们对拼多多固有的“价格低、质量差”的印象，提高商品质量。拼多多认真促销，提出“百亿补贴专区”。本以为“便宜没好货”的消费者，在购买“百亿补贴”产品后，发现产品质量可以得到保证，从而大大提升了拼多多的口碑。拼多多之所以能在保证质量的同时维持低价是因为部分商品以成本价销售，而部分商品以低于成本的价格销售。拼多多把买流量获取用户的资金用在了对交易的补贴上，这样既增长了成交额，又增加了用户对拼多多的好感度。

本章小结

B2C电子商务，即企业与客户之间的电子商务，它是目前电子商务的一种典型模式，也是目前电子商务存在的主要形式。B2C电子商务主要以网上在线销售和在线服务为主，提供企业面向客户的直接服务。通过B2C电子商务，企业可以为分散的客户提供最大限度的购物服务，客户可以足不出户，跨越时空选购物美价廉的商品。本章选取3个企业的B2C电子商务案例，分别分析了京东与天猫的B2C竞争策略、海尔的B2C电商平台售后服务创新模式，以及拼多多的B2C价值创新模式。

本章实训

实训案例

唯品会的B2C垂直电商模式

长期以来，垂直电商难以长续经营已经成为互联网显学。寺库被收购，聚美优品退市，他们因为品类和客群过于专一，最终将生意越做越小。然而，被普遍认为是垂直电商代表的唯品会，似乎没有遵守这样的定律。经过多年拼杀，唯品会依然在良性增长，并且一直保持在中国电商第一梯队。与之相伴地，唯品会不但没有出现垂直电商常见的慢性萎缩，而且在不断加速扩张其业务版图——唯品会在合肥举行城市奥莱装修改造工程开工仪式，定位为名品折扣、美食、流量主力店的城市标杆购物中心，同时唯品会发布新品牌Slogan，广告片显露出唯品会拓宽客群的野心。

1. 补齐B2C特卖版图

唯品会的立身之本是B2C特卖。长期以来，服装行业及许多线下零售行业的顽疾，就是库存问题。酷特智能（原红领西服）总裁张蕴蓝曾表示，对很多服装品牌来说，每销售一件衣服，大概会产生三件库存。而最早的唯品会，就是通过线上方式销售尾货的，从而在供需两端提供价值——商家处理掉了库存，节省下大量的仓储和管理成本；消费者以非常优惠的价格买到了质量过硬的品牌商品。

对于线下大型商业项目，互联网公司一般都会选择敬而远之，而对唯品会来说，在合肥开办城市奥莱却并不意外。

首先从天时，也就是商业禀赋来看，作为中国最大的线上特卖平台，唯品会建立了成熟的供应链和品牌资源，累计与国内外超过30 000家品牌商达成合作，唯品会同时拥有国内电商中规模最大的、多达1600人的全球买手团队和一整套基于特卖模式打造的供应链周转系统，建立了一套“好品牌+好款式+快周转”的完整供给模式。对货极强的把控能力构成了唯品会最核心的一层护城河，这也是为什么相对于平台化的淘宝和拼多多，唯品会带有鲜明的零售公司基因，唯品会更重商，而不是电。奥莱模式在西方国家已经有近百年历史，其最核心的表现就是线下商业实体，依此建设各项能力的唯品会，只是以互联网的方式进行运作，骨子里却别无二致。

再来看地利，选择合肥作为第一站，体现了唯品会的稳健经营——唯品会没有选择高消费力的一线城市，因为这些地方类似业态已经丰富，成本高。而合肥潜力巨大，相关业态还不丰富。省会首位度最高，项目可以吸纳安徽全省的购买力。特别是近年来合肥在高新技术产业上的飞速发展，为城市经济的未来储备了充裕动能。项目收购后的资源整合有其客观规律，唯品会经过一年时间的整合，为城市奥莱的顺势推出做好了准备。据业内消息，唯品会的城市奥莱项目定位为城市中心新零售商业，将以限时特卖和折扣百货为主，城市奥莱将会通过数据化市场指标支撑智慧化商业运营，加码消费体验。

最后是人和，经过长期的用户教育与市场宣传，唯品会的品牌概念已经深入一二线城市的中产人群中。特别是明确了“回归特卖”战略后，唯品会向用户提供的“品牌好货”核心价值更加清晰。这种聚焦的品牌策略收到了成效，唯品会此前的多季财报数据显示，其活跃用户留存率保持在 85%以上，复购订单比例则在 95%以上，对于存量用户的深度运营，是唯品会的拿手戏，进军线下城市奥莱，如果能够把线上线下的会员体系打通，那么无疑将重塑目前特卖领域的购物体验。

整体而言，进军线下是唯品会早已抬子的一步稳棋。

2．B2C 特卖品牌破圈

唯品会一直侧重于女性消费，服饰、美妆是其强势品类，其典型的用户画像是一二线城市的中产女性，这些人有很强的消费能力与品牌认知，而根据《中国家庭精明消费报告》，在一二线城市，67%的中国女性负责全部家庭购物，她们是中国家庭结构里面的中流砥柱。

唯品会正式升级 Slogan 为“品牌特卖，就是超值”，并发布了全新的广告片，分别包含了女性、男性、老人、孩子等不同性别、年龄的人群，很显然，唯品会把自己的目标客群扩大到了广谱人群。这种延展也是顺势而为——中产女性热衷于在唯品会为父母购买衣着服饰、洗护用品，帮助另一半进行外形上的装扮，为子女采购服装、食品，为自己采购服装、美妆产品，为家庭采购日用消耗品等。事实上，这些女性就是电商影响力最强的一个群体。特别是随着移动互联网的大幅下沉，以往不会使用手机的银发人群，还有更早接触网络的小孩子，都能够熟练完成基本的手机操作，并拥有个人的支付账户，为唯品会围绕女性消费者的用户裂变做好了铺垫。围绕着家庭场景的购买半径，唯品会也在完成品类上的破圈，不只是传统强势的服饰和美妆，我们了解到，目前唯品会在生活用品、母婴童装等品类上也取得了可观增长。

3．B2C 特卖模式的发展

唯品会的“垂直 B2C”是通过深耕特卖模式这一战略聚焦点，逐步发散成全渠道、多品类的一体化零售模式，而不是将特定货品卖给特定客群的“圈地自萌”。过去的良性增长已经证明，通过对货品的精耕细作和品牌商的聚焦宣传，唯品会能够走出一条属于自己的发展道路，对于供需两端，唯品会也能够解决淘宝、京东、拼多多解决不了的问题。

特卖零售在中国的未来会是什么样的？从短期来看，疫情造成的影响，服饰穿戴行业的去库存压力比去年有增无减，品牌商加速库存销售的需求也更加强烈。加之消费者对于品牌折扣好货的消费理念迁移，专注特卖的唯品会，或将迎来新一波发展机遇。而从长期来看，中国的经济发展和人均 GDP 水平，已经到了应该出现大型特卖商的阶段。《零售：把客流变成购买力》一书中提到，年人均 GDP 达到 2000 美元以上的地区适合发展超市，达到 3000 美元以上的地区适合发展便利店，达到 10 000 美元以上的地区才适合发展购物中心，其中最典型的业态是奥特莱斯，而中国恰好刚刚迈过了这个门槛。

从商业逻辑上看，品牌特卖作为一种品牌商品的衍生业态，也依赖国民整体对品牌的认知认可程度，以及消费观念的不断演进，这也是为什么在过去，中国一直没有产生足够重量级的线下奥特莱斯。而已经走在前面的发达国家，也为我们提供了很好的参照——美国百年老店西尔斯破产，梅西百货暴跌，传统百货跌至冰点，折扣零售巨头 TJX 却在高歌猛进，而 TJX 几乎全部营收来自线下，便打造出一个庞大的特卖商业帝国。从线上起家，享受到更强网络效应的唯品会，在未来也有很好的机会，闯出一条充分本土化的中国特卖之路。

实训内容：分析唯品会的 B2C 垂直电子商务模式。

实训要求：形成一份案例分析报告。

复习思考

1. 京东与天猫的竞争策略有何不同?
2. 海尔 B2C 运营流程有何特点?
3. 海尔的 B2C 售后创新模式有何优势?
4. 拼多多的价值模式有哪些创新点?

第4章

电子商务 C2C 案例

【学习目标】

1. 闲鱼 C2C 二手交易平台分析；
2. 人人车 C2C 案例分析；
3. 58 同城 C2C 发展战略分析。

【引导案例】

租客帮的 C2C 模式

租房市场存在一些困扰用户的问题：寻找房源的新租客，往往面临着房源信息失真、租住体验不透明、频繁看房浪费大量时间精力等痛点；而即将搬离的旧租客，也会由于中介上门拍照、带新租客看房，既付出沟通成本，又得忍受额外的打扰。市场上出现了诸如乐租、火炬租房等 C2C 平台，这些平台主打无中介、租客与房东直连。但取消中介也意味着房东需要承担所有沟通、带看职能，同样存在高额的协调成本。是否有更好的解决方法呢？

租客帮是一个 C2C 互联网租房平台。租客帮的核心模式在于让前任租客取代中介，发布房源，并承担沟通、带看职能。租客帮的目标用户是城市白领。这类用户的住房需求相似，经济能力接近，更容易在平台上找到符合要求的房源，从而增加“黏性”。那么，前任租客主动承担中介职能的动力从何而来呢？这是用户习惯培养的问题。就像在 Uber 横空出世之前，私家车主不会意识到自己能够成为兼职司机一样，让旧租客取代中介，也需要一个推广产品理念的过程。就目前而言，如果前任租客发布房源，将会得到电影票等礼品；而如果成功签约，旧租客能享受免费搬家的服务。基于这两点，租客帮力图持续培育用户行为，打造一个生态闭环：旧租客有意识地在该平台转租，同时通过这个平台寻找新的房源，实现房源共享及租客互助。

租客帮的盈利一方面来自对房东收取的 25%的佣金（是传统中介所收费用的一半）；另一方面则来自增值服务，如安排顾问根据租客的定制化需求推荐合适房源；此外，当用户基数足够庞大时，可以实现流量分发与变现——因为租房的周边服务，如家政、维修、搬家等，也存在一个相当大的市场。再往后，还可以做租金分期、二手房买卖等。

辩证与思考：租客帮的 C2C 租房模式有何特点？

分析与提示：C2C 电子商务模式的特征。

4.1 案例 8 闲鱼：二手交易 C2C 平台

4.1.1 闲鱼的 C2C 模式简介

C2C 二手交易平台利用圈子聚集人群，以售卖闲置物品的形式形成一种独特的分享经济。分享经济可分为两种：一种是转让部分使用权的，如拼车、租车等经济活动；另一种是转让所有权的，如转让二手物品、二手房等交易。闲鱼属于第二种。

1. 背景

随着人们消费水平的提高和消费意识的转变，二手交易市场的规模越来越大。但由于二手闲置市场目前存在相关法律法规不完善，质量、交易等标准难以确定，线上交易纠纷多，信用体系难以建立等一系列问题，这块大蛋糕变成了难啃的硬骨头。在国内，较为有名的二手交易网站有阿里巴巴的闲鱼、58 赶集的转转和猎趣网，还有一些靠细分市场另立门户的网站，如主打二手奢侈品和数码 3C 的“旧爱”，主攻时尚商品的“空空狐”等。

2014 年，“淘宝二手”改名为“闲鱼”，以全新的面貌重新进入 C2C 二手交易市场。而此前，说到线上二手平台，大家熟知的 58 同城和赶集网在 2015 年合并为 58 赶集集团，并推出了与微信深度整合的转转。闲鱼与转转对比分析如表 4-1 所示。

表 4-1　闲鱼与转转对比分析

方　面	闲　鱼	转　转
背景	阿里巴巴	58 赶集集团
生态优势	淘宝、支付宝	微信、微信支付
特色模式	鱼塘，社区化	微信，社交链
物流	菜鸟裹裹（可在线叫快递）	58 速运、大件二手物品货运
发布功能	淘宝一键转卖	照片美图
特色专区	租房专区、拍卖专区	海淘专区、转转优品（手机）
信用认证	芝麻信用、淘宝会员等级、支付宝实名认证、新浪微博认证	身份认证、名企认证、名校认证、芝麻信用
操作便利性	淘宝一键转卖，发布快捷方便	界面简洁，查看分类方便
信息展示方式	文字、图片、视频	文字、图片

2014 年之前，58 同城和赶集网占据了 C2C 二手交易市场的大部分份额。而后，“淘宝二手”改名为“闲鱼”，以阿里巴巴集团为后盾，以全新的运营模式进入市场，渐渐占领了一部分市场份额。为了与闲鱼抗衡，58 同城和赶集网进行合并，同时为了降低恶性竞争的成本，实现“1+1>2”的效果。

2. 生态优势

闲鱼拥有的淘宝巨大的用户基数、支付宝的担保交易和阿里巴巴的大数据，使其在发展过程中省去了不少工夫。而微信在近几年也成为主流社交工具，微信支付在国内手机支付市场与支付宝并驾齐驱，转转与微信的合作是转转发展过程中的重要转折点。

3. 特色模式

闲鱼重新改版上线后迅速在 C2C 二手交易市场火爆，很大程度上得益于鱼塘这种新式的社区交易方式。闲鱼的鱼塘有两种，一种以地理位置划分，另一种则以兴趣爱好划分，将线上的陌生人通过地理位置相近或者兴趣爱好相同联系起来，让他们可以通过鱼塘保持半熟关系，以此建立相对信任环境，提高交易的成功率。同时，在闲鱼，宝贝曝光率与售出概率息息相关，而花费鱼贝购买相应服务可以快速提高宝贝曝光率，目前用户可通过每日的签到和分享获得鱼贝，因此，这保证了鱼塘的活跃度，促使用户多沟通交流，打造一个不只是为二手交易服务的网上社区。而转转需要以微信账号登录，这大大提高了潜在用户想要在转转上发布二手物品信息的准入门槛，其交易模式与这几年很火的微商有点相似，也是通过朋友圈中的熟人关系营造信任环境，以此增加交易的成功率。但是根据用户反映，这种方式存在不合理的地方，用户能互相查看微信好友在转转上发布的二手物品的信息，可是大多数品类的二手物品价值较低，在较为熟悉的关系中，碍于面子，双方很难进行杀价还价，同时不希望隐私被泄露，因此，降低了交易的成功率和用户满意度。

4. 物流

闲鱼与菜鸟物流进行战略合作，用户在闲鱼 App 上进行交易时可以直接在线预约快递，在线上完成线下的步骤。而转转在物流方面结合了 58 速运，接入大件二手物品快递服务，用户可通过转转 App 直接对大件物品进行实时检测。由于 C2C 二手交易平台有一大部分卖家都是普通消费者，闲鱼和转转在物流方面提供了特殊便捷的服务，降低了用户进行线上二手交易的成本，提高了交易便利性，因此大大提高了用户在平台销售二手物品的积极性，从而提高了交易成功率。

5. 发布功能

闲鱼提供一键转卖的功能，阿里巴巴也有一键转卖到淘宝的相似功能。如果用户的二手物品是从淘宝上购买的，可以使用此功能，将淘宝中该物品详情页的信息一次性发布在闲鱼上，30 秒内即可完成发布操作。淘宝中物品信息是影响交易成功率的重要因素，商家编辑物品信息的成本会均摊在一定数量甚至大量的同款商品上，而闲鱼不同，用户出售的商品数量一般为 1～2 件，同时，由于对商品了解有限、文字表达能力有限等，用户要想写出较为具体详细、吸引买家的物品信息是需要花费较大的时间成本的。在转转上发布商品、上传照片时，用户可以直接在转转 App 里对照片进行简单编辑，如裁剪、打马赛克甚至一键美图，实用易操作。

4.1.2 闲鱼 C2C 运营分析

闲鱼前身为“淘宝二手”，因此有一定的用户积累。淘宝拍卖频道被纳入闲鱼后，为闲鱼带来了一定的流量。同时，闲鱼依靠阿里巴巴，通过云数据技术，利用并整合阿里巴巴其他平台资源，包括支付宝、淘宝、菜鸟网络等，实现了支付订单、快速发布、信息认证等多项功能，提升了闲鱼的操作便利性和交易安全性。鱼塘，这种新型社区是打开线下二手交易市场的驱动点，也为闲鱼上的二手交易营造了一个半熟的相对信任环境，大大提高了闲鱼的用户黏度和使用体验。但是，闲鱼目前在发展过程中也存在着问题与不足。

1. 交易纠纷问题

交易纠纷一直是线上交易存在的主要问题，不管交易全新商品还是二手商品。出现这些问题的主要原因有以下几点。

① 线上二手交易的性质导致二手物品在交易过程中出现使用痕迹和缺陷，难以明确是哪一方的责任。

② 闲鱼对用户的监管力度不够。大多数用户为个体消费者，无须登记营业执照等，对其他认证也没有强制要求。

③ 客服介入机制还不够完善。闲鱼目前只有客服热线，还未开通在线客服服务，造成用户维权反馈困难，用户经常遇到申诉无门或不知如何申诉的情况。

④ 产品质量也是导致交易纠纷的重要因素。以手机为例，一直以来，闲鱼上的二手手机质量良莠不齐，部分残次品、翻新机使闲鱼在二手手机方面口碑变差。

⑤ 部分黑心卖家通过盗图、“选择性”描述物品、提供虚假信息等方式对二手物品进行“美化”，造成买卖方之间信息严重不对称，同时，对于部分类目产品很难以外表判定质量，导致买方用户在收到产品时心理落差较大，从而产生交易纠纷。

2. 安全问题

安全问题包括人身安全问题和财产安全问题。第一，同城交易在线上二手交易中是比较常见的交易方式，而一些不法分子往往会以同城交易为借口进行威胁、性骚扰、勒索等违法行为。第二，闲鱼上大多数用户采用支付宝或银行转账进行支付，不法分子利用用户对闲鱼平台交易规则不熟悉进行欺诈，如引导用户在非官方渠道进行聊天和支付，导致难以取证或查明资金去向。还有一种较为常见的欺诈手法就是调包物品，以退货为借口将正品换成次品，甚至将物品换成废纸退还给卖家。

3. 用户出售禁售物品

用户发布禁售物品信息一直都是平台运营无可避免却不得不防的严重问题，甚至不少网站因存在违禁信息被依法关闭。闲鱼就曾被用户反映在平台有出售色情低俗产品和服务的情况，影响较为恶劣。

4.1.3　闲鱼 C2C 发展启示

1. C2C 二手交易平台发展

物流是线上交易中重要的一部分，如果 C2C 二手交易平台没有自营物流，可以与物流公司合作，建立完善的物流配送模式，为用户提供更便捷的一站式服务，降低用户交易的成本。

建立网上社区可以让陌生人通过一种特殊关系连接起来，消除用户间的不信任以营造半熟环境。对想要在小社区里发布信息的用户有相应的严格要求，如闲鱼上一些按照地理位置划分的鱼塘，只有定位距离在规定的范围内的用户才能在该社区发布信息，这保证了该社区的信息质量，防止用户恶意刷屏等。

与社交网络、支付工具合作，利用网络大数据对用户进行身份认证，从而形成信息网，降低人与人之间建立信任链接的成本，提高违规行为的成本。

2. 二手交易市场规范发展

对部分产品类目，建立科学规范的鉴定评估体系，无论是线上还是线下的二手交易市场，都可以以该鉴定评估体系为标准。第三方评估机构可按照规范后的鉴定标准对产品各方面进行评估，甚至做到评等级或分数，方便普通消费者对产品进行了解和筛选，同时保证了评估鉴定工作的公正性和准确性。

政府应加强对 C2C 二手交易市场的监管，细化监管要求，建立新的市场秩序。政府可设立与之相关的监管机构，并加快相关法律法规的制定，构建新的监管框架，对 C2C 二手交易市场进行正确引导，让 C2C 二手交易平台在良性的市场环境中发展。

4.2　案例 9 人人车：首创 C2C 虚拟寄售电商模式

4.2.1　人人车的 C2C 模式简介

人人车成立于 2014 年，专注为个人用户服务，其透明、无差价交易让用户很轻松就能买到 8 年 12 万千米以内的二手车。人人车直接对接个人车主和个人买家，在交易过程中砍掉中间环节，其 C2C 模式为个人用户卖车买车提供了良好的交易体验。二手车电商企业大多采取 B2B、B2C 模式，如以 B2B 模式为代表的车易拍，二手车的买卖主要针对经销商，消费者并不参与其中。车易拍以标准化的二手车评测技术为支撑，建立严格的车况分析评价体系，通过标准规范和严格检测管理制度，保障车况检测的真实性和准确性，并对所有经销商郑重承诺。车易拍在全国建立多个服务运营点，为厂商、汽车经销商提供二手车在线拍卖等多项服务。以 B2C 模式为代表的优信二手车，通过搭建车商与消费者的平台，帮助消费者迅速找到真实可靠的车辆，享受更好的购车体验。优信二手车的核心战略是帮助经销商解决问题，因此，需要采取 B2C 模式，提供车辆检测及质保服务平台，帮助经销商与消费者成功完成交易。优信二手车的B2C模式让经销商充分发挥其在二手车交易过程中的作用，用更高的服务水平、更诚信的方式盈利，搭建一个诚信的交易体系。

人人车首创个人二手车C2C虚拟寄售模式，是对传统电商模式的一次彻底变革。人人车只提供平台，通过平台直接对接个人车主和个人买家，确保车辆情况真实可信，在平台上进行交易，交易过程中无差价，平台自始至终不干涉交易，卖家与买家可以通过人人车电商平台选择直接见面并决定是否交易。相对于其他模式的二手车电商而言，人人车独创的C2C模式，从真正意义上摆脱了所有的二手车商，将个人手中的二手车直接卖给个人买家。

二手车电商不管采取何种模式，最终都要从中获利，只是开展的营销活动不同。人人车作为二手车电商企业，自然也会考虑C2C模式的盈利，然而C2C模式的特色就在于让买卖双方都能获利，让利高达20%，双方在交易过程中省去所有中间环节，将利润返还给消费者。最终的成交价格，站在卖家角度，肯定高于直接卖给车商的价格；站在买家角度，肯定低于车商卖给买家的价格。

4.2.2 人人车C2C运营分析

1. 人人车的运营现状

1）优势分析

（1）二手车需求量不断增加，消费群体广泛

国家出台了许多购买汽车减免税的优惠政策，这样的政策增加了人们对汽车的需求，着实推动了汽车产业的发展。随着生活水平的提高，有车一族越来越多，人们对汽车的需求不断增加，根据需求价格弹性理论，如果两种商品互为替代品，其中一种商品的价格过高，那么另一种商品的需求量就会增加。对于汽车来说，新车和二手车互为替代品，当新车价格过高，人们没有能力购买新车的时候，需求会转向新车的替代品——二手车。另外，受驾驶技术的约束，刚取得机动车驾驶证的新手大都不愿意买新车，一方面自己的驾驶技术还有待提高，另一方面，新车都需要磨合，新手加上新车，车损和事故率近几年呈直线上升趋势，对于这类消费者而言，买二手车是不二之选，这样新手既可以放心大胆地驾驶汽车，又不用担心车损，因而对于二手车市场的需求就越来越大。在“互联网+”新形势下，这类消费者可以足不出户，通过二手车电商平台就可以方便、快速、准确地挑选符合自己要求的二手车。

（2）投资者对二手车电商行业加大投资力度，看好其发展前景

利于二手车市场发展的政策正在积极助推，投资者信心十足。除了市场因素，政策利好也在一定程度上加强了投资者对于二手车市场及二手车电商交易平台的发展信心。对于消费者而言，要换车，就得有活跃的二手车市场：一方面，想换车的消费者可以将旧车卖出，所得车款用来补贴买新车；另一方面，原本买不起新车的消费者可以因为低价二手车而成为汽车及相关产业的消费者。通过活跃的二手车市场，可以创造和拓展出不同层次的消费需求，既能释放新车的销售量，又能促进二手车市场发展，对于国民消费和GDP的作用不言而喻。

（3）人人车网站车源呈现多元化、个性化，行业发展前景广阔

虽然该电商平台极大地方便了消费者，但如今国内二手车电商平台鱼龙混杂，中间商无故抬高价格，二手车交易烦琐，存在安全隐患等，如何放心选购自己满意的二手车成为这类消费者最大担心的问题。因此，人人车根据二手车电商平台面临的诸多问题，从实际出发，从根源上细化这类消费群体，满足消费者个性化的需求，通过人人车平台直接对接个人车主和个人买家，为个性化用户提供更多的选择，提供最佳的交易体验。

（4）二手车来源可靠，进入人人车平台需符合相关条件

追求高品质汽车的购买者，往往通过用旧车换购新车来提高自己的生活品质，而那些仅有代步需求或消费能力低的消费者，则会通过二手车电商平台购买自己的代步车。人人车平台仅上线 6 年 10 万千米内的无事故个人二手车，从而提高了车源的可靠性。

（5）个人买家购买二手车，三个“放心”——放心买、放心车、放心用

放心买：人人车实现买家直接与车主进行交易，跳过 4S 店、车贩等，没有中间差价，交易全程透明，购买价格较其他渠道低 5%。

放心车：人人车保证车主 100%为个人车主，二手车均为 6 年 10 万千米以内优质车，平台上所有车辆经专业评估师上门检测。249 项专业检测确保信息透明，100%杜绝事故车、水泡车、过火车。

放心用：人人车承诺提供 14 天无理由退车及 1 年 2 万千米免费质保服务，如有任何问题可以联系人人车即获一站式处理，为买家解决售后之忧。

（6）个人卖家出售二手车

实惠卖：多卖 20%。人人车平台不收取交易差价，使车主可以将爱车直接卖给个人买家，成交价格较一般渠道收车价格高出 20%。

方便卖：边开边卖，足不出户。人人车为车主代办所有过户手续，提供一站式服务，省时省力。同时，车主可以开着爱车直到交易前一秒，边开边卖，不耽误用车。

省心卖：售后无忧。人人车充分保护个人隐私，避免车商频繁骚扰，并且承诺提供交易后 1 年 2 万千米免费质保服务，卖家无须承担售后之忧。

2）劣势分析

（1）新车市场优惠政策不断，加剧了二手车经营风险

新车和二手车互为替代品，从微观经济学分析可知，交叉价格弹性为正。通常，如果购买新汽车有很多优惠政策，售价自然会下降，同品牌的二手车因为新车价格的影响不仅会打折出售，还会影响其销售量。新、旧汽车同时降价，二者的差距不是很大，对于买家来说，他们宁愿多花钱购买新车，也不考虑二手车。这种情况导致二手车经销商在较短时间内，很难收到车况好、使用年限较短的车，二手车销售量急剧下降。另外，在交易过程中，二手车售价包含了很多隐形成本，从而提高了整个交易成本，也提高了经销商的经营风险。

（2）人人车电商盈利模式单一不清晰，制约其发展

人人车前期需要大量的车源，需要极高的广告宣传费用，而运营成本和检测费仅仅靠 3%的交易佣金提成是无法承担的。因此，二手车电商暂时无法脱离线下实体渠道，对于电商而言，线上交易只是一个交易平台。另外，二手车电商需要耐心等待成熟的消费群体。对于汽车工业比较发达的国家，他们的二手车市场发展相对成熟，线上交易已形成体系，这些都是在消费者

理性买卖二手车的丰富经验上建立起来的，相较于中国的现状，国内不一定能直接套用国外的模式，而需要具有中国本土特色的交易模式。中国个人二手车“买家”氛围并未形成，阻碍因素很多，其中最主要的因素有两个：一是缺乏以第三方权威检测为依托的诚信交易环境；二是在中国人的传统观念里买自己的“首辆车”，必须要买“新车”。

2. 人人车的服务营销

人人车创立伊始就强调把每个用户当成朋友，以对待朋友的真诚来对待用户，人人车就像你的朋友一样可靠、可信赖。人人车不断关注用户需求，为用户提供专业服务，不断提高人人车的品牌形象。人人车制定并实施服务营销策略，秉承为用户提供交易全过程的优质服务的理念，其服务营销表现在以下几方面。

（1）提供一站式配套服务项目

为了更好地服务用户，人人车分别从卖家和买家两方面做好服务工作。首先，卖家预约卖车，人人车上门对其所卖车辆进行传统的车辆检测和专业检测，拍照并采集信息，生成评估报告，符合人人车上架标准后，将车辆上架，此时卖家不需要将车辆寄放在类似“大搜车”那样的大卖场里，仍然可以继续使用，不耽误用车。当买家看到人人车公布的二手车信息后，联系人人车，服务人员对相关客户信息资料进行筛选，最终联系有意向的买家上门看车，双方达成交易意向，谈妥价格。在车辆过户前，人人车还需要将车辆再次上架检测，同时代办所有过户手续，协助双方完成过户。另外，人人车还为买家提供保养配套服务及后续的质保服务项目。过户及配套服务项目极大地方便了客户，为客户节省了宝贵的时间，得到客户的一致好评，从而提高了客户的满意度。

（2）提供个性化服务，满足不同用户需求

对于服务企业来说，稳定服务质量，必须建立标准化服务流程。但是标准化服务往往不能满足用户的个性化需求，因为二者的出发点、产生的效果不同。个性化服务可以考虑到每个用户的特殊性，始终站在用户的角度思考问题。但标准化服务可以提高服务效率，被大多数用户认同，有利于提高服务的满意度。

对于人人车来说，其独特的 C2C 模式要求其制定个性化的服务，企业致力于服务个人用户，针对个人用户，其个性化需求明显，不能按照标准化服务来实施。从人人车官网可以看出，在买车搜索栏里，实施标准化服务，按照品牌、价格进行分类，在其最后一栏则实施个性化服务，按照车型进行分类，其中有“超值”“准新车”的分类，这样的区分是完全针对个性化用户设计的，满足个性化需求的用户直接进入链接购买，从而节省搜索时间，提高购买效率。

（3）开设增值服务项目

随着国民可支配收入的增加和生活水平的提高，个人拥有的私家车数量逐年呈上升趋势。然而，随着买车用户的年龄层呈年轻化，会开车的人越来越多，而懂车的人则越来越少，不同的年龄层对所购买爱车的样式、性能的追求也不尽相同。人人车针对这类个性化需求很高的用户开设“帮买”特色增值服务项目，通过帮买团队帮助用户选择、购买符合要求的爱车。帮买团队成员中有专业的二手车评估师，他们有丰富的二手车从业经验，精通车辆鉴定、估值；也有专业的车手、资深汽车评测员，他们多次参与大型驾驶穿越活动及赛道驾控培训工作，熟悉各车型发动机参数及驾驶特性等。人人车在开设增值服务的同时，通过一个个真实的帮买小故事，不仅让用户更直观地评价人人车的服务质量，还提高了人人车品牌的知名度。

但是，人人车在服务营销中也存在一些问题，主要有以下几方面。

（1）卖家和买家群体规模尚未形成

在众多二手车电商里，不管是B2B、B2C、C2C哪个模式，都必须面临一个很重要也很现实的问题，就是如何迅速形成卖家和买家群体规模。对于B2B模式电商来说，毕竟做了这么多年传统的二手车商，经营者有自己擅长的品牌和自己车源的渠道，互联网的介入只是让他们的交易活动更加规范化、效率化、正统化，买卖群体已经形成规模。对于C2C模式电商来说，只是个别买家和卖家进行二手车交易，有时候，等待买家的时间长达几个月，难以形成群体规模的二手车交易。

（2）定价偏高，买家不易接受

对于人人车电商平台上架的车辆，出于考虑先满足个人卖家的愿望，价格比实体店普遍较高，而对于买家长期在网站上的购买行为分析，买家对互联网的优惠心理预期比较高。互联网在起步与发展阶段运用了大量的免费、优惠等策略，导致买家已习惯这些免费、优惠策略。因此，上架的二手车价格偏高，买家自然不易接受。

（3）缺乏服务营销观念，用户满意度偏低

如今的社会是一个竞争高度激烈的社会，尤其在C2C模式电商行业，同行业之间的竞争尤为激烈，企业之间的竞争已从传统的硬实力竞争转向软实力竞争，而软实力便是服务，因此，服务水平与用户满意度的高低有直接关系。个人买家和卖家通过人人车提供的平台直接进行交易，人人车不仅需要在交易前参与车辆的检测、估值，还要在买卖双方完成交易后，再次提供车辆检测上架、后续办理过户等服务。这就要求人人车不仅需要全程参与服务，还要提供优质的服务，让卖家卖得实惠，买家买得放心，然而人人车在服务营销中往往出现卖家卖得后悔、买家买得揪心的情况，更有甚者，买家和卖家跳过人人车提供的平台直接进行线下交易。

3. 人人车运营整体分析

（1）信息不对称、车源不足、诚信体系影响群体规模的形成

信息不对称是二手车交易电商企业普遍存在的问题，根据乔治·阿克尔洛夫（George A. Akerlof）的旧车市场模型可知，在旧车市场里由于卖家和买家的信息不对称，卖家了解所售汽车的真实情况，而买家只能通过外观、介绍及现场试驾等获取汽车的有关信息，而通过这些信息不足以准确判断该车的质量。买家在电商平台上只能通过图片、文字了解车辆的基本情况，无法直接看到产品实物，因此，严重造成了信息不对称。

人人车独创的C2C模式是个人卖家通过人人车平台与个人买家进行对接，这样的模式毕竟是个人与个人之间的交易，摆脱了所有的二手车商，而二手车商是车源主要提供方，人人车采取这样的模式必然导致个人车源不足的问题。

很多个人卖家通常会考虑价格、交易场所、交易流程三个因素。首先，价格因素，即卖家心理预期价格。卖家无论选择电商还是实体店，最终交易的价格都要符合心理预期价格，交易才会成功。然而，供卖家选择的渠道很多，卖家不仅可以选择人人车这样的电商平台，还可以选择其他电商平台甚至实体店。因此，如果人人车给出的价格无法达到卖家的心理预期价格，很多个人卖家就不会选择人人车，而人人车独特的C2C模式导致人人车无法从二手车商获取车

源，久而久之，个人车源自然就会减少。其次，交易场所。目前，二手车交易场所无非是电商平台和实体店，通过旧车市场模型分析得知，更多的用户比较热衷于选择实体店进行交易。如果个人卖家对二手车商不太信任，那么能否信任个人买家呢？能否安心地将车交给人人车这样的电商平台去操作呢？中国的信任体系尚需完善，这些都是未知的。最后，交易流程。个人卖家出售车辆，有很多原因，其中就有资金周转困难的卖家，他们卖车的目的就是尽快解决资金周转问题，他们更看重的是交易流程的简化。对于人人车这样的电商平台，从卖家预约检测到买家上门看车，这样的交易流程快则一个星期，慢则几个月。对于那些急需资金的卖家来说，是等不及的，他们宁愿将车卖给二手车商，这必将导致个人车源的流失、减少。

除此之外，C2C 模式还需要寄托于完善的信用体系，因此，短时间内无法迅速形成卖家和买家的群体规模。

（2）评估师掌握价格大权，主观定价

人人车有近三分之二的员工是评估师和销售人员，人人车承诺的只收取 3%的平台交易费，对于人人车而言，似乎只是杯水车薪。其中，评估师的测评服务费要向卖家收取，收车率还与个人绩效挂钩，因此，评估师在收车环节受卖家的影响较大。由此可以看出，评估师凭借个人验车经验，主观定价，没有标准化的估价系统。对于卖家而言，若估价超出其心理预期价格，则有利于评估师提高收车率；而对于买家而言，完全依靠评估师定价，价格偏高，买家自然无法接受。

（3）服务缺乏专业性，交易过程不透明

经过对人人车交易流程的分析发现，用户满意度偏低主要是由于服务人员缺乏必要的专业知识，缺乏二手车交易经验，对于买卖双方在交易过程中遇到的相关问题，无法及时解决。从交易流程来看，明明是三方共同完成的交易，在实际交易中，人人车先参与卖家的卖车服务，然后与买家联系，形成了两两之间的交易，交易过程不够透明，用户担心的问题无法得到妥善解决，服务不到位，服务效果差，最终导致用户满意度下降。

4.2.3 人人车 C2C 运营启示

1. 营销形式有形化

有形展示，就是将无形的产品用有形的物体展示出来，从而展现出服务的特点。用户通过对有形物体的感知获得第一印象，而用户的第一印象直接影响企业形象及用户对服务质量的评价。用户通过人人车平台买卖二手车过程中，通过有形展示（服务人员的礼仪形象、对车辆测评估价的专业程度等）对服务质量进行判断。有形展示在服务营销中发挥着重要作用，主要表现在以下三个方面。

第一，如今有车族越来越多，然而懂车的人却不多，在人人车平台上进行交易的用户在汽车方面的经验极少，他们往往根据自己的第一印象进行判断。人人车的有形展示，可以让那些经验不足的用户对人人车形成良好的第一印象，通过第一印象来评价该企业的服务质量。

第二，买卖双方通过人人车的有形展示，了解该企业的服务情况，增加了对企业的信任感，随着有形展示的多样化，用户的信任感也随之增加。信任感的建立不仅有利于双方交易的顺利进行，还提高了企业的品牌形象。

第三，在交易过程中，买卖双方不仅会关注车辆的情况，还会通过服务人员的有形展示，如服务人员的言行举止、评测二手车的设备等从主观上评价服务质量。

因此，企业要想提高服务质量，必须做好有形展示的管理工作，让用户通过有形展示，加深对企业的印象，提高用户的满意度。人人车通过服务有形化和信息有形化来制定有形展示策略。

（1）服务有形化

人人车所有工作人员包括服务一线的人员统一穿着印有人人车 LOGO 的工作服，在为用户提供服务的时候，可以给客户产生良好的第一印象。人人车对服务人员进行专业化培训，使服务人员能够准确评估二手车，对车辆进行专业化检测，在买卖双方交易过程中，服务人员可以提供专业性服务，这些都会给用户带来良好的第一印象。如果人人车在服务过程中给客户留下“不专业”的印象，那么，人人车可能会失去客户对企业的信任，这不仅损害企业的市场形象，还会给企业带来直接的经济损失。

（2）信息有形化

在人人车的官网上，到处可见信息的有形化，如人人车为了提高服务反馈的效率，将服务电话用黄色字体醒目标注在官网的右上角，客户只需拨打服务电话，便可随时获得专业服务。例如，通过人人车官网上的论坛发布车辆维修保养、买车或者卖车的真实经历，和其他网友共同分享自己购车或者卖车的经验。还有最近推出的公开课栏目邀请该领域内的专家、老师通过公开课的形式，向用户普及二手车方面的知识，这些途径都可以有效提高信息的有形化。

2. 线上线下互动交流

在以往的产品消费中，结果消费仍占主导，客户只是购买产品，消费产品，对产品质量好坏再做评价。尤其在互联网发达的今天，客户通过网购，不需要与生产者接触就可以独立地完成消费。然而在“互联网+”的新形势下，服务营销不仅仅看重服务结果，更看重服务过程。在人人车平台上交易的用户不仅能买到自己满意的优质二手车，还能享受购买前的咨询、购车后的过户、保险等服务。可见，在不同于其他电商的 C2C 模式下，人人车的服务营销不仅重视服务结果，还有效地管理和监督服务过程。

（1）通过电商平台与用户互动交流

用户通过人人车电商平台发出消息，网站会弹出临时会话窗口，人人车服务人员通过此窗口与用户进行简短的交流，迅速掌握客户的真实需求，对客户的需求进行分类、筛选，然后引导客户进入相应的页面，进行购买。电商平台与用户进行交流，一方面可以满足客户个性化的不同需求，另一方面，使用户了解人人车的交易流程，让服务人员更好地配合用户完成双方交易。人人车通过电商平台与客户互动交流，不仅拉近了服务人员与用户的距离，还有利于信息的传播与收集，从而为人人车提供全方位、细致化的服务奠定了基础。

（2）通过线下实体店与用户面对面交流

人人车的服务人员当面向客户介绍服务信息，并主动联系买卖双方，而客户也积极响应和配合人人车完成交易活动。为了达到与用户面对面交流的效果，2015 年人人车开设了第一家人人车 4S 店，与其他 4S 店不同之处在于，它不具有销售产品和维修车辆的功能，主要用于检测准备上架的二手车，为买卖双方提供辅助服务，如办理过户等。人人车通过线下实体店来增强与客户面对面交流的效果，及时答复和解决客户提出的问题，了解双方整个交易过程，认真听取客户的改进意见及建议，让服务落到实处，真正做好服务，使客户对人人车的服务有直观的体验，从而拉近与客户的距离，与客户建立良好关系，这体现了人人车的文化核心——“朋友·爱”。

3. 建立服务质量信息系统

服务质量信息系统是每个关注顾客服务质量的企业必须要建立的系统，该系统是个动态管理过程，它及时向管理者提供有关服务质量的数据，帮助管理者对服务内容、服务流程和服务人员做出调整。服务质量信息系统包含以下几个方面。

（1）收集顾客抱怨的报告和建议

用户抱怨说明人人车的服务存在质量问题，服务质量不好很可能会导致人人车丢失用户资源，因此，要坚持记录卖家和买家的抱怨和建议。往往这些抱怨和建议都很有价值，要重视他们的抱怨和建议，进行分类筛选，不断提高服务水平。

（2）售后回访

作为服务信息系统的一部分，售后回访是至关重要的，对于人人车而言，通过售后回访，可以了解买车用户的使用情况和真实感受，这其实是一种满意度调查，售后回访有利于用户说真话。

总之，服务质量信息系统可以让我们对企业的服务有一个全面的了解，更重要的是可以向管理者提供一些信息，为管理者做决策提供参考依据。

4.3 案例 10 58 同城：生活服务 C2C 的发展战略

4.3.1 58 同城 C2C 模式简介

58 同城成立于 2005 年，并于 2013 年正式于纽约交易所挂牌上市，成功登陆美国资本市场，成为一家生活服务领域的上市企业。58 同城业务覆盖招聘、房产、汽车、金融、二手及本地生活服务等各个领域。在用户服务层面，58 同城不仅仅是一个信息交互的平台，更是一站式的同城生活服务 C2C 平台。

58 同城主要面对个人用户，用户可以在其平台上免费发布自己的信息。同时，需求方也可以及时了解到对自己有用的信息，使自己的需求尽快得以满足。58 同城不仅为个人用户提供了资源丰富、信用度高、交互性强的分类信息平台，而且开通了酷车网、团购网，为用户提供更多的服务，并为商家建立了以网站为主体、辅以直投杂志《生活圈》、杂志展架、LED 广告屏“社区快告”等多项服务的全方位的市场营销解决方案。此外，58 同城也展开移动互联网战略布局，开通 WAP 站使手机用户可以随时随地使用分类信息。用户可以通过网址 www.58.com 进入 58 同城首页进行分地区、分类别浏览，也可以按照关键词搜索要找的分类信息，并且直接与信息提供者取得联系。用户也可将分类广告发布到 58 同城网站上，当用户检索或者通过分类目录进行浏览时即可看到发布者的广告。发布者可以留下电话、E-mail、QQ 等联系人信息，需要这类信息的用户可以在短时间内与发布者达成交易。

58 同城上大部分信息的发布是免费的，其盈利主要来自广告收入、用户增值服务付费和建立在产品基础上的商家付费。58 同城已经找到稳定的盈利模式，并获得更多风险投资的青睐。具体而言，58 同城的盈利主要来自三个方面。

（1）广告收入

根据 CNNC 统计，现在人们获得信息的所有途径中，82%的人通过网络途径，网络成为人们获得信息的主要途径。58 同城的广告收入主要来自精准广告方面，其实商家对这类精准广告有很强的需求，电视和报纸这些传统的广告媒介都不合适，因为受众太广泛，无法将信息传达到目标用户。58 同城将所有的行业分别进行归类并做成黄页频道，只将本地本行业的商家放在一起推广，用户有需求时登录相关黄页就能看到。此类广告更容易被用户接受，因此对企业的吸引力很大，并且企业也愿意在这里投放广告，因为在这里投放广告的效果比广泛投放广告效果更好，而且可以节省广告费用。

（2）用户增值服务付费

只要成功注册 58 同城账户的用户都可以免费发布信息，这是 58 同城的盈利模式之一，同时，为了更好地为那些想要获得增值服务的用户服务。

（3）建立在产品基础上的商家付费

在 58 同城上，大部分商家的产品信息发布是免费的，且是按照发布时间的先后顺序排列的。如果你发布信息的时间早，你的信息很可能被那些比你晚的商家发布的产品信息覆盖掉，如果你不经常在网站上发布自己的产品信息，你的信息就很难被用户发现。但是如果你经常在此网站上发布信息，不仅占用时间，而且占用自己的人力资源。成为 58 同城的赞助商后，你发布的产品信息就会显示在网页靠上的位置。当然这是收费的，但这相对于在电视或报纸上做广告可能便宜得多。

58 同城属于近些年发展流行的所谓的“近联网”模式，这种模式使得整个城市就像一个大社区，城市中的每个人都可以利用网上提供的免费服务，完成就近交易。“近联网”模式不仅服务个人，还为所有具有地域性服务特点的中小企业提供信息发布与广告平台，在这方面，“近联网”具有巨大的优势。这种地域性的交易，很自然地减少和避免了电子交易的风险性问题。同时，58 同城的品牌定位是“身边的生活帮手”，因此它不断完善自己的“近联网”经营模式，从而更好地实现自己的品牌定位。58 同城的免费政策吸引了大量用户注册 58 同城账户，这为网站带来了大量的流量，同时使自己的网站获得了大量的免费推广。

4.3.2 58 同城竞争策略分析

1. 现有企业间竞争

（1）直接竞争对手分析

58 同城和赶集网合并以后，原先的百姓网则成为行业第二，百姓网一直坚持 Craigslist[①]的风格，采取轻公司模式。58 同城虽然占据较大的市场份额，但团队规模也很大（主要是遍布全

① Craigslist 是由创始人 Craig Newmark 于 1995 年在美国加利福尼亚州的旧金山湾区地带创立的一个网上大型免费分类广告网站。该网站上没有图片，只有密密麻麻的文字，标着各种生活信息，这是一个巨大无比的网上分类广告加 BBS 的组合。

国主要大中城市的地面推广团队），其运营成本也明显高于百姓网。此外，很多行业网站的线上流量主要来自搜索引擎（分类信息网站同样如此），58 同城和赶集网也均在搜索引擎百度上投放了很多关键词引入用户访问量，百度投资百姓网之后，用自身的搜索资源为百姓网导流也是其在与 58 同城竞争中的优势之一。

（2）间接竞争对手分析

虽然 58 同城在分类信息市场已具备较强的领先优势，但在更为广阔的生活服务领域，58 同城面临来自房产、汽车、招聘等垂直平台的竞争。无论是房产、招聘领域，还是二手车领域，58 同城都有大量的竞争对手。

在招聘服务市场中，58 同城和原赶集网的服务对象（雇主）以中小企业或大型制造企业的蓝领招聘为主，没有和 51job、人才热线、智联招聘、拉勾网等以白领招聘为主的传统互联网线上招聘网站形成正面交锋。但是，58 同城收购老牌招聘网站中华英才网后，与这些白领线上招聘网站的正面竞争也将不可避免。

在房产市场中，58 同城则以自己的房产平台为主收购了老牌房产经纪人平台安居客来扩张市场，相比于搜房网、新浪乐居、链家等房产平台或房屋中介的线上网站，“58 同城+赶集网+安居客”在流量方面的优势较为明显，未来房产开发商、线下地产中介与地产电商平台之间的多年来的合作与竞争关系可能会对竞争格局具有一定的影响。

在汽车（含二手车）交易市场领域，58 同城一方面与线下渠道竞争，用户在线上进行二手车交易（且二手车交易涉及较强的检测专业性）的习惯尚在培育阶段，因此线下相对具有公信力的渠道仍是二手车交易的重要场合。另一方面，58 同城与易车网、新浪汽车、汽车之家等垂直应用网站及 App 之间存在竞争。

2. 潜在进入者分析

58 同城除了面对地方特色的生活服务分类信息网站和各类生活服务 App 应用的竞争，还要面对来自互联网巨头的进入可能性压力。百度、阿里巴巴等互联网巨头，以及京东、新美大（合并后的大众点评和美团）都在利用自身的优势进一步打造细分平台。58 同城覆盖的生活服务领域较广，蓝领、租房、二手房的市场规模都非常巨大，随着中国社会汽车尤其私家车保有量的逐年上升，二手车交易也将迎来爆发期。此外，本地生活服务类市场的潜力同样可观，几乎每一个领域都能诞生市值较高的公司。这些潜在进入者可能并不直接介入市场亲自操盘，而是选择投资、并购等资本形式进行相关运作。

3. 替代品威胁分析

替代品是指不同行业的、在功能上有重叠、取代、替换的产品或服务。58 同城主要提供线上分类信息，传统的线下媒体如报纸仍然有一定的市场占有率。在招聘和汽车领域，线下仍然有传统的招聘市场和二手车交易市场。房产领域也存在大量的线下二手房中介店面。当然，这些传统的线下交易渠道近些年也在积极地进行“互联网+”改变和转型，以期迎合社会和市场的发展趋势。

4. 供应商议价能力

分类信息网站的供应商来自两个方面：服务提供者和流量提供者。服务提供者主要是提供服务的各行业商家（包含各类商家及中介等机构）、大量的个人服务提供者或物品售卖者。曾经主要通过分类信息网站获得订单、达成交易的中小商家及服务人员可以通过更多、更细分的垂直 App 获取用户，而不必通过分类信息网站“接活”。因此，对于 58 同城而言，供应商的议价能力主要在于潜在进入者和替代品威胁能力的强大与否，潜在进入者和替代品给供应商提供的平台和服务越好，供应商的议价能力就越强，反之就越弱。

流量提供者主要是以百度为代表的搜索引擎及其他流量来源（如 QQ、微信等），在这方面百度的议价能力较强，除在百度进行关键词投放以外，58 同城还选择腾讯作为流量供应商。此外，58 同城还通过相应的线下媒体如电视、公交、地铁等进行广告投放，从而获得品牌声誉及用户主动访问。

5. 客户议价能力

58 同城的客户结构主要以城市家庭用户（呆在自己住的城市或地方的人员）、在外人员（相对于家庭而言的外出人员）为主。对于客户议价能力而言，分类信息网站提供的核心内容、信息质量才是决定客户议价能力的关键。分类信息网站的核心价值是有效组织用户并通过自身力量提供真实、有效、质量高的以服务为主的实用信息，并以用户易于理解的方式寻找这些信息。

4.3.3　58 同城 C2C 模式启示

1. 应对战略目标的外部合作

（1）构筑生活服务生态系统

58 同城现有的业务，以搬家、保洁等为例，都是基于社交关系的服务，QQ、微信带来的强社交“黏性”正好补充了 58 同城此方面的不足。更重要的是，通过 QQ、微信等大流量入口，58 同城可以取得更优质的用户资源，有利于进一步拓展本地用户群体，提高用户对 58 同城相关产品的使用频次。

58 同城除分类信息领域积累的商户资源以外，在生活服务领域的布局和投入，也在不断加大其在生活服务领域上游的把控力。腾讯看中的正是 58 同城多年来对于线下的深耕，通过投资 58 同城并进行战略合作，腾讯可以一边连接流量和用户，一边连接各个产业和商家，形成生态产业链的“森林”，共同构筑“生活服务生态”。

（2）打造社交生活服务综合体

腾讯与 58 同城联合发布“腾城计划”，从腾讯和 58 同城中各取一字进行命名，旨在共同打造“最强社交生活服务综合体”，让互联网真正惠及用户和中小微商户。通过“腾城计划”，58 同城赢得了更庞大和精确的数据，并且渗透进了用户的社交图谱中，用户能得到更多、更精准的服务。腾讯基于微信、QQ 等则提供强大的互联网连接能力，一端连接合作伙伴及商户，一端连接海量用户，发展新的互联网生态圈。

2. 应对战略目标的内部应变

1）公司组织架构演变

为适应发展战略的变化，58 同城内部也在不断调整业务发展重心，并进行了多轮组织架构的调整和演变。

58 同城开始成立事业群型组织架构，有分类信息事业群（Local Business Group，LBG）、房产事业群（House Business Group，HBG）、二手车事业部（Auto Business Unit，ABU）、金融事业部、渠道、兼职事业部及 58 到家。

随后，58 同城与赶集网的合并进入实质阶段，新公司架构分为分类信息事业群、房产事业群、快招事业部、新业务事业部、好车事业部、58 英才白领招聘事业部、二手车及金融事业部、58 到家。

进而，58 同城调整架构后，建立以商业事业群（Business Group，BG）为基础的前台业务线，以产品应用和技术开发为核心的中台支撑线，以及以服务保障为职责的后台职能线。其中，前台业务线以 6 个事业群为业务基础，分别是服务及车事业群（Service&Auto Business Group，SAG）、人力资源事业群（Human Resources Group，HRG）、房产事业群（House Business Group，HBG）、生态及创新事业群（Ecology&Creativity Business Group，ECG）、58 英才招聘事业部（中华英才网）和渠道及海外事业部（分为国内代理渠道和韩国、美国等海外分公司）。中台支撑线为前台业务线的多个事业群提供产品、技术、系统等方面的全面支持，后台职能线为整个集团提供人力、财力和物力方面的支持和服务。

之后，58 同城再次对组织架构进行调整，撤销服务及车事业群，成立本地服务事业群和汽车事业群；撤销平台生态及创新事业群，平台生态部和信息安全部转入中台，原转转事业部改为转转公司，人力资源事业群仍然不变；对房产和车的业务进行统一管理，更好地发挥房产和车的业务在产品、经验、用户及商户层面的协同作用。招聘和黄页的业务都是服务中小企业，统一管理也能更好地通过创新为商家提供服务，并共同推动招商及教育培训等产品线的发展。

基于生活服务生态圈的发展，通过最新的组织架构调整，58 同城不断强化自身的竞争力和发展优势。

2）产品线运营模式

（1）从城市分公司到产品线模式

58 同城在发展初期基于分类信息网站的运作模式，在全国陆续开设了 27 家直营分公司（非直营分公司的其他相关城市则采用代理商模式，由渠道部进行管理），每家直营分公司设一名总经理，负责管理所在城市所有类别的产品（包括招聘、房产、二手、汽车等所有在 58 同城网站上可查询的相关目录类别），然后若干个城市按地域组成 3～5 个大区，设一名区域总监向 58 同城相关副总裁进行工作汇报。这种模式的优势是人力成本相对较低，组织架构层级少，沟通更为直接；劣势是分公司涉及的产品类别较多，各产品发展不均衡，很难在细分领域形成竞争优势。

随后，58 同城基于从分类信息向生活服务 C2C 模式转变、专业化的分工和切入垂直细分领域的考虑，按产品线模式对业务结构进行重新划分，开始逐步形成如今的事业部架构模式。58 同城将相应的每家直营分公司切分出招聘、房产、汽车、黄页、二手等产品线，然后若干个城市的产品线按地域组成 3～5 个大区，设一名区域总监向 58 同城对应事业部的副总裁进行工作汇报。这种模式的优势是每一条产品线做相应垂直细分领域内的竞争，分工明确且相对专业化，在细分领域形成竞争优势；劣势是人力成本相对较高，组织架构层级较多，沟通相对复杂，采用这一模式后公司人力规模急剧扩大。

（2）产品线模式的调整与细化

58 同城采用产品线模式的事业群架构后，由原来所有产品都集中于分类信息目录下（最早的黄页产品线）的单一产品模式，变成招聘、房产、汽车、二手等产品与原黄页并行的多产品线模式，在此基础上还衍生出了有完整交易闭环的 58 到家、C2C 模式的瓜子二手车和创新的二手平台转转。

在陆续收购安居客、中华英才网，合并赶集网后，58 同城把原来的产品线与上述收购合并的公司进行整合，并进行了多轮架构调整，最终效果是，在用户和商家服务层面，58 同城在生活服务的多个领域都可以更加具体、有竞争力，同时通过不断地创新、整合，在以上的每一个垂直细分领域提升产品体验和口碑，加强服务与人的连接。

（3）公司内部资源的整合

58 同城实施的是三段式组织架构模式，前台团队深入理解业务，快速反应满足用户的需求，高效超额地完成公司的业绩目标；中台团队将会提供产品、技术、系统等方面的服务，对前台团队进行支持，并将各共享模块做到极致以充分发挥集团的平台优势；后台团队为整个集团提供所需的专业支持和服务，通过人力、财力、物力的优化和统筹，不断提升运营效率。

互联网公司的竞争是数据层面的竞争，拥有足够大量、有效的数据的互联网公司是最不容易被竞争对手模仿和反超的，也只有数据可以提前洞察到用户行为的变化，从而为客户提供更为贴心和高效的服务。在 58 同城内部的规划中，由中台的技术工程平台群牵头各前台的事业群进行配合，尽快打通包括 58 同城、赶集网、58 到家、转转和安居客等在内的用户和数据体系，将各自的数据沉淀到统一的平台。

除数据层面之外，58 同城内部也鼓励各个 BG 在业务上、市场上及产品服务设计上协同起来，各个 BG、控股子公司（如 58 到家）、所投资的企业互相寻求合作协同的机会。这就要求集团内部的中、后台部门配合好 BG 的动作，被需要、被认可，这是中、后台存在的根本价值。中、后台需要更加主动了解前线的需求、体味一线业务层面的苦恼，并且不断提升自己的服务水平。评价中、后台服务水平的是各个前线的 BG 和各个分公司；而最终评价 58 同城的，是能够取得的行业地位和广大生活服务领域的用户。

3）精细化运营

为保障生活服务平台战略的发展和实施，58 同城在信息平台的基础上逐步发展服务体系，让平台将用户和客户复杂的动作都处理完成，用服务解决他们的问题。同时 58 同城将各 BG 的一线销售团队进一步切分为新签和续费团队，在招聘方面建立简历控制中心、招标筛选体系，在本地生活服务方面根据各行业进行垂直细分等一系列精细化运营操作和管理，强化对于战略发展实施的保障。

（1）收费业务的模式转变

58 同城完成了商业产品从 CPT 模式[①]到 CPC 模式[②]的切换。商业产品的付费模式转变后，

---

① CPT（Cost Per Time），即每时间段成本。CPT 是一种以时间来计费的广告，国内很多的网站都是按照“一个星期多少钱或放置一天广告多少钱”这种固定收费模式来收费的。

② CPC（Cost Per Click），即每点击成本。CPC 是点击付费广告的简称，即依据所投放广告被用户点击的次数来进行收费。诸如关键词广告等形式一般采用此收费模式，比较典型的有 Google 广告联盟的 AdSense for Content 和百度的竞价广告。

客户效果转化漏斗和流量变现衡量机制就至关重要。在客户效果转化机制中，需要建立以 CPC 为核心的评估方式和方法，提高客户数量、每用户平均收入（Average Revenue Per User，ARPU）和点击率。在流量变现机制中，因为收入已经和流量紧密地联系在一起，需要建立联盟体系，发展更多的战略合作和在线推广，以及搜索引擎优化（Search Engine Optimization，SEO）和社交流量，不断引入优质流量。

（2）产品线内部职能划分

58 同城采用产品线模式的事业群架构，将相应的每家直营分公司切分出招聘、房产、汽车、黄页、二手等产品线。实施三段式组织架构模式后，为了给各个前台 BG 在业务、市场和培训组织上更大的支持，58 同城普遍为各个 BG 从事业群总部到城市分公司配备了标准的运营、市场、培训和客服等职能人员。同原产品线的划分一样，对应的职能人员从原来的负责管理所在城市所有类别的产品，到只负责直营分公司对应的招聘、房产、汽车、黄页、二手等某一个产品线，即对应前台 BG 的精细化运营，各 BG 的业务支持部门也进行了对应的产品线划分。

运营部门：建立以数据为中心的运营体系，建立高管和主管关注数据、关注运营的组织观念。建立运营经理到城市产品线的运营机制，让每个管理者都可以清晰地看到运营数据、流量和用户数据等，并且用这些方法指挥团队作战。建立从产品到销售一体化的数据体系，让每个员工可以了解频道流量、客户效果，要让员工比客户更懂客户，实现数据和效果驱动商家发展的机制和体系。

市场部门：建立接地气的市场体系，逐步推进各产品线的市场机制建设，市场部门同时要把销售团队当作播种机、宣传队，从过去仅仅从线上引入流量到也要从线下引入流量，提高 58 品牌知名度，建立整套进社区、进协会、进家庭的市场推广机制，使产品真正地被广大用户熟悉并使用。

培训部门：开始销售标准化和销售流程化建设，让员工和客户沟通更加方便和标准化，缩短员工的培养时间，提高成熟度，通过培训和培训工具让每个销售说服客户的时间更短，讲解产品更容易。

客服部门：逐步将提单流程优化，发展电子合同、电子发票，发展客户线上支付的流程体系，梳理认证和审核流程，强调服务观念，提升销售一线的效率。

（3）垂直领域的深入和创新

58 同城从分类信息网站向生活服务 C2C 平台发展战略的转变，其实就是在分类这个横线的基础上，不断发展出一条条深入垂直领域的竖线。

招聘领域：58 同城继续推出与 58 速聘、58 直招、招财猫 App 类似的创新产品，同时建立本质上对简历的控制体系，在导购员、客服、酒店等各个垂直行业中打造从用户到客户招聘的一体化的体验。

黄页领域：58 同城不断孵化出垂直的业务，如装修、驾校、婚庆和商务服务，形成黄页的优势产品线，同时放弃旅游、餐饮等未来竞争不占优势的产品线。

二手领域：58 同城尝试重度运营一些二手产品的企业化应用，如二手机械、二手车设备等，形成最大的二手设备交易网站。

新车领域：逐步孵化新的 LISTING 模型[①]，形成汽车一体化服务体系。

投资并购：考虑合适的投资收购项目，不断丰富黄页、房产、招聘、汽车和二手等产品体系，扩展 58 同城的业务边界。

坚持创新：创新是让业务更加强大的工具和武器，58 到家、转转和金融等业务都来源于团队的创新，创新需要建立在对商家和用户的理解上，切实解决用户的问题，并能够给公司带来实际的利益和发展。

本章小结

C2C 电子商务是指消费者与消费者通过互联网开展的一切商务活动，这些商务活动主要是指个人交易。C2C 电子商务模式的特点是用户数量多，且身份复杂；商品信息多，且商品质量参差不齐；交易次数多，但每次交易的成交额较小；价格便宜等。C2C 模式电子商务平台为买家和卖家提供了一个网络交易的平台，卖家可以免费或以比较少的费用在网络平台上销售自己的商品，买家可以足不出户，随时随地买到价格便宜的心仪商品与服务。本章选取 3 个企业的 C2C 电子商务案例，分别分析了闲鱼的二手交易 C2C 模式、人人车的 C2C 虚拟寄售模式和 58 同城的生活服务 C2C 发展战略。

本章实训

实训案例

孔夫子旧书网 C2C 模式

孔夫子旧书网（以下简称孔网）于 2002 年成立，是互联网与传统的旧书行业相结合的 C2C 电子商务平台，网站将古旧书作为特色，是 C2C 的精准细分市场。孔网书籍种类繁多，可以满足读书爱好者的需求，有很大的市场。但是孔网主打古旧书，因此很多出版社不愿意和孔网合作，孔网为寻求更大的市场便从“古旧书”延伸到“新书”，促进了孔网的快速发展。

（1）建立平台

孔网意识到自己主打古旧书，所以与出版社接触较少。为了建立与出版社之间的桥梁，孔网推出了“出版家联盟”板块，建立这个平台后，正式邀请各个出版社加入这个板块，建立合作伙伴关系。这个新的举措吸引很多著名出版社加盟，如中国社会科学出版社、中华书局、中国书店出版社、人民美术出版社、商务印书馆等多家出版社，他们的加入让孔网更上一层楼。

（2）供求反应

孔网不仅卖旧书，许多的线下实体经营店加盟后，还推出了“新书广场联盟”业务，这

① LISTING 模型是指亚马逊产品 LISTING 数据化运营模型。

是孔网在旧书经营的基础上拓展业务范围。根据孔网销售的情况，出版社印刷供不应求的书册，在没有孔网之前出版社都是根据读者的来信反映和图书馆来判断市场需求的，但这些调查过于烦琐，浪费人力、物力、财力。在其他书籍网站上很难搜到一些供不应求的古旧书，现在在古旧书网站上通过搜索图书价格与销售量便能轻松地了解书籍的市场行情，这样出版社能够及时了解书籍市场的供求关系。

（3）打击盗版

首先，孔网对新加入的书店与书摊进行审核，它们只有满足了孔网的条件才可以入驻；其次，广大的消费者可以根据自己的喜好搜索书籍，孔网会出现同种书籍便于挑选，书友可以进行比对找到正版书籍；最后，如果消费者买到了盗版的书籍，可以到网站提供证明进行申诉要求退款，孔网会站在消费者的角度，满足消费者的要求，因为在孔网中有明确规定：网站不允许卖违禁书、违规书、盗版书、侵权书等。如果因为这种原因发生纠纷，消费者只需提供相关依据，将图书退回，邮费由卖家负责，情况严重者追究卖方其他责任。同时，孔网会举办一些活动来教消费者如何识别盗版书籍，消费者也会进行分享，共同打击盗版。

（4）独特的经营模式

孔网的经营模式主要是为买家和卖家建立古旧书网上交易平台，买家在网上根据自己的需求在搜索栏目进行搜索，选好书籍加入购物车进行下单付款，买家可以选择把账款放在托管人那里，或者通过支付宝或银行等方式直接把账款支付给卖家。买家收到书籍后通知托管人把账款付给卖家或者在一定期限后托管人自动把账款支付给卖家。孔网提供了一个平台让卖家与买家进行交流、交易，这就形成了孔网独特的经营模式。这也是孔网的优势：低成本、信息量大。孔网销售的古旧书籍中的20%～40%的书籍，其种类达近百万种，这些图书通过其他方式是无法买到的。信誉高、价格透明，互不认识的买卖双方在网上交易时，信誉比其他的约束手段更加重要，孔网上的书店都是经过实名制认证的，一人一店，若卖方由于不诚信问题给买家造成相应损失，网站会从店家的担保金额中扣除一部分进行相关赔偿，相关消费者掌握卖家不诚信的证据后可以到公开论坛进行欺诈揭露与检举。在孔网搜索一本书，该书全部卖家的价格都会罗列出来，这些价格相差无几，不存在黑心商家过度要价的行为，孔网的价格是透明的。

（5）孔网的盈利模式

孔网的利润来源于三个方面：第一种是拍卖抽佣，从刚开始按成交额抽取卖家的8‰到现在按卖家成交额的3%、买家成交额的3.5%抽取佣金；第二种是书店联盟管理费，收费标准分为6个等级，二钻600元、一钻500元、五星400元、四星300元、三星200元、三星以下100元，根据星级的认证，孔网对其实施不同程度的担保；第三种是书摊服务费，孔网增加书摊广场代替了之前消费者自行发帖进行买卖交易的行为，书摊不用交其他费用，只需交服务费，服务费按每次卖家交易成交金额的3%收取，在这里会员可以自由交易、发布求购信，由于书摊人气较高，所以孔网这块市场也在扩大。三种利润来源所占比率：拍卖抽佣为60%、书店联盟管理费为30%、书摊交易费为10%。

实训内容：分析孔夫子旧书网的 C2C 模式有哪些特点。

实训要求：形成一份案例分析报告。

复习思考

1. 分析闲鱼二手交易 C2C 模式的特点。
2. 二手交易平台的规范有何作用？
3. 人人车的 C2C 虚拟寄售模式有何特点？
4. 分析 58 同城的竞争策略与发展战略。

第5章

电子商务 O2O 案例

【学习目标】

1. 盒马鲜生 O2O 运营模式分析；
2. 苏宁易购 O2O 创新模式分析；
3. 小米新零售与 O2O 战略分析。

【引导案例】

美团网的 O2O 模式

美团网于 2010 年成立，其目标群体为 18～40 岁之间的、接受过一定文化教育的中产或中产以上的阶层。美团网将顾客细分成两类，并不一味地在网上对已有顾客进行强力的网络营销，而是针对不同的顾客构建不同的营销模式，具体如下。

① 线上顾客：线上顾客又分为线上已消费顾客和线上尚未进行消费顾客两类。线上已消费客户是当前美团网的主要顾客群体。

② 线下顾客：线下顾客和线上尚未进行消费顾客构成美团网潜在顾客群体，对于这类顾客，美团网充分利用现有顾客网络进行"顾客关系营销"，推出"返利活动"进行市场推广，人们可以通过这些平台把美团网介绍给更多的人。老会员每成功介绍一位新会员将自动获得 10 元奖励，这将为美团网带来巨大的潜在客户。

美团网的盈利模式主要有三种：

① 商家佣金：这是团购网站最常见的盈利模式。美团网根据商家所销售的产品总额进行佣金的收取，或者直接与商家协议做折扣活动，得到佣金的协议金额，或者通过直接获取商品的中间差价盈利。

② 消费者沉淀的资金：未及时消耗资金成为团购网站收入的一部分。

③ 广告费：广告收入也成为团购网站未来的部分收入，如此大的流量成为各个商家打广告的受众基础，带给商家和网站很好的广告平台，有些商品可能不适合在网上进行团购销售，但是与团购的商品有相似性，那么把这些商品放在网站上能起到很好的促销作用，使商家和网站平台实现双盈利。

美团网线下团队的执行力被认为是美团网的核心竞争力之一。同样排前 10 名的某些团购网站员工数接近美团网的 2 倍，但其消费者满意度和销售数据等指标远低于美团网。美团网销售团队的执行力由此可见一斑。美团网是一个轻资产公司，唯一的核心资产就是人才。能不能留住人才，把他们培养得更好，这是核心竞争力。

美团网的整个系统都是自行开发的，从而可以方便地对第一手数据进行提取分析。其自行开发的财务结算系统，大大提升了客户结算效率，可以给商户一种安心的合作感受。同时，基于普通用户体验研发的品控系统、短信系统、客服热线系统、用户评价系统都大大提高了工作效率，改进了用户体验。美团网的所有推广都是在线上进行的，如搜索引擎优化、线上广告、SNS 推广等。正是这种独特的推广策略为美团网节省了大量的资金。不仅如此，美团网良好的客服和高品质的产品也赢得了广大消费者的认可，在经过几年稳步的发展之后，美团网取得了超过 20%的市场份额，其销售额和成交量均排在国内团购网站首位。

辩证与思考：美团网的 O2O 模式有何特点？

分析与提示：O2O 电子商务模式的特征。

5.1　案例 11 盒马鲜生：O2O 模式下的网络营销

5.1.1　盒马鲜生 O2O 模式简介

盒马鲜生是阿里巴巴旗下的新零售业态，成立于 2015 年。盒马鲜生集合了“超市”“便利店”“餐饮”“菜市场”的“四不像”，基于场景定位（LBS），围绕随时“吃”建立了全新的零售模式，被称为生鲜零售的“新物种”。盒马鲜生是生鲜电商 O2O 新模式的开拓者，其商业模式自身就拥有吸引力和关注点。

盒马鲜生支持生鲜产品的线上、线下全场景购买，支持到店即食，支持生鲜产品的加工配送，连接了生鲜产品生产商和生鲜产品消费者，大大缩短了生鲜产品到消费者手中的距离，降低了成本，缩减了运输时间。这一方式避免了生鲜产品经营中“生鲜产品易腐烂变质，运输线路长”的弊端，有利于保持产品的新鲜度和性价比。盒马鲜生融合 O2O 电子商务模式的优势，开辟了生鲜电商 O2O 新业务。以“店中就餐”“即时配送”“新鲜到家”为主打，吸引了消费者的关注、提升了营销的成功率。盒马鲜生 O2O 网络营销主要由营销定位、营销管理、营销场景和营销方式构成，盒马鲜生 O2O 网络营销整体架构如图 5-1 所示。

1. 全新的营销定位

盒马鲜生的营销目标是家庭人群、办公室人群和周末休闲人群。因此，以“配送三千米”为主打，突出社区化的服务功能，其营销方向更加突出休闲、饮食、娱乐和便捷的特点，以“高大上”的营销定位来树立自身的终端形象。盒马鲜生秉持“城市包围农村”的营销战略，用上海、北京、深圳等大城市的成功营销案例来吸引二三线城市的目光，用大城市的店铺来提升盒马鲜生的市场形象，用二三线城市的店铺来扩大流量，增强市场影响力。盒马鲜生的营销定位模式如图 5-2 所示。

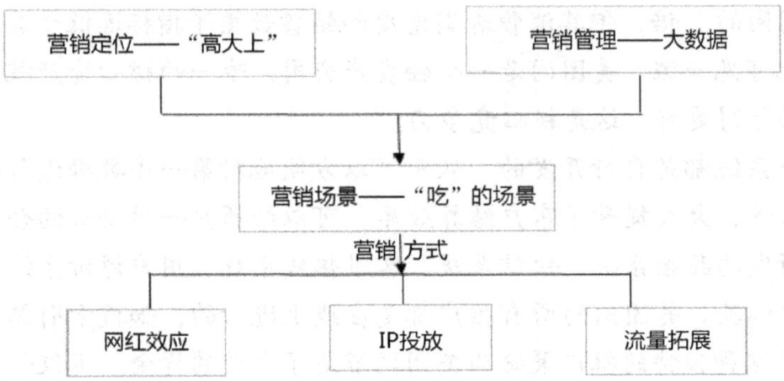

图 5-1　盒马鲜生 O2O 网络营销整体架构

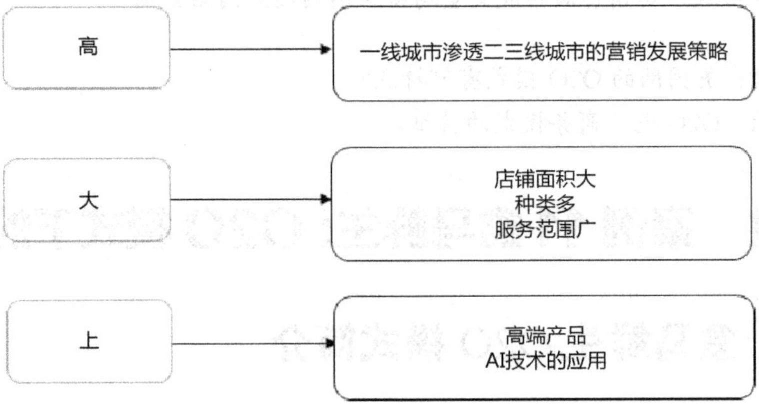

图 5-2　盒马鲜生的营销定位模式

2. 大数据支撑营销管理

盒马鲜生借助阿里巴巴海量的大数据信息，不仅更容易掌握目标消费群体的消费偏好和消费趋势，而且结合大数据的计算，可以预测生鲜消费的趋势，从而更加灵活地规避市场风险。盒马鲜生第一家店铺开设在上海，这是基于对网购消费者对于生鲜零售的接受度调查研究的结果。经过大数据的计算分析发现，上海对于新鲜事物、海鲜食品和盒马鲜生的产品定价的接受程度更高。“24 小时随时在线服务，周边三千米最快 30 分钟送达”的服务营销也是基于大数据的计算，这是因为盒马鲜生的用户人群主要集中在家庭用户、白领用户和休闲用户三个方面，其中除休闲用户的消费习惯多是到店体验消费之外，白领用户在繁忙的工作中、家庭用户在家务劳动中难以抽出时间外出就餐、选购，因此盒马鲜生注重自身的物流配送服务开发，承诺在 App 上选订食品，配送人员将在最快 30 分钟内送达，满足了目标消费人群对于消费方式和等待时间的需求。盒马鲜生的大数据营销管理模式如图 5-3 所示。

3. IP[①]营销

盒马鲜生在娱乐节目、短视频广告及各大新闻平台、微信公众号与微博引发了盒马鲜生的

① IP 全称为 Intellectual Property Right，即知识产权，是一种无形的财产权，也称智力成果权，它指的是通过智力创造性劳动所获得的成果，并且是由智力劳动者对成果依法享有的专有权利。

消费体验热潮。

① 高关注度。盒马鲜生成功开店运营，马云凭借自身强大的流量关注度，亲临盒马鲜生上海店“体验”消费，吸引众多媒体的采访报道。在强大的“流量带动”下，盒马鲜生这一新鲜事物迅速进入大众视线，在网上成了热点新闻，引起了市场关注。

② IP 投放。生鲜电商 O2O 模式的网络营销策略多集中于广告的投放、软文的发表和优惠券的发放。盒马鲜生在开业之际就积极投身网络时代的 IP 营销，投资当期最为火热的电视娱乐节目。受众在观看节目的过程中认识了盒马鲜生，而这些节目受众也符合盒马鲜生的目标人群定位，实现精准营销。盒马鲜生在实体店也以“主题日”的形式增加关注度，吸引年轻、前卫、大胆尝试新鲜事物且拥有一定购买力的消费者关注。

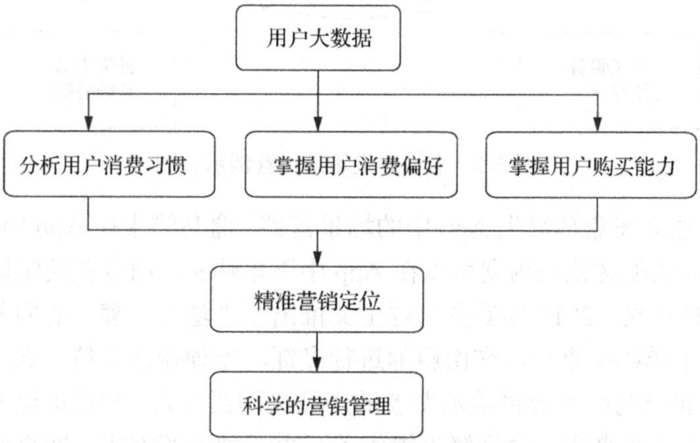

图 5-3 盒马鲜生的大数据营销管理模式

③ 流量拓展。众多消费者到盒马鲜生店铺体验“新零售”的魅力，并且在体验消费之后将消费反馈到网络，引起网络世界的话题讨论，在新浪、网易、搜狐、知乎、微博、小红书和各大微信公众号都有大量的消费反馈信息，话题热度的增加使盒马鲜生引起更多潜在消费者的关注。

盒马鲜生正是利用了互联网的信息传播优势，以自身的“流量优势”吸引市场关注，引起新媒体的关注，进而有针对性地投放大量广告，吸引潜在消费者。之后，盒马鲜生利用消费者在网络上的反馈，形成广告营销的后续效应，进一步增加广告营销的强度。盒马鲜生的 IP 营销模式如图 5-4 所示。

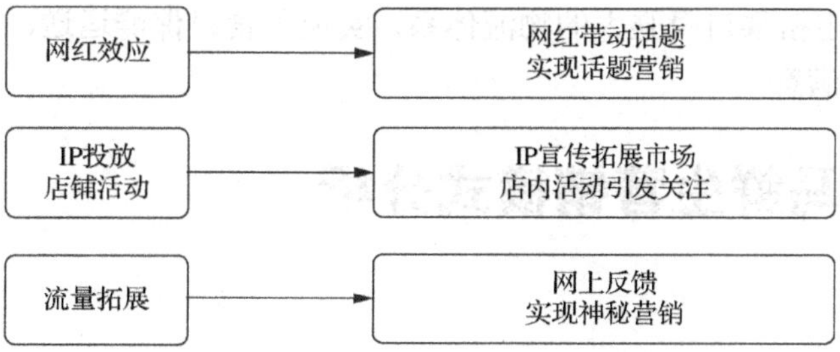

图 5-4 盒马鲜生的 IP 营销模式

4. 创意的场景营销

“随买随吃”，围绕“吃”开展生鲜零售，场景化营销是盒马鲜生的主要营销卖点，如

图 5-5 所示。消费者如同在菜市场一般挑选新鲜的食材，交由负责制作的工作人员进行现场制作并在指定餐饮区就餐，如同在超市、菜市场里就餐，环绕新鲜食材，观看现场烹制的过程。这种具有特定情境的消费更容易激发消费者的消费热情，让消费者对于盒马鲜生的印象不只是生鲜电商，还是集饮食、购物、休闲于一体的新零售商。

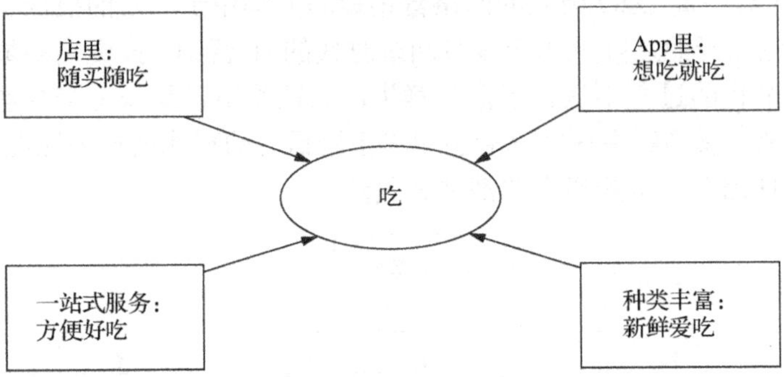

图 5-5　盒马鲜生场景化营销示意图

“想吃就吃”是建立在盒马鲜生 App 中的场景营销。盒马鲜生在 App 中内置实体店的商品，消费者只要处于实体店配送范围内就可以在 App 中下单购买，由专业的配送人员配送到指定地点。随时想吃，随时开吃，2018 年后盒马鲜生又推出了“堂食点餐”的服务，消费者可以随时随地在 App 中提前下单购买食材，交由厨师进行烹饪，无须排队等待，真正实现“想吃就吃”。

“方便好吃”是指盒马鲜生提供给消费者的产品在购买方式、购买渠道和购买操作方面实现了方便快捷。从购买方式来讲，盒马鲜生提供了至少三种购买方式，即直接购买、厨师现场烹饪和工作人员加工成半成品；从购买渠道来讲，盒马鲜生提供了至少三种购买渠道，即 App 下单物流配送渠道、实体店购买渠道和 App 下单实体店体验渠道；从购买操作来讲，盒马鲜生也积极优化 App 应用程序，实体店中从只支持支付宝付款到接受多种支付方式，从只能人工排队等待厨师现场制作到自助 App 等号。

“新鲜爱吃”，盒马鲜生的营销亮点除了新颖的消费方式，还有丰富的产品种类。盒马鲜生不仅涵盖了普通超市中的粮油副食、零食酒水、百货商品，还有种类丰富的海鲜水产，如大连的活海参、挪威三文鱼、南非龙虾、波士顿龙虾、英国面包蟹、新西兰岩龙虾等。盒马鲜生的食材选自世界各地，这不仅扩大了消费者的选择范围，还提供给消费者更加丰富、新鲜的购物体验。此外，盒马鲜生搭乘自身强大的物流体系，实现了食材保鲜运送，当天销售，更加新鲜，也容易获得消费者的满意。

5.1.2　盒马鲜生营销模式分析

1. 优势分析

（1）强大的集团实力

盒马鲜生以阿里巴巴集团强大而成熟的平台为依托，以管理经验丰富且掌握大数据的运营团队作为依靠，保证了盒马鲜生网络营销的社会关注度和影响力。强大的资金实力和大数据挖掘技术是盒马鲜生网络营销开展的基础。在互联网环境中，阿里巴巴集团的实力为盒马鲜生带来了信誉，也带来了规模化的宣传优势，依靠集团“大树”，网络营销工作拥有坚固的根基。

（2）供应链优势

在盒马鲜生实体店的当地建立蔬菜、水果、肉类产品的原产地，在原产地进行产品包装并直接运输到盒马鲜生卖场。海鲜产品与国外海产品产地签约，降低了产品的价格，为网络营销工作提供了极具性价比的宣传优势，使盒马鲜生在同行业的竞争中更容易满足消费者的价格心理需求，为网络营销工作的各项促销活动开展奠定了基础。

（3）宣传优势

盒马鲜生在网络营销工作开展的过程中积极利用阿里巴巴、淘宝的微博账号对盒马鲜生的营销信息进行宣传，为盒马鲜生创造了关注度。马云为盒马鲜生做宣传，引起网上关注，吸引消费者前往体验“马云套餐”。

（4）模式优势

盒马鲜生不同于以往生鲜经营模式的生鲜超市、生鲜快递、生鲜卖场和生鲜餐厅，它集合了以上种种模式为一体，体现了强大的资源整合能力。创意的“吃”场景体验，支付宝即时支付的方式，线上线下联合经营，30分钟生鲜到家，世界各地的生鲜产品供应，质优价低的生鲜套餐，夜间社区快递服务等，满足了消费者对于生鲜消费的多元需求，而这种创意化的新模式本身就极具吸引力和关注度。

（5）大数据优势

阿里巴巴数据资源经过了多年的积累和整理，在强大的数据管理团队之下给予了盒马鲜生网络营销强大的技术支持，在营销工作的市场细分、客户管理、资源调配和信息发布方面，其他生鲜电商品牌难以与之匹敌。

2. 劣势分析

（1）生鲜产品自身的不足

生鲜类产品有易腐烂变质、标准化难统一、品牌难塑造的特点。在这种特点的影响下，盒马鲜生的网络营销工作既要保证吸引到消费群体的关注，满足消费群体对于生鲜产品质优价低、新鲜可口、方便快捷的消费期待，也要保证营销宣传的实事求是，过分夸张的宣传即使能吸引一时的市场关注，也难以持续形成正面的市场评价。生鲜产品不仅易腐烂变质，对保存和运输有要求，而且其产品特殊的季节特点为网络营销工作的开展制造了障碍。不同的季节有不同的产品，不同的节日也有不同的节日食品，而短暂的“上市时间”对网络营销的效果提出了要求，既要营造生鲜消费氛围，增加消费者的心理期待，又要关注不同季节、节日的产品信息，做好营销的铺垫与收尾，及时关注和处理互联网环境中的反馈信息，对网络营销的时效性有较高要求。

（2）组织庞大，反应迟缓

网络营销对信息的响应速度要求较高。在信息爆炸的时代中，信息的响应速度和处理的及时性关系着营销工作的开展成效。作为遍布我国大型城市的盒马鲜生店铺，工作人员众多，在发展初期各项工作的开展尚待完善。因此，盒马鲜生带给消费者的消费体验难以做到完美。网络营销工作在消费者满意度和忠诚度方面并不占据主动权，却极易受到消费者消费体验的影响，不利于网络营销工作的开展。

（3）目标消费人群狭窄

盒马鲜生的主要消费群体是一二线城市拥有一定经济基础的人群。这种消费细分忽视了我国生鲜电商中的大多数市场，只关注目前对生鲜消费有一定需求的消费者，而忽视生鲜食品的潜在消费人群，极易丧失未来生鲜消费市场。例如，步步高的“鲜食演义”，京东的“7FRESH”等，均已开展了二三线城市的营销布局。

（4）宣传渠道单一

盒马鲜生的网络营销宣传方式主要以新闻通稿与微博、微信推送为主，但对于增加消费者的网络反馈，尤其社交网络的信息反馈并不积极，在百度以“盒马鲜生”和“体验”为关键词进行搜索，排在前位的仍然是新闻通稿和记者约稿内容，排在后位的消费者体验帖中有较多负面信息，不利于吸引潜在消费者。

（5）宣传方式单一

盒马鲜生在网络营销中采取的方式较为单一，与线上线下布局、多元化的经营策略相比，网络营销在宣传上并未有所创新。盒马鲜生既没有连接规模化效应的网络用户口碑，也没有继续扩大影响力，在大力打造“社区服务商”的同时，并未营造“社区化”的营销效应。

3. 机遇分析

（1）政策利好

我国对于农业的扶持力度逐年增加，国家通过政策扶持、税收优惠等多个方面给予农业帮扶，支持农业发展。盒马鲜生是结合了农业、实体经济、现代化物流、科技产业和网络O2O为一体的新零售模式，国家政策方针的东风为盒马鲜生的网络营销铺就了发展之路。

（2）市场潜力大

我国经济形势发展良好，尤其互联网经济发展势头强劲。随着我国城镇化进程的加快、人均可支配收入的提升和人们健康意识的增加，人们对于生鲜的接受程度不断增加，对生鲜产品的消费需求也在不断增加。“二胎时代”的到来和老龄化社会的加剧，使这类高品质、高营养的健康食品消费成为主流消费趋势，这对盒马鲜生网络营销工作的开展是极大的市场机遇。

（3）O2O模式的扩张

随着美团、口碑网的“走红”，人们对O2O模式的消费接受度越来越高。互联网的发展和电子商务平台的成熟，使人们对移动信息的需求度越来越高。生鲜的经营相对于其他形式的电子商务而言，O2O模式无疑是更好的选择，既有互联网经济带来的丰富信息和低廉的价格，也有实体店带来的实际消费体验，更加贴近生鲜这类特殊产品的销售，也更能满足消费者对于生鲜产品的消费需求。

（4）信息的多元化

多元化的消费需求是随着经济的发展和人们消费意识的增长而出现的。多元的消费需求带来的不仅是商业的转型和创新，还为网络营销带来了发展的机遇。互联网大数据技术使人们能够在网络环境中自由比价，大数据带来的大量信息可以帮助人们更好地选择商品，满足了消费者对于价格变化趋势和商品品质对比的心理需求。

（5）互动时代的到来

随着网络的发展，消费者与企业之间不只是单边信息发布和信息接收关系，而是双向互动的关系。这种基于互联网舆论自由的信息互动，一方面降低了信息不对称带来的消费焦虑，另一方面增加了消费者对于企业的了解和关注程度，从而有利于提升消费者兴趣、促进消费。

4. 威胁分析

（1）同类竞争对手的威胁

在巨大的市场空间、强大的消费基础和旺盛的消费需求之下，越来越多的商家参与到了生鲜电商 O2O 的竞争队伍中来。例如，步步高的“鲜食演义”，苏宁易购的“苏鲜生”，京东的“7FRESH”，永辉超市的“超级物种”，世纪联华的“鲸选未来”等，都践行着盒马鲜生提出的生鲜新零售概念。苏宁易购凭借遍及全国的实体门店展开宣传，永辉超市凭借强大的超市运营能力和生鲜产品经营经验，对盒马鲜生也形成了不可忽视的威胁。京东超市不仅凭借强大的物流系统，而且积极应用新技术，在盒马鲜生门店产品配送技术的基础上进行优化升级，以此为触点来增加消费者的关注度。无论是京东的“7FRESH”、永辉超市的“超级物种”，还是苏宁易购的“苏鲜生”，其背后都拥有强大的集团作为资金和技术支持，它们在营销宣传中积极开展正面的体验反馈，对盒马鲜生的网络营销形成威胁。

（2）同业竞争对手的威胁

盒马鲜生以实体店与网上商城相配合的形式开展生鲜经营，对于生鲜类产品而言，在 O2O 经营的过程中，实体店当地的生鲜类商家是极大的威胁。当地的生鲜类商家在价格、知名度方面更有优势，且当地的生鲜类商家大多把控着当地的舆论与生鲜产品产地资源，这不仅给盒马鲜生带来了经营方面的压力，而且对其网络营销工作的营造和开展造成了威胁。

（3）负面信息的威胁

激烈的竞争环境和盒马鲜生较为消极的网络互动，导致网络上持续存在对盒马鲜生的负面评价。通过百度、微博和其他类型的社交网站以“盒马鲜生”和“体验”作为关键词进行搜索，能够搜索到关于盒马鲜生价格高、产品品质差、口感差、新鲜度低、购物体验差等负面信息，这些负面信息几乎覆盖了盒马鲜生营销宣传的各个关键点，从而严重影响了盒马鲜生的网络形象，对盒马鲜生目前的营销工作开展造成了极大的威胁，导致部分潜在消费者对盒马鲜生有负面的先入为主的印象，对盒马鲜生的网络营销工作造成了压力。

5.1.3 盒马鲜生 O2O 模式启示

1. 强化营销互动

企业之间的竞争日趋激烈，同类竞争对手相继而出，现在已经到了必须深化网络营销、做好广告流量拓展的阶段。从发展趋势来看，盒马鲜生与步步高的“鲜食演义”、苏宁易购的“苏鲜生”、京东的“7FRESH”同类店家之间的网络营销竞争不仅仅是广告数量和广告形式的竞争，更是广告效果的竞争。必须重视网络广告投放的反馈，设置相应的网络营销部门实时监测网络反馈的效果，积极回复消费者的疑问，建立属于自己的“网络话题”。

首先，重视网络营销中的话题营销策略，积极关注网络评价，对质疑和差评帖进行重点维护与跟进管理，在微博中公开跟进情况。

其次，应用消费者心理学和网络营销策略，利用“转发抽奖”“网络用户抽奖”“回复赠券”等形式吸引网络消费者的关注，在增加网络用户关注度的基础上积极参与网站的各项活动，提高自身的曝光度。

最后，在网络营销中积极使用话题营销策略，关注时下的热门话题并参与讨论，引导网络用户回复评论和转发微博，积极增加会员互动、强化会员之间的交流沟通。只有与消费者之间形成高频的、深度的双向沟通，才能提高消费者参与度，才能真正吸引消费者。要利用话题信息，建立自身健康、阳光、诚信的企业形象。

2. 建立消费习惯

利用“线上+线下”的方式构建“吃”的场景，满足消费者的消费期待，强化消费者对于“吃生鲜”的消费参与，从而引导消费者建立消费习惯，建立对品牌的信赖度与忠诚度。对商品描述更加细致和全面，突出食材价值，同时通过线下实体店传递这些精致化内容，形成一种全新的、立体的消费体验。体验是移动互联网时代的重要法则和出发点，现在提倡的新零售革命，不只是O2O，也不仅仅是餐饮外卖店。这一时期的新零售是在效率极高的同时给消费者丰富的超出预期的体验。在冷链急速发展的今天，保障生鲜产品的质量已经没有太多技术难题，如何在保障质量的同时给客户创造差异化的体验是目前需要解决的重要问题。

因此，首先通过时令、节日、地区等按照不同主题吸引消费者，开发和唤醒消费者对于生鲜产品的消费需求。通过多屏互动，如微博、微信公众号、抖音视频等打造立体的消费感受，让 PC 端和移动端共同进行场景营销，打造极致的营销表达，让每个时令、节日、地区的每个特色主题都能在各个终端立体地表现出来，从而让消费者多空间、多细节地认识产品，了解产品，然后选择产品；其次，对于生鲜产品既要重视产品的新鲜度，保证产品的口感，也要重视产品的安全度，食品安全问题应当紧抓不舍，还要重视产品的性价比，吸引消费者的关注度。

3. 规范营销行为

协调多个O2O服务平台共同实施网络营销工作，以形成规模化、系统化的营销效果，从而逐步形成以生鲜美食体验为核心的O2O网络营销生态圈。在这个圈中，在供应商和电商及消费者之间逐步形成高度相关的利益共同体，能够达到网络营销的共存、共荣、共同发展，各个商家的营销效果形成相关联的共同体，从而避免恶意营销竞争。

同时，需关注消费者在线上和线下的体验一致性，加强自身的食材供应、浏览体验、套餐制定等方面的质量管控，强化营销线上和线下的综合立体体验，使消费者在线上所见所闻，在线下就能所得，从而形成营销过程的高效协同。

4. 培养网络用户口碑

一方面积极搭建属于自己的社区媒体，在原有的微博账户前提下，积极开拓其他网络环境中的社区媒体，如建立自身的微信公众平台，建立热门短视频 App 的官方账号，结合相应的网络环境跟进热门内容，参与网络讨论，建立自身的消费者关系网；另一方面，培养网络用户消费习惯和口碑，通过举办网络美食节，讨论美食话题增加网络用户关注数量，通过给网络用户提供试用、体验的机会来增加网络用户分享数量，从而迅速提升口碑。

5.2 案例 12 苏宁易购：O2O 商业模式再创新

5.2.1 苏宁易购 O2O 模式简介

苏宁易购最初以经营空调的零售和批发为主，经过多年的发展，苏宁易购已经从一个空调的经销商成长为中国家电连锁零售企业的领先者。随着电子商务时代的到来，属于传统零售业的苏宁易购面临新的压力和挑战，苏宁易购开始实施电子商务转型，并于 2010 年上线苏宁易购，开启了传统零售的互联网转型之路。

苏宁易购不断扩大经营范围，实行去电器化的营销策略，借助信息系统等科技手段，尝试全品类经营、多渠道拓展，建立内部共享管理云、外部渠道供应云、市场开放消费云的“云商”模式。2012 年，苏宁易购为加快转型升级开启了 O2O 商业模式战略布局，提出了“店商+电商+零售服务商”的“一体两翼三云四端”互联网零售新格局，进一步完善全品类、全渠道、全客群的经营模式。苏宁易购注重线下消费者的直接服务体验，依据不同的消费市场推出了不同类型的实体门店，形成了新型实体零售业态，期间通过收购、融资等方式强化了物流、金融、供应链、视频娱乐、线上渠道等领域的商业服务能力，实现线上线下无缝对接。此后，苏宁易购又在 O2O 商业模式基础上逐步创新商业业态，提出全场景的数字化重构和全价值链平台赋能的智慧零售战略，依托前期搭建的零售云平台，整合供应链、物流、科技、金融等全价值链核心资源和能力，发挥互联网效应将成熟的零售模式赋能给内外零售商，降低线下实体门店的经营成本和风险。

苏宁易购经过 O2O 商业模式探索和创新，凭借自身丰富的零售经验和优质服务，利用互联网大数据背后的用户消费行为和痛点，准确抓住 O2O 转型风口，取得了跨越式发展，作为中国民族品牌的代表，走上世界经济的舞台。

5.2.2 苏宁易购 O2O 创新分析

苏宁易购树立起“轻销售、重服务”的企业形象，使越来越多的消费者认可苏宁易购的产品和服务，通过内外一系列的改革创新，从线下实体店到线上平台覆盖更广泛的消费群体，特别是新一代的互联网年轻用户。智慧零售是苏宁易购进一步创新的零售模式，它给苏宁易购带来了线上线下相融合的黑科技支撑，以“场景互联网+智能供应链”的线上线下双体系来服务各个渠道的消费者，抓住顾客的消费痛点和线下体验需求，为顾客提供多样化、个性化、高效化的产品和服务。

苏宁易购在向线上平台转型的同时积极开拓其他产品领域，如母婴、图书、百货、日用品、网络视频等，营销渠道和经营产品的全覆盖造就了目标客户的全客群。因此，消费群体逐步呈现女性化、年轻化、细分化的趋势，消费地点也不再局限于实体商店，消费者在任何有网络的地方都能享受到苏宁易购的产品和服务。

1. 资源的创新和整合

苏宁易购从物流、云服务、金融、智慧零售四大方面进行了核心资源的创新和整合。

（1）自建物流体系和技术研发

从第一代物流配送中心到第三代物流基地，再到收购天天快递，获得国内、国际快递业务许可，苏宁易购根据企业的经营战略不断完善物流基础设施网络，搭建了仓储网、干支线网、末端服务网三级一体化和规模化网络，同时不断探索信息数据管理和研发全链系统平台，利用大数据、人工智能等前沿科技构建具有竞争力和创新力的科技型物流企业，进而连接O2O线上线下零售业务，提升企业供应链效率和消费者服务体验。

（2）强化科技创新和云服务

苏宁易购依托SAP、ERP等信息系统的支撑，建立了内部共享服务平台，而后逐步上线内部管理云、外部供应云、市场消费云的云服务模式，并推进其全面市场化运作，补充组织管理、采购平台、销售渠道的赋能效应；运用物联网、云计算、大数据、人工智能等互联网科技，使采购、销售、服务等环节实现数字化和智能化，将线上业务资源整合到线下渠道，重点建设和输出零售云平台，实现O2O线上线下云服务的融合运营。

（3）打造互联网金融和理财产品

金融是苏宁易购O2O商业模式的一部分，苏宁易购先后筹办以“金融科技”为特色的自有民营银行和以大数据、风控、IT系统为依托的金融管理中心，借助O2O模式积累的线上线下海量用户和从采购到配送的价值链，建立了对公和个人理财业务，包含在线支付、消费金融、企业贷款、众筹、保险等服务内容，形成了“融资+支付+理财”产业链一体化路线，为上下游伙伴和用户提供多场景的互联网金融服务。

（4）推动智慧零售和模式创新

苏宁易购在O2O商业模式基础上提出了“智慧零售”发展模式，依托零售云平台，利用无人机、人工智能、互联网技术等手段感知消费趋势和行为习惯，将零售产业链里的人、货、场进行数字化协同，整合内外部信息流、商品流、物流和资金流的价值链核心能力，让线上资源反哺线下实体门店，满足顾客对品质化生活需求和碎片化消费场景的欲望，从而进一步驱动零售业模式创新和数据技术变革。苏宁易购作为生产厂家与消费者之间的桥梁，其业务活动创新着重从销售活动、供应活动、开发活动三部分展开。

① 销售渠道和场景创新。从原来单一的实体门店连锁销售到现在的O2O线上线下全渠道营销，苏宁易购销售活动以会员全贯通式的管理系统为基础，以线下实体门店、线上电商平台、手机App等流量入口为媒介，随时随地无缝对接购买需求，使消费者的生活场景变成一切能够触发的消费场景。

② 供应体系和服务创新。从过去的对立谈判博弈价格模式到现在的合作共赢协同服务模式，苏宁易购以供应管理系统为工具，利用互联网开放平台向全球供应商采购货物，并为供应商提供消费数据、市场预测、物流协同、信息共享等服务，使需求向上指导供应商生产消费者想买的商品，提升供应链智能化、效率化的运营能力，让整个供应链由内而外实现良性循环。

③ 开发领域和技术创新。从传统家电到3C[①]、百货、图书、房产、家居、信息服务、虚拟

① 3C即“3C产品”，就是计算机（Computer）、通信（Communication）和消费类电子产品（Consumer Electronics）三者结合，也称“信息家电”。

产品等全品类经营模式，苏宁易购以零售行业为核心，跨界物流、金融、互联网、地产、文体、电信、投资等领域，建立研发中心，为打通上下游资源提供前沿技术支持，向广大用户提供苏宁易购互联的丰富产品和增值服务，成为八大产业板块协同发展的国际大集团。

2. 渠道和伙伴关系

随着消费升级及消费场景碎片化，精细化的渠道布局成为关键，以互联网的力量赋能实体门店，打通 O2O 线上线下全场景互联。苏宁易购立足于自身的线下传统优势，按照标准化、规范化的原则，从一、二、三线城市到县、乡、镇、村，根据不同的市场需求开设了云店、小店、直营店、精选店、广场、母婴店、无人店、极物店、苏鲜生、影城等各类新型业态店，乘着电商红利的东风，探索金融、物流、供应链、商家等增值服务的连接应用，创新了互联网智慧零售门店体系。对于线上渠道布局，苏宁易购坚持自建互联网开放平台，依托线下实体商业网络及信息技术服务共享的核心资源，吸引供应商入驻苏宁易购电商平台。苏宁易购 O2O 线上线下深度融合模式不仅紧密贴合顾客消费场景，而且不断完善其智慧零售生态圈。

伙伴关系主要体现在苏宁易购与供应商和外部伙伴之间合作格局的重大调整。一是与供应商的协同优势调整，苏宁易购通过数据云、技术云、服务云、管理云为供应商的链接输出智慧能力，从这四个方面增强智慧供应链综合服务能力，注重与上下游协同开放，缩短供应循环、信息交流及应对市场变化的时间，使供应链中的各个节点能够协调一致，同时优化供应链全方位基础设施，减少流通环节，降低成本，提高运营效率，实现所有供应商最大化的价值增值，从而在激烈的市场竞争环境中塑造企业的核心竞争力；二是与外部伙伴的战略合作调整，苏宁易购为了联合发挥各自产业竞争优势，先后与 IBM、阿里巴巴、万达、恒大、碧桂园、三星、惠而浦、移动等大型企业签订全面战略合作协议，在用户资源、数据资源、供应资源、业务资源、金融资源、渠道资源等方面实现双向互通，积极向外探寻线上线下融合发展契机，不断为 O2O 商业模式创新注入新的力量。

3. 组织管理

为了组建与 O2O 商业模式相匹配的组织结构，苏宁易购从顶层设计出发，采取横向职能化和纵向层级化相结合的扁平化组织体系，按照“事业部公司化、小团队作战、目标绩效管理、内部项目制”四大组织理念，通过内部管理云、协同网络化，打造大公司与小团队的互联网创新型组织，让多元化的八大产业板块既能独立分工运营，又能整合交互协作。而人才观念的转变也是商业模式创新的巨大挑战。苏宁易购早期属于传统零售业，是劳动力密集的产业，而现在的智慧零售变成了知识型和技术型的新型零售业态，人才结构发生了很大的变化，通过自主培养、人才引进等方式充实企业人力资源，实施员工股权激励计划，践行事业合伙人理念，注重营造家庭式的团队氛围来凝聚人心，共同助推企业发展战略的执行。

5.2.3　苏宁易购 O2O 创新启示

在苏宁易购 O2O 模式的创新演化中，起关键作用的是创新思维、商业生态和供应链。

1. 创新思维

苏宁易购 O2O 转型成功源自它坚持走自己的路，用不动摇、不保守、不盲从的姿态进行自上而下的自我突破与自我革命，在前瞻性、创新性的思维意识引领下，比其他企业先走一步，提出了“沃尔玛+亚马逊”的发展模式，即坚持线下发展线上，线上线下互融互通的 O2O 商业模式，注重顶层设计，落实基层执行，抓住战略、组织和人员三个重要环节，确保思想上的认同感、方法上的科学性和行动上的贯彻力，将系统变革与要素重构深入商业模式创新，成功实现了企业创建至今三次关键性的变革创业，尤其是第三次的互联网转型。

2. 商业生态

苏宁易购意识到消费群体的消费变化趋势后，迅速组建了变革研究团队，研究本公司的传统业务活动如何改造才能与互联网对接，从而提升企业内在核心竞争力和全新价值成长力。为此，苏宁易购制定了先“+互联网”后“互联网+”的改革路线，以全品类零售产业为核心，投资发展物流、金融、文体、地产等八大产业，运用互联网技术嫁接和优化“零售+”全产业资源，打造全渠道营销的 O2O 智慧零售企业，结合供应商、消费者和战略合作伙伴布局上下游与内外部一体化的商业生态圈。

3. 供应链

苏宁易购通过云平台、物联网、区块链、云计算、大数据、AI（人工智能）、5G 等前沿技术为企业价值创造提供机遇，为供应商协同发展提供资源，也为用户购物享受提供服务，进一步创新商业模式，将 O2O 智慧零售推向新高度。苏宁易购利用苏宁云在采购、库存、物流、营销、售后等方面不断投入科技能力，重视科技在业务流程再造和线下门店体验上的应用，不仅把线上线下的零售数据、金融数据、物流数据等大量数据信息进行采集、传输、处理、整合，然后将数据资源共享给供应商和其他合作伙伴，反过来促进苏宁易购产品和服务的供应链优化，而且把一些黑科技运用到线下实体店运营中，吸引消费者到店体验最潮、最个性的购物乐趣，将线下营销效果发挥到最大，最终形成了共享共创、良性循环的智慧供应链和智慧零售。

5.3 案例 13 小米：O2O 战略、新零售和互联网服务

5.3.1 小米 O2O 模式简介

小米科技有限责任公司（以下简称小米）于 2010 年 4 月在北京成立，而后于 2018 年 7 月在香港证券交易所挂牌上市，是我国移动互联网行业的后起之秀，从最初的智能硬件和电子产品研发到现在的智能家居生态链建设，其投资领域覆盖智能产品、生活消费品、教育、金融、游戏、汽车、文化娱乐、社交网络、医疗健康等，小米有七个线上电商渠道，有近两千家线下

实体门店，线上线下互动融合顺应了互联网企业拓展线下渠道的大势，进化出一条属于自己的生态链之路。

小米以智能生态链为着眼点，在智能家居、产品交互、用户研究等方面下功夫，同步更新其铁人三项战略——“硬件+新零售+互联网”，把软件业务并入互联网板块，在原来的线上营销基础上增加新的线下销售渠道，转变为O2O线上线下互联互通的商业模式，将网络电商的成功经验和先天优势发挥到实体零售中，使更多的消费者享受到线下的体验增值服务。

小米作为我国移动互联网行业的黑马企业，以独特的互联网模式保持着高速增长态势，一度成为我国手机出货量排行榜第一名的企业。后来小米出现颓势时及时调整产业布局和销售渠道重心，拓展线下渠道弥补线上营销短板，实现O2O商业模式创新，打造了庞大的智能生态链体系。

5.3.2　小米O2O创新分析

1. 资源的配置和优化

小米作为一家创新驱动的互联网公司，它的核心资源主要从研发设计、营销模式、供应链、生态链四个方面进行配置和优化。

① 互联网思维，倒推研发设计。互联网的特点是“新、快、广”，消费者也是生产者。小米正是改变了传统的产品研发与设计模式，充分利用互联网的优势解决了传统模式滞后性和高成本的问题，在研发智能产品和设计MIUI系统上做到了通过社区论坛与发烧友建立连接渠道，通过互动快速了解用户对产品和系统的痛点，及时根据反馈信息进行调整，注重产品的外观设计和用户体验，使用户主动参与产品的研发设计过程，从而产生满足感和归属感，积累了用户的良好口碑和品牌形象。而面对消费痛点，小米采取的策略是激发和挖掘，激发消费痛点正是挖掘消费需求，将痛点转化为一个新的需求和体验，对消费者认为不好用或者多余的产品细节之处进行重新研发设计，运用互联网思维打造“精品”“爆品”，不断扩大市场占有率。

② 轻资产模式，获取成本优势。作为创新驱动的互联网公司，小米一改传统厂商的运营模式，选择了轻资产运营模式，把高成本和重资产的生产制造和物流配送外包给其他厂商，自身则集中于战略布局、研发设计、市场营销、售后服务等核心环节，“按需定制”没有库存压力，降低了资本投入，提高了品牌附加值和组织灵活度。现在的小米以手机终端为获取流量切入点，以智能硬件产品、生活消费品、广告和增值服务等方式连接流量实现变现，强化消费者的复购率和品牌“黏性”，从而提高公司收入和利润空间。

③ IOT平台，打造智能物联。IOT是物联网（Internet of Things）的英文缩写，物联网是在互联网和通信感知技术基础上延伸和扩展的物物相连的网络。随着移动互联网的快速发展和智能手机的广泛普及，智能物联网市场得到蓬勃发展，涉及智慧城市、医疗健康、智能家居、网络设备、可穿戴设备等领域。小米正是看到了智能物联网市场的巨大潜力，抓住消费级IOT平台这一重要机遇，在遭受挫伤之后依然东山再起。

④ 生态链布局，助推企业扩张。小米利用自身的渠道平台、用户、供应链、金融等重要资源能力与智能设备创业者进行合作，以投资参股的方式积极布局智能生态链，从智能手机延展至生态链设备，以智能手机或系统为媒介，控制其他智能家庭设备，从而形成小米的智能家居

生态链。这个生态链由200多家公司组成，其中有100多家公司专注于智能硬件和生活消费产品。小米采用这种构建方法迅速构建了一个产业平台，从一个低频率、单一化的手机公司转为高频率、多元化互联网公司。

小米通过营销活动、供应活动、资金活动实现业务活动架构的调整和裂变。

① 创新营销模式，树立品牌形象。小米独创的互联网营销模式是小米手机打开智能手机市场的杀手锏，建立线上渠道进行社交营销、通过预售方式制造饥饿营销、借助新媒体开展口碑营销，这些营销策略不仅为小米在最短的时间内、用最低的成本积累了大量的忠实用户，而且大大增加了小米的品牌认知度和认可度，从而不断提高了小米手机的市场占有率。然而，具有线下经销优势厂商的崛起让小米意识到互联网营销模式已呈现疲软态势，线下渠道的缺失是小米丧失市场份额的主要原因，因此小米提出了新零售，增加营销资金投入，铺设线下销售渠道，布局生态链聚拢线上流量，采用直营店、专卖店、授权店、加盟店四种不同类型门店形成完整的线下体系，重塑品牌地位。

② 进军海外市场，扩张业务版图。面对国内智能手机市场的饱和状态，小米积极寻求新的市场机遇，于是，小米以印度为试验田，开启了它的全球化发展之路。成功进入印度等东南亚市场的小米凭借高性价比获得了令人瞩目的优异成绩，为之后进入欧美市场奠定了坚实的基础。如今，小米已进入东南亚、中亚、北欧、西欧、非洲、北美等多个地区的电子消费品市场，出货量保持在全球前列，体现了小米在全球范围内的快速扩张。进军海外市场是小米扭亏转盈的助推器，也是反哺智能物联网和生态链的压舱石。

③ 拓宽投融资渠道，发展互联网金融。小米在香港交易所成功上市，对于小米而言，通过股票市场的资本运作进一步扩张生态链具有重要意义，小米经由风险投资机构筹集巨额资金用于公司业务扩张。与此同时，小米创始人雷军建立了一家投资机构，参与投资和管理智能产品创业公司，让这些公司的智能产品成为IOT产品的构成部分，实现小米与生态链公司的双赢。而发展互联网金融领域逐步向产业链上游延伸也是小米又一战略，小米通过收购控股的方式拿到第三方支付牌照和保险牌照，提供丰富多样的金融产品和服务，利用庞大的手机用户切入消费金融业务，从而获取一定的利润用于弥补硬件的低毛利。

2. 渠道和伙伴关系

新零售作为小米“铁人三项”的新战略，可见O2O线上线下渠道的布局和融合对于小米来说举足轻重。线上渠道一直是小米赖以生存和发展的基础，独创的互联网手机模式发挥了互联网的最大优势，运用电脑客户端的米家有品平台、手机客户端的小米商城、第三方客户端的官方旗舰店等多种形式吸收流量用户完成线上购买；而线下渠道则是新零售战略的重要组成部分，是巩固现有地位和提升市场份额的关键，也是维系“铁人三项”及小米生态链的根本纽带，根据开设实体门店的城市大小将实体门店划分为小米之家、小米之家专卖店、授权店和小店，目前小米按照四种实体门店类型不仅有针对性地为不同的消费者提供购物体验，而且使线下渠道得到快速铺设又稳固易控。小米通过全渠道零售的搭建实现线上线下的互通式引流和融合式联动，助推线上线下整合产品信息并触达消费者。

小米的生态链和开放平台正是小米建立内外合作伙伴关系的有效途径和最好体现。小米投资了200多家公司，其中小米生态链体系已有100多家公司，几乎覆盖了全部的智能硬件和生活消费领域。除了资金投入，小米负责向大众传递产品的价值主张，从一开始的研发设计到后来的市场推广的整个链条，小米都会提供一系列的资源和帮助，与这些加入生态链公司的技术形成优势互补。打造金融理财平台、IOT 开发者平台、营销平台、直供平台、应用商店等多维度开放平台，与 TCL、腾讯、美图、苏宁易购、宜家、爱空间等企业达成战略合作伙伴关系，且与小米生态链其他企业实现互联互通，从而提升小米实现内外共享共赢的协作能力，建立自己独特、难以复制的伙伴关系网络。

5.3.3 小米 O2O 创新启示

小米的 O2O 商业模式创新主要来源于战略创新、新零售和互联网服务。

1. 战略创新

小米独创的“铁人三项”战略、互联网手机模式引起了各界高度关注，引发了商业模式变革，使小米“一炮而红”，小米逐渐获得广大用户和市场的认可；在遭遇滑铁卢之后，小米查找问题根源，坚持创新导向，重新制定战略布局，积极开拓线下渠道弥补实体短板，扩大产品品类和市场范围形成全品类国际化的经营矩阵，借助 IOT 平台打造小米生态链实现跨领域发展，从而东山再起、发展壮大；现在已经成功上市的小米还在解决因快速发展而忽略的组织管理不成熟的问题，进行了四次较大规模的组织架构调整，在核心业务部门不变的基础上细化或新建其他业务部门，着重强化技术实力和平台合力，加强 IOT 能力和互联网服务国际化商业化，制定多引擎战略规划，推动公司高效运转。

2. 新零售

小米自建的线上电商平台节省了人力、物力、财力，凸显了物美价廉的市场定位，为小米手机及周边电子配件的销售提供了丰富的市场商机。然而，线上渠道的优势在互联网环境发生深刻变化和用户流量红利逐渐见顶的形势下转而成为小米突飞猛进的弊端。为此，小米提出了 O2O 商业模式创新之策——新零售模式，将互联网方式运用到线下零售中，通过不同级别不同类型的实体门店为各年龄段的消费者提供更方便体验小米各种优质产品的线下平台，填补了线下渠道的空白，提升了线上线下的流通效率，增加了目标客户的高“黏性”和变现率。与此同时，小米不断打破市场边界，从国内市场跨入国际市场，利用极致的性价比优势使小米的整体销量迎来急速增长阶段，并在国际化市场竞争中取得一席之地。线上线下、国内国外的多渠道铺设模式既为生态链中的供应商企业消除了产品销路的后顾之忧，也为小米的生态链体系及品牌价值附加了前景广阔的潜在之能。

3. 互联网服务

小米捕捉到物联网的风口，发布了 IOT 战略和 IOT 开发者计划，以智能手机为核心连接消费级智能物联设备，成为目前世界上最大的物联网生态平台之一，为公司总收入贡献了新的增长力量。现在，人工智能和物联网技术的结合与应用已经成为小米未来的着眼点，联合 AI 技能开发者、硬件设备厂商和 AI 技术公司，强化小米技术能力和平台品牌赋能，建立跨物种、跨领域相串联的新生态体系，最终目的是打通手机与其他智能终端的间隔，用低频消费的手机带动高频消费的其他智能物联设备，用智能硬件作为用户流量入口，让丰富多样的互联网服务作为用户运营媒介，真正做到以互联网流量和服务作为变现来源。

本章小结

O2O 即 Online to Offline，是指将线下的商务机会与互联网结合，让互联网成为线下交易的前台。O2O 的概念非常广泛，只要产业链既可涉及线上，又可涉及线下，就可称为 O2O。O2O 电子商务模式需具备五大要素：独立网上商城、国家级权威行业可信网站认证、在线网络广告营销推广、全面社交媒体与客户在线互动、线上线下一体化的会员营销系统。本章选取 3 个企业的 O2O 电子商务案例，分别分析了盒马鲜生的网络营销模式、苏宁易购的 O2O 创新模式，以及小米的 O2O 战略创新及启示。

本章实训

实训案例

携程网的 O2O 模式分析

携程旅行网简称携程网，是极具规模的在线票务服务公司，创立于 1999 年。携程网成功整合了高科技产业与传统旅行业，通过 O2O 模式和网络招揽消费者，然后在线为消费者提供包括酒店预订、机票预订、度假预订、商旅管理、高铁代购及旅游资讯在内的全方位旅行服务。携程网通过专业化经营建立旅游网上百货超市，通过整合旅游信息创新旅游价值链，采用立体营销方式增强其品牌影响力。携程网的商业模式集中反映了互联网平台与传统旅游企业资源的结合，互联网旅游企业商业模式的构建只有与旅游市场发展同步，才能最大限度地发挥其优化作用。携程网在运营过程中，利用高效的互联网技术和先进电子资讯手段为会员提供快捷灵活、优质优惠、体贴周到又充满个性化的旅行服务，从而成为优秀的商务及自助旅行服务机构，通过推陈出新的产品、服务和技术手段使其在日新月异的互联网时代能更好地满足日益多样化的客户需求。

携程网的 O2O 经营主要有以下几个方面。

网上广告及收费。携程网的广告分为义务广告和非会员式的收费广告，前者是对签约酒店、合作伙伴等在特定栏目给予的信息介绍，后者是针对专项介绍进行收费的广告。

客户细分与协同发展。携程网在经营过程中采用客户细分策略，主要将客户分为携程会员、合作卡会员和公司客户，携程会员还可以细分为普通会员和 VIP 会员。

个性化经营与质量管理。携程网在发展中注重个性化，即给用户一个能自我选择的舞台，这个舞台包括丰富的产品和准确的产品信息。

合作经营与优势互补。携程网在发展策略上注重与多方合作，曾先后与众多旅游单位结成良好合作伙伴关系，通过合作壮大自己的力量，填补自身的不足，共同发展网上旅游中介事业。

营销策略。携程网以客户为中心，不仅保证为客户提供便捷、周全、可靠、亲切、专业的服务，而且利用先进的技术提供网上、网下 24 小时服务。其免费会员注册的打折优惠及升级制度、生动活泼的虚拟社区在线论坛、携程 VIP 专区为其营销成功提供了保障。

此外，携程网一直将技术视为企业的活力源泉，在提升研发能力方面不遗余力。携程网建立了一整套现代化服务系统，包括客户管理系统、房量管理系统、呼叫排队系统、订单处理系统、E-Booking 机票预订系统、服务质量监控系统等。

携程网通过低成本和建立服务与产品的差异性来提高旅游企业的竞争力，把诸多信息组合起来，形成信息产品销售给消费者。在这个过程中，信息流和资金流涉及较多，物流很少，这些特征很适合用电子商务的方式去实现。电子商务的低成本、支付电子化、信息高效传递、宣传覆盖面广等特性是传统旅游企业不具备的。在旅游电子商务中，售前旅游企业可以借助网上主页和电子邮件在全球范围内进行宣传，客户可借助网上搜索工具快速找到需要的旅游产品信息；售中可以实现网上订购、网上支付，还可以实现旅游产品模拟体验；售后的信息反馈更及时，便于对消费者的行为进行有效分析，其中包括预测等待时间、坐席系统、数据统计和监控管理。

实训内容：分析携程网 O2O 模式的特点。

实训要求：形成一份案例分析报告。

复习思考

1. 分析盒马鲜生网络营销的优势和劣势。
2. 分析生鲜电商 O2O 模式的市场竞争现状。
3. 分析苏宁易购的 O2O 模式创新特点。
4. 分析小米 O2O 模式的战略创新。

第6章

电子商务 C2B 案例

【学习目标】

1. 海尔 C2B 盈利模式分析；
2. 报喜鸟 C2B 定制模式分析；
3. 韩都衣舍的 C2B 运营体系。

【引导案例】

宝匠世界的 C2B 模式

一直以来，喜欢佩戴珠宝的人除在意品牌之外，还喜欢强调款式设计的独特性，因此催生了一些珠宝行业的私人定制平台，并且消费者对定制的需求比较旺盛，毕竟消费者通常希望佩戴的珠宝首饰可以包含一些特殊含义或者文化标志。据了解，我国人均珠宝饰品消费水平仅为 63 美元，相比于文化传统较为类似的新加坡（488 美元）仍有较大提升空间；另外，当前互联网正在快速发展，用户需求逐渐显现出碎片化、个性化和定制化的时候，民用商品大规模量产已经越来越不适应市场的变化，小批量和单件定制模式逐渐显现出广阔的发展前景。在这些前提之下，顺应消费者的习惯，是不是也会产生一个新的商业生态？

宝匠世界是一个轻奢饰品个性定制平台，其希望通过在线互动设计应用掌握用户设计偏好，以 C2B 的模式实现轻奢饰品的定制消费。宝匠世界定义的轻奢饰品价格为 1000～3000 元，选用的材料一般为 K 金、半宝石和彩金。宝匠世界联合创始人李嘉敏告诉猎云网，如果首饰可以满足真金、宝石、钻石、个性定制及品质上乘的条件，价格动辄五六位数以上，而宝匠世界满足的需求是日常消费、个性定制，希望做的是普通消费者也可以买得起的饰品。事实上，在首饰个性化定制领域，国外起步比我们早，目前与宝匠世界对标的有美国的珠宝定制网站 Gemvara，它使用 2D 定制技术，预置的款式也较丰富，基本能满足大部分消费者 DIY 选款的需求；而国内在珠宝个性化定制这条赛道上跑的企业有宝珑网，基于 PC 端，它除了做钻石定制，同时定制彩色宝石，虽然起步比较早，但与宝匠世界要做的轻奢饰品个性化定制大有不同。

宝匠世界要走的在线 C2B 定制模式方向为：通过互联网有效增强信息传递效率，以 C2B 模式减少产品同质化问题，即用户可以根据宝匠世界提供的产品预置模板和定制选项，个性化设计自己想要的首饰，而宝匠世界则根据客户的定制需求信息、购买信息对接给中小珠宝商家，最后由商家提供原料给生产商生产，并由生产商负责产品配送。

宝匠世界走 C2B 模式的优势是可以让运营模式变得更轻，具体而言有如下几点。

① 用户生产内容，节省设计研发成本，还能满足用户长尾需求。

② 通过线下原料供应商家、种子代理用户、微商店主等低成本营销渠道推广。

③ 订单生成后，后台根据产品所需的饰品原料配件将信息发送至特定原料供应商，供应商发送原料至厂家生产，而宝匠世界则可以零库存。

④ 宝匠世界的产品形态是 HTML5 设计应用，用户不需要下载安装，也可完成饰品的设计。此外，还可以分发至各大社交网络导流，或者联手线下商家进行导流，营销成本相对较低。

宝匠世界还在应用里添加了相对好玩的功能——虚拟试戴，用户可根据已完成线上定制预设的首饰进行虚拟试戴，并可分享给朋友做参考。另外，宝匠世界还有一个重要的功能，就是 3D 建模设计，3D 建模设计主要面向较专业的用户，用户可以根据自己的偏好设计任意款式、任意造型的产品。虽然珠宝行业已经使用 3D 技术十多年，但是这几年 3D 技术逐渐发展成熟，可以使产品更精致，并最大化地降低了设计成本。

辩证与思考：宝匠世界的 C2B 模式有何特点？

分析与提示：C2B 电子商务模式的特征。

6.1 案例 14 海尔：以 C2B 模式实现创新性盈利

6.1.1 海尔 C2B 模式简介

海尔与天猫携手推出“电视定制”活动，对于液晶电视包括尺寸在内的 6 项指标给出选择，在满足客户个性定制的需求方面进行试水，引领了 C2B 电子商务盈利模式的应用潮流。自此之后，海尔的战略定位更加明确，一切以满足客户需求为中心，把客户的需求永远放在第一位。海尔的财务报告上统计数字显示，客户参与的产品定制比例在其产品销量中超过半数。海尔提供全方位的服务体系，产品出售前客户可以参与专家对于产品的设计并提出自己的要求，产品出售过程中海尔为客户提供线上导购服务，产品出售完毕后海尔依靠自己独特的物流运送体系，把产品及时送达，时时刻刻体现以客户为中心的理念与战略定位。

以客户需求为中心、产品个性化定制正是 C2B 电子商务盈利模式中最可能被推广使用的形式，这是个性化定制的核心理念，海尔作为应用 C2B 电子商务盈利模式的带头企业，它的发展历程、成功经验对于 C2B 电子商务盈利模式的推广具有重大意义。

电子商务企业决胜的最后一站是物流，即保证产品及时、安全送达，可以说物流系统是电子商务企业的最后一道保障。于 2000 年设立的日日顺物流公司是海尔独特的物流系统，为其

C2B 电子商务盈利模式的顺利运行保驾护航。日日顺物流公司的最大特色就是它所依赖的“四网”体系，即虚网、营销网、物流网、服务网。虚网指的是依托互联网形成的网上信息系统，通过互联网系统获得更多的客户信息，增加客户与企业的联系密集度，从而形成潜在的消费者。与虚网相对应的，营销网、物流网、服务网共同构成实网，为海尔的产品运输提供支撑。

6.1.2 海尔 C2B 盈利模式分析

1. 海尔 C2B 模式下的价值创造结构

（1）组织结构

海尔建立的“人单合一，双赢”理念促使其组织结构呈现倒挂景象。传统意义上的组织结构是上级领导安排工作，下级员工执行并向上级汇报。海尔则是由基层员工“发号施令”。首先是直接在市场中与客户沟通的员工，以其获得的客户需求为指引，然后是电商平台，用来供给资源和提供专业的服务，最后是能够做出战略导向与定位的管理层。在这种“倒挂”的局面下，管理层不仅仅是决策者，更多的是为基层员工服务，更好地实现双赢。基层员工作为最了解客户需求的团体，在这种倒推的组织结构中有了更大的自主决定的空间，能够尽可能地满足客户的各种个性化需求，同时为企业的战略方向把关。这种倒挂的组织结构体系，打破了传统组织结构的僵化系统，虚化了企业内部各个部门之间的界限，企业员工齐心为客户服务，以客户需求为向导，进而推动企业的快速发展。海尔这种倒挂的组织结构正好体现了 C2B 电子商务盈利模式从客户需求出发的特点。

（2）供应链结构

在经过多次调节与整合之后，海尔的供应链结构与自己的电子商务业务完美搭配，为电子商务业务提供坚实的保障。海尔的供应链结构与互联网、大数据完美结合，仍坚持一切以客户为中心的宗旨。海尔供应链的结构链条是“客户—产品—营销方案—采购—生产—销售、配送”。起点是客户提供的各种信息流，以此为核心，确定产品的设计思路、产品的营销方案。然后根据产品的设计方向倒推原料的采购（此举也成功地解决了库存的问题），接着是产品的设计与投产过程，最后是产品的销售、配送。在这个过程中海尔达到了一切可管控的目的，借助互联网构建了客户信息流获取网络、供应商模块化网络、特色的营销系统网络、物流配送网络、售后服务网络等环环相扣的供应链条，供应链中的上游供应商，本部的产品设计前的信息整合、中期的产品的设计与投产，下游的产品销售、后期产品的配送与售后等各个环节不再单独实施，而是借助互联网技术，由海尔统一进行前期的预算、中期的执行、后期的配送与客户维护。

此外，海尔提出了“供应链无边界”的理念，采用网上、网下虚实结合的供应体系，拓展了供应链的外延，网下活动用于赢取客户的体验青睐，进而产生潜在的客户；通过网上活动获得广大用户的口碑及信息流量，然后以客户的信息需求指引海尔的产品设计方向，向客户的个性化定制再迈进一步。为了积极地应对互联网技术的普及，海尔在供应链结构中还增加了“体验”的元素，包括物流配送的体验、客户个性化定制的体验等。海尔的供应链结构已经接近完善，但精益求精的海尔仍在向着“企业一切的行为都按客户需求进行”的道路前进。海尔的供应链结构恰恰符合C2B电子商务盈利模式满足客户的个性化需求的目标，从开始的产品设计到后期的客户维护，时刻以客户的个性化需求为先，在满足客户需求的同时为企业创造利润。

（3）库存管理结构

库存管理的目的是为企业提供充足的产品供应的同时尽可能地降低储存成本，海尔在库存管理结构上与时俱进，乘着先进技术的东风，逐步实现“零库存”的目标。C2B电子商务盈利模式的优势之一就是降低库存成本，因其产品的生产是根据客户的个性化需求进行的，所以生产的产品在销售方面基本上是定向的，因此解决了企业大量产品积压、库存成本偏高的问题。海尔有自己的立体仓库和全球化的物流配送中心，能够实现自动、高效的产品配送，这为海尔降低库存成本起到了一定作用。海尔利用企业资源规划的理念，对企业的存货采购采用计划订购的模式，对“存货”从采购环节就进行监督，达到实时跟踪、控制的效果。基于一切以客户为中心的理念，海尔可以实现按需采购，海尔在存货的采购环节就向“零库存”迈进了一步。此外，海尔采用无库存的生产模式，首先将采购的存货存放在企业自己的立体仓库中，然后通过网络系统进行配套生产，最后经过国际化的物流配送系统进行产品的配送，最大限度地减少存货的库存数量，降低库存成本。零库存实现的关键问题是完整的信息体系，海尔利用互联网、电商平台建立了立足于“信息共享”的信息增值系统，并与上游的供应商和将要面对的客户之间形成了联系链条，通过信息增值系统对客户的需求信息进行采集，然后与上游的供应商进行材料的采购，如此良性循环，为零库存提供保障。

（4）客户管理关系结构

海尔将自己的客户系统与互联网技术完美结合，形成了具有企业特色的客户关系网络，将挖掘新客户、维系老客户、满足客户需求并从客户方面获得收益的几个方面非常紧密地联系在一起。海尔依托自己的客户管理系统，可以及时得到客户的反馈、客户的需求信息，使企业在全国甚至国际范围内可以实现客户信息共享，通过客户关系网为客户提供及时的售后服务。此外，海尔通过客户管理系统打破部门间的壁垒，将自己企业内部的各个部门链接到一起，采购、生产、营销、库存都可以共享客户信息，更好地为客户服务。在客户管理上，海尔特别注重与客户的交流，面对不同的客户，提供有针对性的服务。海尔在实现及时回馈客户反映的情况、及时解决客户问题、限时内回复客户的投诉、定期跟踪回访客户的使用体验后，在甄别和自己有业务往来的经销商方面也独树一帜。经销商是企业产品的另一个代言人，其在外行为的影响和对企业的影响几乎是同步的，所以海尔在自己和经销商之间也拥有客户信息共享的链条，通过与经销商的信息共享，获得最前沿的客户信息、客户反映，为自己的客户管理关系再加一层保障。客户管理关系结构越完善，企业的客户群体就越稳定，企业的收益、利润也就更有保障。

2. 海尔C2B模式的构成要素

（1）利润对象——客户范围

海尔在全球化、网络化的战略定位下，旗下的品牌登陆美国、新西兰等地，将全球资源进行整合，为有地域性差异、个性化需求的客户提供定制方案，使全球范围内的客户可以参与到产品的设计中，力求近乎还原地满足客户的个性化需求。海尔旗下的各个品牌通过不同的品牌定位囊括了几乎所有类型的客户。例如，新西兰的斐雪派克定位于社交厨房、美国的

GE Appliances 定位于艺术厨房、卡萨帝定位于高端厨房、海尔定位于智慧厨房、统帅则定位于“轻时尚”的时尚厨房，等等。海尔旗下的五大品牌通过不同的定位将产品的受众从忙碌于工作的工薪一族到倾心于艺术的高雅一族，从乐于钻研科技的智慧党到紧跟时尚、崇尚简约的年轻一族，从青睐于欧美风情的优雅人士到喜欢朴素生活的你我全部囊括在内。

（2）利润点——客户价值

海尔在满足客户的个性化需求方面，首先，理念就是从客户需求出发，一切以客户为中心。其次，海尔不同的品牌针对不同的客户群体进行定位，满足了不同客户的个性化需求。以统帅电器为例，定位“轻时尚”，以年轻群体为营销对象，给年轻的受众在家电的定制方面提供多种可选择项，客户参与家电的设计，无论是单件的家电还是家电套系，年轻的客户群体都可以提出自己的定制需求，统帅根据客户提供的定制要求进行产品的设计、生产，这为产品的销售奠定了基础，基本上“按单定制、按单出售”，在很大程度上节省了营销的成本。另外，海尔品牌的质量过硬，设计、生产的合作伙伴都是高技术的团体，这也为海尔赢得了口碑，为客户提供了信心。

海尔实施的 C2B 电商盈利模式，即个性化定制的理念，也有利于企业与客户的议价。在该模式下，企业能够降低库存成本、营销花费，客户可以减少选择时间与精力的花费、满足自己定制的需求，因此双方之间的价格商议变得可行，客户能够减少花费，企业可以拿到利润。另外，海尔线下店面与电子商务的结合也为客户价值的达成起到了推动作用，线下的体验可以补充电子商务不能实体感受的缺陷，为 C2B 电商模式赢得了更多的客户。海尔同时提供了特色的物流配送系统（全国范围内、国际范围上的即时送达）、完善的客户管理系统（售前信息收集，售中客户参与产品设计，售后客户回访与追踪，与合作伙伴包括材料供应商、产品分销单位之间的客户信息共享等），为客户价值的实现提供多层保障。

（3）利润杠杆——经营活动

海尔鼓励自己的每个员工都是创业单元，员工与自己的客户融为一体，自己挖掘客户、发展客户并负责客户的维护。海尔把以前的以企业为中心进行产品的设计、生产转为以客户为中心，由员工进行发现，而企业则从员工那里确定产品的设计方向。这与海尔 C2B 模式的个性化定制相契合，当员工挖掘到客户时，可以根据客户的个性化需求，把产品的设计方向回馈给企业，企业进行产品的设计、投产，然后定向销售，没有库存，无须营销。

海尔多品牌并立，产品从定位到种类覆盖面非常广泛。海尔以家电著称，其家电品牌包括海尔——绿色理念、统帅——轻时尚、卡萨帝——创意家电、AQUQ——珍惜水源的洗衣机、斐雪派克——艺术家电、GE Appliances——艺术厨房等，多个品牌、不同的定位、不同的客户群体，为海尔产品的市场提供了保障。

海尔自己特有的物流系统版块为其产品的售后配送提供了保障，日日顺物流提供从中心城市至三、四线城市的物流配送，“及时送达，随时上门”的服务理念及能力为海尔物流赢得了声望，也为海尔的品牌添加了保障。

海尔的互联网终端分析客户信息、共享客户信息，将产品的“来龙”（员工从客户那获得客户的需求信息）“去脉”（个性化定制决定了客户、物流体系保障了产品的配送）通过企业自己创建的客户信息共享网络与企业内部各个部门、企业的各个合作伙伴共享，开发新客户的同时维护老客户。

3. 海尔 C2B 模式的利润源

（1）产品销售收入

海尔收入的主要部分是家电产品的销售带来的。海尔的产品种类齐全，分为两大类——家电和厨卫，主要包括洗衣机、空调、热水器、电冰箱等，受众范围广，各类客户通过海尔的网上商城进行产品的定制与订购，网上商城的价格比一般的实体商店的价格优惠（优惠部分是由企业通过 C2B 模式降低成本部分形成的）。此外，如果客户入驻为会员，则会享受到相应的会员价、会员积分兑换等更加优惠的权益。

（2）装备部品收入

装备部品收入来源于海尔旗下的装备部品制造集团，是独立于产品销售的一部分收入。装备部品专注于各种家电产品、电子产品、通信器材等，提供关于相关配件的设计、加工、制造、包装等服务，通过加工、生产、销售为海尔带来收入。

（3）渠道综合服务收入及其他

渠道综合服务收入包括物流收入和分销与服务收入两部分。日日顺物流利用自身仓储、配送一体化的优势，提供配送、组装一条龙服务。贝业新兄弟物流重点是家居和卫浴两类产品的配送，它通过自己特有的供应链管理系统不断开发新客户，并成功地巩固客户基础，与日日顺物流协同发展，物流配送的范围与能力不断提升，为海尔带来的收入也逐年增加。

分销与服务的收入是海尔以“零售”的模式提供的服务。在一切以客户为中心的理念下，从服务的增值角度、实体店的销售环境方面为客户提供贴心的服务，依然设置定制化模块，从满足客户的个性化需求的角度出发。其他收入则是海尔的一些非主要产业的收入，除了家电还有医药、地产、金控等收入，海尔的这些业务作为辅助产业，为海尔的家电销售提供助力，并获得一小部分的收入。

6.1.3 海尔 C2B 模式的启示

从海尔多年的应用中可以看出，C2B 模式将是未来企业抓住客户的法宝。海尔在保证提供高质量产品的前提下，充分借助互联网、大数据的优势，探寻客户的个性化需求，提升客户满意度的同时增强自己在市场中的竞争力。

1. 优势分析

（1）外部宏观环境的支撑

外部环境中对 C2B 模式起关键性作用的有网络、用户和政策。

一是互联网为 C2B 模式的发展与成熟提供了肥沃的土壤，供产销链条的前期用户信息的获得、中期企业与用户的信息沟通及价格博弈等方面、后期产品的配送及售后服务等方面都离不开互联网技术的支撑，整个链条的持续循环是在互联网技术的保障下进行的。

二是用户的需求。随着生活水平的提升，我国的主要矛盾演变成人民日益增长的美好生活需求和不平衡不充分的发展之间的矛盾，同时这是企业发展的契机。用户当下的需求更注重个性化，这正是企业应用 C2B 模式的大好时机，既能满足时下用户的不同需求，缓解当前用户的需求矛盾，也为企业的发展方向提供了指引。

三是国家政策的支撑。在党的报告大会上国家就提出过推动工业化与信息化的加速融合，促进企业的互联网化升级与转型，推动产品的个性化销售。由此可见，国家对于个性化定制、对于满足用户的个性化需求的重视。

海尔对于 C2B 模式的选择先于他人，且顺应时代的发展趋势。海尔在 2012 年首推“海尔电器个性化定制”，开启了个性化定制的元年。正因为海尔利用成熟的互联网技术、抓住用户的需求点、响应国家的政策号召，其才能够在 C2B 模式的道路走得越发成功。

（2）用户数据的支持

C2B 模式应用的前提是海量的用户数据的支持，通过对用户需求信息的筛选、分析得出不同用户的个性化需求，然后有针对性地进行产品的设计。互联网时代的电商平台保证了用户数据的提供，不同的用户在电商平台的一切行为，包括产品的选择、浏览过的产品种类、对某个产品的关注时间、对产品的评价等数据都可以成为企业获取的用户信息。企业通过电商平台的用户信息记录可以分析出用户的性别、兴趣方向、爱好特征、职业种类、购买能力等，对用户的种种信息进行交互分析、轨迹分析、抽样分析，通过整合各种分析结果对用户不同倾向的产品的价格范围、个性卖点、功能需求等有一个前期的认知（这也是降低个性化成本的一个途径），然后以此为基础进行企业产品的研究开发、设计及投产。

另外，数据的获得与成功使用是两个不同的概念，大数据的挖掘是成功地分析大量数据的手段。通过数据的挖掘，企业能够得到不同用户对于不同产品的个性化需求、评价的类别等信息，从而为企业满足用户的个性化需求提供信息支撑。海尔在用户数据的使用上做得非常完善，在其网络化阶段的战略引领下，充分利用互联网的数据资源，对用户的信息进行整合、分析、利用，对企业自身的产品进行指导，在保证产品高质量的前提下，为用户提供个性化的服务，满足用户个性化需求，进而提高企业自己的市场占有率。

（3）高竞争力的物流体系

海尔 C2B 模式的顺利运行离不开其独立的物流配送体系的后续保障。海尔旗下的日日顺物流、贝业新兄弟物流为海尔搭建了强大的物流系统。

日日顺物流有先进的管理体系和高超的物流能力，它拥有国际上顶级的网络资源，其构建的仓库储存、产品配送、物流服务、物流信息的网络体系为日日顺物流提供了强大的保障和支撑。在上述网络体系的支撑下，日日顺物流为客户提供全方位、一体化、一条龙的物流服务，其配送的产品范围（家电、卫浴设施、家具等）及地域范围（重要城市至三、四线城市）非常广泛，其特有的“三度”[①]配送理念为海尔的产品配送提供了坚实的保障。日日顺物流还提供“配送安装同步”的服务，配送与安装同时进行，专业的技术人员进行产品的安装与使用讲解，为海尔的产品赢得了更多客户的青睐。

海尔的另一物流配送系统是贝业新兄弟物流，海尔与贝业新兄弟物流进行战略性合作，贝业新兄弟物流在不改变自己大家居配送的主要业务的前提下，与日日顺物流配合。贝业新兄弟

---

① “三度”是指深度、广度、速度。深度，配送范围涉及大型城市及三、四线城市的全覆盖；广度，日日顺物流在全国有上千个配送专线和服务网点；速度，全国范围内有近百个仓库和六千多个服务中心，为日日顺物流速度提供保障。

物流借用日日顺物流的网点支撑、结合自己多年积累的资源，为海尔的物流配送提供很好的辅助保障。贝业新兄弟物流有自己完善的内部运营系统，在人员管理上、物流配送的细节处理上有自己独特的解决方案。在业务量特别大的时候，如“双 11”“双 12”等，贝业新兄弟物流选择按照客户的订单进行货物分拣来避免二次配送问题；在配送路线的选择上，贝业新兄弟物流利用智能路线调配系统选择最佳的配送路线；在人员的管理上，如在遇到急需大量人员的时候，贝业新兄弟物流会在提前两个月的时间内进行外包人员的培训，保证货物的顺利配送；在货物的实时跟踪上，贝业新兄弟物流在货物的订单上都印有二维码，通过二维码的扫描进行信息的随时跟踪。贝业新兄弟物流将自己的内、外系统进行对接，保证企业内、外之间信息互通，信息的共享为贝业新兄弟物流的系统管理减少了屏障。

海尔的 C2B 业务在日日顺物流与贝业新兄弟物流的“护航”下少了后顾之忧，强大的物流系统也为海尔的品牌做了推广，并拓宽了客户群体。

2. 不足与建议

客户对于商品的个性化需求为 C2B 模式发展、应用提供了肥沃的土壤，但是，企业在应用与推广 C2B 模式的道路上还存在很多需要解决的问题。

第一，C2B 模式的个性化定制需要极大的客户信息流，信息流量的来源就是无处不在的互联网。互联网、大数据将全球各地的客户集中到一起，对于 C2B 模式的发展有利有弊，其在丰富客户流量的同时，增加了企业对客户信息进行筛选的难度。企业在得到大量的客户信息后，需要具有精准的分析能力，需要能够从海量的信息中筛选出有价值的、精确的信息，从而确定客户的精准需求，为客户提供满意的服务。

第二，C2B 模式下的个性化定制决定其面对的是一个个的客户个体。因此，要求产品的种类多，但是每个种类的需求量很少，与批量化的生产相比，这将会增加企业的设计成本、生产成本，减缓企业收入的增长速度。解决这个问题就要求企业具备柔性化生产（按需生产，利用机器的自动化与智能化进行产品多样、批量小的生产方式，其恰好与 C2B 的个性化定制的特点相匹配）的能力。

第三，客户的高期望值对企业产品的高要求。因为这是个性化定制，客户部分地参与了产品的设计，所以客户对于企业提供的产品会有很高的期盼，如果企业提供的产品不能达到客户的期望值，那么将会对企业的品牌造成负面影响，同时会失去客户的支持。因此，这就要求企业提高自身的设计水平、生产能力，在满足客户需求的同时提高自己的市场竞争力。

第四，产品的生产周期的问题。C2B 的个性化定制对产品的生产流程有严格的要求，企业需经过精密、复杂的设计，生产车间才能完美地完成客户定制的产品，这就延长了产品的生产周期，降低了企业的生产效率（海尔定制化电器的更迭速度缓慢，体现出的是产品生产周期长的弊端）。此外，客户订单的不确定性对产品的生产周期也造成了影响。企业要想提高生产效率，需要设计更加优化的、既能满足客户需求又能提高效率的生产流程、生产工艺。

第五，C2B 模式对企业供应链的改变。海尔提出个性化定制之前，自己生产何种型号的产品就相应销售什么样的产品，自从采用个性化定制的模式之后，坚持一切以客户为中心，根据客户的定制需求进行产品的设计与生产，这对海尔内部供应链的升级提出了要求。其他的电子商务模式是"以产定销"，企业作为供应链上的引领者，推动整个供应链的运转。在 C2B 模式下，客户作为供应链的起点，企业作为"追随者"，成为客户拉动企业生产的方式。供应链方向的转变需要企业尽快地转变、升级自身的供应链，以适应 C2B 电子商务盈利模式下对供应链的要求。

6.2 案例 15 报喜鸟：上门量体的 C2B 定制模式

6.2.1 报喜鸟 C2B 模式简介

报喜鸟目前拥有或代理的品牌有报喜鸟、HAZZYS、恺米切、宝鸟等，基本形成运作较为成熟的品牌群，做到标准、可复制，管理效率得到提升。同时，零售品牌通过直营平台、奥莱平台、电商平台、供应链平台等形成协同效应，实现资源共享、协调发展，扩大品牌规模效应。为满足消费者日益时尚化、个性化的着装需求，结合服装行业互联网化的趋势，报喜鸟推进私人定制业务，率先开辟 C2B 个性化定制业务的蓝海，2014 年全面推进 C2B 模式下服装全品类私人定制业务的开展。报喜鸟凭借主品牌报喜鸟开展私人量体定制业务经验，利用精湛的生产工艺技术、高水平的自动智能化设备、700 多家服务网点、300 多名高水平量体师，收集了大量的消费者量体形成的数据组成版型数据库，为消费者提供差异化的私人定制服务。报喜鸟的 HYBRIS 系统将前台各个端口进行归集，并与生产、仓库链接，打通线上线下，为 C2B 全品类私人定制业务、电子商务业务提供技术支持。进而，与 SAP[①]签订战略合作备忘录，实施 SAP 智能制造解决方案，实现智慧化生产及产业链云平台，实现了智能制造在中国服装行业中的首次应用。

在报喜鸟的 C2B 定制业务过程中，整个流程最多只需 10 天。当消费者通过线下门店、电话或官方网站下单时，数据将自动传至车间后台，自动生成样板，完成自动制版、裁剪等。公司为每一件下单衣服进行编码，并转入专属芯片，流转到每一生产流程，使一人一版的定制生产也可以实现流水线生产般的精准、快捷。至今，报喜鸟已陆续为智能化生产布局投入数亿元，从技术上保障了定制业务的有效运行。根据报喜鸟当前生产能力，C2B 定制业务的产量每年可达十万套。报喜鸟着重发展 C2B 个性化定制业务，开创了服装业互联网 C2B 个性化定制的先河，其 C2B 私人定制业务收入占主营业务比重已达约 20%，曾被评为全国范围内智能制造技术的典范。

6.2.2 报喜鸟 C2B 定制模式分析

私人定制模式就是结合客户自身的要求，一对一量体定制完全符合定制者身型和品位的服

① SAP 为"System Applications and Products"的简称，是 SAP 公司的产品——企业管理解决方案的软件名称。

装，量体师可在 72 小时内上门免费量体搭配，360 小时内交付成衣。这种 C2B 定制突破了传统服装行业批量生产模式，实现了个性化定制。报喜鸟从推出量体定制业务开始便逐步扩大量体定制的规模，从初期的几个城市、几家店铺到全国范围数百家店铺，凭借主品牌开展私人量体定制业务经验及精湛的生产工艺技术，已为数十万名消费者量体并形成数据库。同时，其全渠道模式的建立解决了消费者购买流程与体验的问题。报喜鸟 C2B 运营流程如图 6-1 所示。

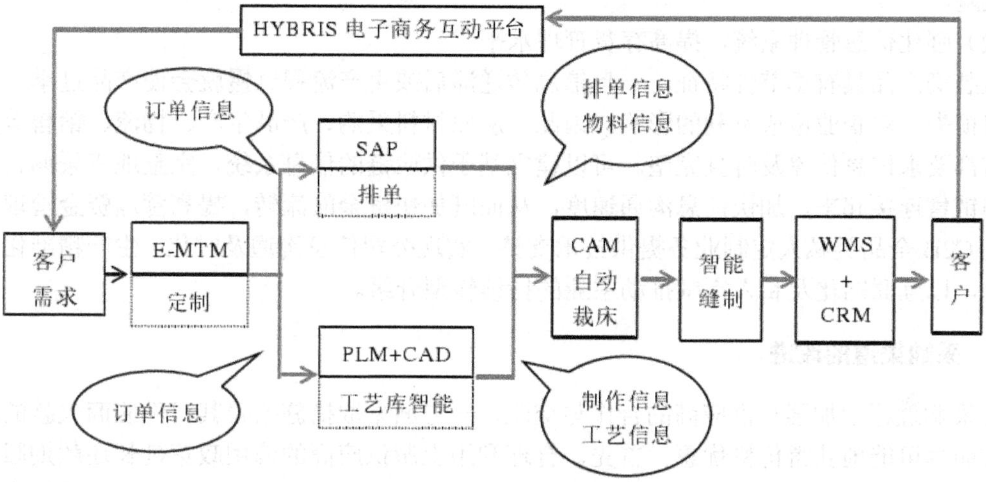

图 6-1 报喜鸟 C2B 运营流程

报喜鸟结合移动互联网及大数据技术，打通线上与线下，提供全方位、多品牌、互动与服务结合的全渠道购物体验，同时借助智能制造技术的发展，积极推进内部转型升级，成立云翼智能平台，利用升级改造后的 MTM①智能制造透明云工厂，结合私享云定制平台和纷享云大数据平台的数据支持，为私人定制店及消费者提供全方位、一站式私人定制服务，充分满足消费者个性化、时尚化的需求，率先引领服装产业探索大规模个性化定制之路。

6.2.3 报喜鸟 C2B 模式启示

1. 企业整体层面的改进

（1）提高营运资金管理意识，改善营运资金结构

营运资金是企业正常进行生产经营的重要保证，财务管理是企业管理的核心，需要着重关注营运资金管理，将营运资金与企业的生存与发展联系起来。为此，要求企业上下都要结合市场竞争环境和企业内部的管理实际，增强营运资金的效率意识。要在预算管理、财务风险管理及成本控制等方面加强财务指标的分析与评价，统筹规划资金管理，科学分配资金去向，加快资金周转，减少资金浪费，营造人人重视资金管理的内部氛围。每个部门各类款项的支付，要严格遵守审核审批制度。对于营运资金的使用，既要注重收益性，又要从企业整体考虑，对采

① MTM（Methods Time Measurement，方法时间测量），目标之一是实现工厂数据的实时化，从而让工厂更加透明和可控，也只有做到实时性，才能更好地实现所谓的智能制造。

购、生产和销售等部门合理调配，做好资金预算，保证企业经营活动的顺利进行。

在营运资金结构方面，报喜鸟经营所需的流动资金主要通过短期借款补充，短期借款在流动负债总额中所占比例较大。从成本角度考虑，短期借款的成本虽然比股权融资、长期借款等的成本低，但从风险角度考虑，由于短期借款需要在较短时间内还本付息，容易导致资金链断裂，财务风险较大。因此，可以选择多样化的融资方式，适度增加长期借款和股权融资，控制财务风险。

（2）强化信息管理系统，提高存货管理水平

服装类产品具有季节性特征，一旦信息传递滞后或生产流程过慢就会使产品过季，从而发生减值损失，对企业造成不利的影响。因此，从原材料采购、产品生产、物流、销售等的每一个环节都要求信息传递及时且完整。可以建立基于供应链的信息系统，完整地将采购、仓储、生产和销售连接起来，加快信息沟通速度，从而既加快资金的流转，提高营运资金管理绩效，又能为 C2B 全品类私人定制业务提供技术支持，实现公司信息沟通及时化、生产精准化和库存最优化，以互联网化及私人定制推动主业的持续转型升级。

2. 采购渠道的改进

在采购过程中加强与供应商的合作与交流，一方面采取措施改善其对供应商欠款的现象，另一方面尽可能地获得价格优惠。首先，合理利用上游供应商的信用政策延长还款期限固然可以通过占用供应商的资金提高自身的资金利用效率，但信誉是企业参与商业合作的根本，若过分拖欠货款将使企业信誉受到影响，从而影响公司与供应商的关系。C2B 定制业务的利润率比传统的销售业务高很多，因此当企业资金周转顺利时，应及时支付货款。其次，C2B 定制主要经营品类为衬衫、西服等，其成本的构成主要包括面料费用、职工工资和职工福利费、燃料及动力等制造费用，其中原材料成本占产品总成本的 40%～60%。因此，建立与供应商的“共赢”机制，控制采购过程中原材料的成本对企业盈利至关重要。在采购环节，建立与优质供应商的长期合作关系，从而既能在一定程度上保证原材料供应的质量与及时性，又能享受上游供应商更多价格方面的优惠及付款的信用期限，提高采购过程中营运资金的运转能力。

3. 生产渠道的改进

在生产研发过程中，研发投入的减少将影响公司的持续创新能力，当服装业其他竞争对手开始模仿，相继推出基于互联网平台的个性化定制时，服装企业之间的差异将会缩小。当定制的服装数量达到一定规模，服装行业的数据库中将定制服装样本的数量积累到足够多的数量时，个性化定制将接近规模化生产。虽然规模化生产能实现规模经济效应而降低成本，但这种大规模的生产销售模式无疑又倒退到了起点。因此，在 C2B 模式发展过程中，不断注入创新活力，掌握先进技术，树立竞争优势，防止 C2B 私人定制成为行业标准化生产，保护及持续开发其率先开辟的蓝海。这需要从员工与技术角度进行改善。

一方面，人才是创新的资本。应采取措施鼓励员工的创新积极性，如建立健全员工激励制度，建设人才培养体系，加强对员工的教育和培训，尽可能地满足员工各方面的需求，激发员工的工作热情、提高效率，等等，以加快生产渠道营运资金的周转。另一方面，C2B 平台应增加技术和资源的投入，以提高网站及平台的运营效率，提高用户体验满意度。另外，企业也要增强对服装潮流的敏感度，加强对服装新款式的研究与开发，通过对市场和客户的需求分析，

不断研发新产品，发掘消费者的潜在购买力。

4. 营销渠道的改进

在营销过程中，企业应树立以客户为中心的意识，并扩大市场开发。如今企业的营销战略已由 4P（Product，Place，Price，Promotion）向 4C（Consumer，Cost，Convenience，Communication）演变，以消费者为中心的生产及服务更符合现代社会的要求。企业更应以消费者为中心，将关注点转移到能直接影响营销渠道营运资金的客户上显得更为重要。C2B 业务可以借助其智能制造技术及大数据处理能力，记录客户的购买偏好，通过对数据的收集分析，总结不同类型消费者的偏好及需求，有针对性地推广新产品及提供个性化服务，增强客户"黏性"，提高企业的营销能力。通过扩大 C2B 业务的规模，根据客户订单进行对接化生产，有利于减少对仓库的占用率，削减成本，提高营销渠道的营运资金管理绩效。

此外，C2B 业务的销售平台还相对较少，知名度及占有市场也相对受到限制。因此，一方面可进一步拓宽国内线上销售平台，如进驻京东商城、开发 App、微信平台等渠道；另一方面可将国内的优质产品销售到国外市场，开发国内外定制消费市场，这样有利于扩大报喜鸟定制业务的销售规模和范围，提高营销渠道的营运资金周转效率，促使 C2B 全品类私人定制业务进一步发展。

6.3 案例 16 韩都衣舍：创新型 C2B 运营体系的构建

6.3.1 韩都衣舍电商模式简介

一些专注于线下销售的品牌，如"美特斯邦威""真维斯""森马"等纷纷建立电子商务销售渠道，加入线上销售渠道的竞争；同时年轻的电子商务品牌也逐渐崛起，如"韩都衣舍""七格格""茵曼""妖精的口袋"等，与传统的服装企业展开竞争，其中还包括因为内容电商的崛起造就的一批"年轻"品牌，如"张大奕""Lin Edition Limited（简称 Lin）""ANNA IT IS AMAZING（简称 ASM）""钱夫人家雪梨定制""Jupiter"等。近年来，市场对于服装的需求日趋多样化，"快时尚"服装品牌快速崛起，一些国际知名企业直接或者以合资公司的形式进入我国市场，如"UNIQLO""ZARA""URBANRENEWAL（简称 UR）""H&M"等，门店数量增长迅速，同时建立电子商务渠道，加入线上销售渠道的竞争。服装作为电子商务的第一品类，在这样一个优胜劣汰、弱肉强食的竞争市场，品牌商品是否能被更多消费者接受并购买，绝对是衡量它们是否成功的唯一标准。

韩都衣舍从成立之初到现阶段，大体可以分为以下几个阶段。

1. 代购起步，瞄准女装

韩都衣舍创立之初主要从事化妆品及母婴用品的代购工作，意识到互联网正处于高速发展时期，要做电商就要做自己的品牌，仅仅靠代购是不行的，于是，2008 年 3 月韩都衣舍在济南的一个破旧仓库正式成立，定位“韩风快时尚”，凭借超多的款式、超快的上新速度、较高的性价比，不到一年时间“韩都衣舍”四个字在淘宝网上迅速走红，韩都衣舍赚到了自己的第一桶金。

2. 创立品牌，搭建 IOSSP①

韩都衣舍成立以来逐渐发现消费者根本不是冲着韩国品牌而来的，而是喜欢韩国风，是冲着服装的款式而来的，这更加坚定了韩都衣舍做自己的品牌的决心。不久，韩都衣舍正式推出自己的第一个品牌 Hstyle，定位于 20～35 岁的中国都市时尚女性，为她们提供韩风快时尚女装。韩都衣舍摸索出了小组制的模式：每 3 个人为一个小组，1 个设计师负责产品研发，1 个页面制作专员负责销售，1 个货品管理专员管理库存和采购。3 个人组成了一个小小的公司，所有事情由 3 个人全权负责。韩都衣舍就是由一个个三人制的小公司组成的大公司。从此小组制成了韩都衣舍的发动机，带动韩都衣舍开启了高速发展通道，销售额成倍地增长。之后，韩都衣舍成功推出了多个自己的品牌。对于多个品牌如何共存的问题，韩都衣舍顺理成章地搭建了自己的 IOSSP 体系：所有无法标准化的、需要体现创意的环节，如选款、改款、页面设计、打折促销等，应该由小组来做；所有可以标准化、获得规模经济的环节，如客户、市场推广、供应链、摄影等，应该由公司统一来做。在单品全程运营体系的支撑下，韩都衣舍的销售额迅速增长。

3. 品牌孵化，成人达己

韩都衣舍意识到仅仅依靠一两个品牌是远远不够的，于是第一个子品牌韩风快时尚男装 AMH 上线，之后又相继推出了 3 个品牌。韩都衣舍将自己公司的战略调整为以小组制为核心的单品全程运营体系为支撑的品牌孵化战略。品牌孵化战略又分为内部孵化和外部孵化。其中内部孵化以小组制模式为基础，运营良好、比较成熟的小组可以在公司的帮助下申请成为品牌，而成熟的品牌又可以申请成为子公司，子公司可以孵化自己的品牌，品牌又可以孵化出更多的小组，如此的良性循环保证了韩都衣舍每年都有新鲜血液源源不断地注入。不仅如此，韩都衣舍又积极与外部的品牌进行合作交流，用自己在运营方面的优势与其他在设计、营销等方面有优势的品牌进行合作，达到互惠互赢，实现外部品牌孵化。

4. 双轮驱动，重构定位

互联网服装行业竞争激烈，韩都衣舍决定继续完善自己的运营体系，从简单的单品运营体系发展到现在的七大运营系统。有了这七大系统作为基础，韩都衣舍同时成立两大运营基地：韩都动力和智汇蓝海。将战略从多品牌孵化转变为互联网品牌生态运营商，全面开放韩都衣舍的后台支撑体系，搭建中间层平台，与其他品牌和天猫、京东、唯品会对接，并提供品牌推广、产品运营、摄影及客服、仓储供应链等相关服务。由韩都衣舍主导运营，打造二级共享平台，从互联网服装品牌快速切入，逐渐开拓化妆品、家居、时尚居家、汽车用品等第二圈层；然后吸引各类 O2O 项目、跨境电商、互联网金融、互联网服务业等第三圈层创新项目进入；在形成品牌群的基础上，汇聚竞争力强的互联网公司，吸引资本、培训、咨询、新媒体、政府、财务

---

① IOSSP 是指以产品小组制为核心的单品全程运营体系，英文全称为“Integrated Operating System for Single Product”。

法务等行业进入，形成极具竞争力的“互联网产业集群”，打造完整的互联网品牌生态孵化体系。

韩都衣舍创造了“多款、少量、快速”“以产品小组为核心的单品全程运营体系”，每一款产品从设计、生产到销售都以“产品小组”为核心，企划、摄影、生产、营销、客服、物流等相关业务环节配合，全程数据化、精细化的运营管理系统，“多款少量、以销定产”，最大限度地发挥互联网的优势。

韩都衣舍的运营体系如图 6-2 所示。根据策划部和运营部的计划，结合产品小组的设计方案，产品中心可以较为准确地确定下一个季节产品的款式、品类、尺码等，物料部根据相关的数据与面料供应商和配件供应商做好物资采购和前期处理工作；技术部会根据产品小组的设计方案确定最终需要生产的产品的款式、数量、尺码等，并为产品小组的设计提供相关的建议和改进措施，之后确定最终的生产方案，由生产中心迅速组织产前打样；交付检测部检测之后立即组织生产，生产完成之后由品控部检验入库，最后进入仓储物流中心。产品小组对整个产品的生产过程予以实时跟踪，及时设计完成营销页面并投入营销流程。整合后的柔性供应链体系可以保证 20 天的交货周期和最小 50 件的起订量，并确保产品质量的有效控制，为各个小组满足市场需求、满意服务顾客提供了保障。

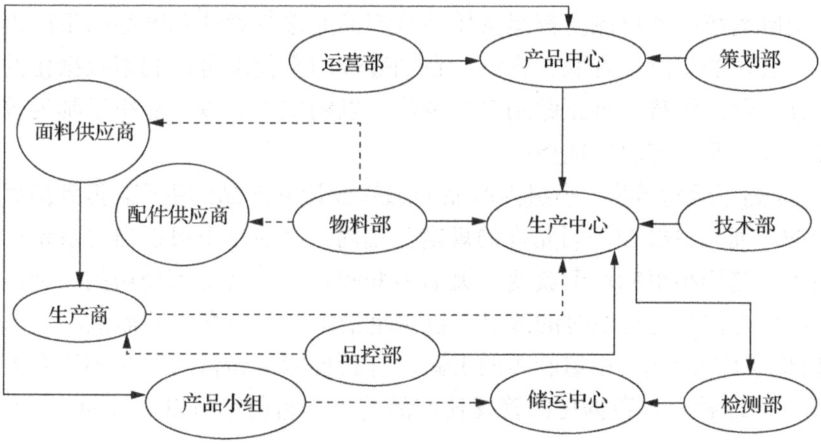

图 6-2 韩都衣舍的运营体系

6.3.2 韩都衣舍 C2B 模式分析

1. 韩都衣舍以“爆旺平滞”算法为驱动的 C2B 运营体系

为了应对自己“少量多款”带来的库存压力，韩都衣舍开启了一个大数据下的 C2B“曝旺平滞”算法。首先，在海量款式中发现哪些款式属于爆款，哪些属于平滞款，通过各种各样的数据做好不同款式的判断和分析。然后，通过对这些款式进行判断和分析制定一套完整规则，规定哪些款式是可以做返单和追单的。韩都衣舍所有运行规则都是通过点击、转化、上新时间等数据推算出来的，这里边有很多数据纬度可以进入返单和推单的池中，进入以后才能有返单的权利。对于平款和滞款，韩都衣舍会通过打折促销的方式及时处置，通过这种大数据下的 C2B“曝旺平滞”算法，韩都衣舍每年的售罄率都比较高，把库存风险控制到最小。

2. 韩都衣舍的核心优势——小组制

小组制中每个小组由 3 人组成，这 3 人把韩都衣舍细分为一个个小小的“公司”，每个“公司”之间独立运营，独立核算。这 3 人中有 1 人是设计师，负责产品的款式设计工作；有 1 人是货品管理员，负责产品的采购及库存管理工作；还有 1 人是页面制作专员，负责产品的宣传导购工作；3 人中还会选出一名组长。从产品的选款到产品的生产，再到产品的宣传及打折促销，3 个人各司其职，互相配合。

韩都衣舍给每个小组很大的权利，每个小组的责任、权利及利润分享由小组 3 人自己决定，在小组内实现了“权、责、利”的统一。小组的权利包括款式的选择、产品的基准销售价格、尺码的区间及数量，以及是否参加打折促销活动等。小组的责任包括销售额的完成、产品的库存周转率及毛利率等。小组的利益由公司的业绩提成公式统一算出：业绩提成=销售额×毛利率×提成系数×销售额完成率。各个系数的决定方式也不同，提成系数由交易额来决定，库存周转率比照所有小组的平均库存周转率进行激励，不刻意去强调库存周转率应该做到多少。每个小组基本当日就能够计算所得，可以给予他们巨大的创业成就感，小组内的利润分享则由组长确定，公司不会干预。

以产品小组制为核心的单品全程运营体系从产品的选款设计到产品的生产再到销售都以产品小组为核心，公司的生产、客服、物流、企划等部门全程配合，利用数据化的运营管理系统最大化地发挥互联网的优势，真正做到多款少量、以销定产。以产品小组制为核心的单品全程运营体系主要有以下两个方面的优势：

① 极大地提高了运营效率。小组内产品的选款设计到产品的生产，再到最后的销售工作都是由 3 人决定的，而且只要在公司允许的规定范围内，产品小组可以自己决定产品是否上新、是否打折促销等，这样小组的运营就变得灵活多变起来，不会受到公司的束缚。对于消费者的反馈建议，小组也有权利进行及时的改进，以满足消费者日益变化的需求。

② 大大降低了库存风险。小组制内的上新及打折促销等运营活动全都依靠大数据下的 C2B“爆旺平滞”算法，这种全程数据化的管理使产品的当季售罄率可以达到 90%～95%，库存风险大大降低。

3. 韩都衣舍的支撑体系——互联网品牌生态系统

韩都衣舍在孵化品牌的同时没有忘记继续强化自身的优势，为了更好地支撑品牌的发展，韩都衣舍精心布局、投入巨资打造了一个拥有七大系统的完整支撑体系。

① 品牌创意与设计系统：覆盖线上线下、影视文娱，全方位、多角度、宽领域地配合品牌推广宣传，提升品牌知名度及美誉度。

② 营销系统：用数据传播渠道来推广产品，以及时、相关、定制化和节省成本的方式与消费者进行沟通，实现精准营销，大幅度提高市场推广效率。

③ 商业智能系统：主要聚焦于大数据和商业智能的延展，通过精准的计算，优化企业运作中涉及各个资源分配的节点，更好地服务于决策，使得决策更为合理科学，促使品牌更快地发展。

④ 客服系统：200 余人的客服团队，每天四班次在线及时解决顾客售前咨询及售后问题，制定了退货流程及退货机制，一旦相关退货到达仓库，能够快速将款项返还给客户，提高了客

户体验。

⑤ 中央储运系统："闪电物流"的运营策略，基本做到当天的订单在当天进行配送。韩都衣舍一直致力于仓储物流的建设，建立了独有的仓储系统，采购的所有产品都集中运达仓储中心，并且通过自己独有的 IT 系统和物流公司的系统实现对接，监控物流末端的配送速度和服务态度，实现产品快速、无误地送达客户手中。

⑥ 柔性供应链系统：由于"快时尚"类服饰的核心竞争优势在于款式多、更新速度快及成本控制严格，"快时尚"产品的定位决定了其供应链系统必须敏捷、灵活、快速反应，并且严格控制产品质量及产品成本。通过建立"多款式、小批量、多批次"及快速反应的供应链系统，对市场保持了快速、灵活的反应，同时降低了高库存的风险。

⑦ 专业集成服务系统：提供包括金融、税务、法务等其他方面的咨询服务。

6.3.3　韩都衣舍 C2B 模式启示

1. C2B 运营+柔性供应链实现交易双方价值增值

韩都衣舍通过前期对消费者需求信息的把握，秉承"快时尚"的发展模式，结合"小组制"运营模式充分引导和迎合消费者个性化需求。韩都衣舍主打韩风系列产品，看重韩国诸多"小而美"的本土原创设计师品牌。从韩都衣舍的问卷调查结果来看，大部分 20～30 岁的女性（这部分群体也是韩都衣舍的主要消费群体）希望购买的服饰类型正是时下韩剧主人公穿戴的款式。据此，韩都衣舍的买手们便出现在首尔各大购物中心，将搜寻到的款式结合用户的个性化需求进行开发，然后将样式图对接视觉中心转接到"小组制"商品制作环节进行服饰的生产。

制造型企业面临的一个很严峻的问题就是产品的库存问题，韩都衣舍围绕 C2B 模式展开，用售罄率倒逼各环节实现服饰单款生命周期管理。通过多款少量的订购方式在降低渠道压力的同时带来销售流量的增长。生产部门制出成品后，产品服饰开始投入网上进行试销。对于畅销的样品，企业会立即组织追加订单，生产部门通过前期预留的两到三成产能便可以立即响应追单。若样品滞销，则不会进入组织大批量生产环节。对于后期产品的销售管理，也做了充分的应对策略，主要体现在供应链对于产能的预留管控上。通过前期的试销，小组制中的订单管理员通过对接生产部门告知对方大概的生产需求量，生产部门依托前期的数据积累便可以进行相应的产能预留。服饰流行趋势的变动基本上是色彩和款式组合的变动，服装的面辅料基本不会有大的变动，所以生产部门可以据此备好面料。运营专员通过对接企划部收集用户收藏夹和购物车中的产品信息，由此可较为准确地判断用户对于服装款式的选择，据此组织生产部门进行生产。从满足用户个性化需求的角度出发完成成衣的制造，通过供应链全流程的数据共享，结合"买手小组制"的安排，韩都衣舍可以更为高效地响应用户的需求，提升用户购物体验，充分发挥网络协同的作用。

2. 阿米巴小组制模式

（1）小组制的创建流程以客户为中心，让员工掌握更多决策权

传统管理方式是正金字塔方式，由位于塔尖的管理者发号施令，通过层层传递，最后终端

被动执行，这被称为科层式的结构，被大多数企业采用。但经过长时间的实践应用发现，它在线上创业中存在明显的短板，导致更多的内部博弈出现。产品销量不好大家相互推诿抱怨，行动效率缓慢，而分薪、分资源也让员工缺乏主人翁意识。历来的流程是以企业为中心的，而互联网时代必须以客户为中心，运用逆向思维，韩都衣舍将整个金字塔倒过来，建立以客户为中心的自主经营体——小组制，在业务运营中让员工掌握最多的决策权。小组制就如同农村的联产承包责任制。

确定销售任务指标是产品小组责任，这点是不言而喻的。那么，韩都衣舍赋予他们怎样的权利呢？第一，确定款式。产品出什么款式，老总不做决定，也没有设计师总监来做决定，由组员自己做决定。第二，确定尺码及库存深度。自己确定到底生产几个尺码，三个还是五个；到底生产多少件，五百件或一千件。第三，确定基准销售价格。第四，确定参加哪些活动。钻展、聚划算、双 11 或狂欢节等，自己决定产品需要参加哪项活动。第五，确定打折节奏和深度，将大多数的业务权利放在了员工自己手里。

（2）分工协作，激励机制下自由匹配优化组合

韩都衣舍标准化的小组成员各司其职，产品开发专员主要完成产品设计，页面制作专员负责打开产品的详情页做照片修饰，而货品管理专员负责与生产和仓库对接，掌握产品的库存变化，依据销售动态来确定是继续下单还是进行促销。这个整体过程的最终决策由三人商量敲定。韩都衣舍支持小组成员自由匹配，分发奖金时以小组为单位而不是个人，具体内部分配由组长决定。所以，员工的向上状态都是自发的，不需要领导每天去督促。能者多得，按劳分配，虽没有特设淘汰机制，但无论优劣都会有小组自行解散重组，因为作为组长一般奖金会多于组员，所以一些组员通过一段时间的实践锻炼后，认为自己也可以胜任组长一职，就会出来组织自己的小组。而这时解散出的相对较弱的成员就会奔向这个经验比较丰富的员工，这就好像市场的良性循环一样，形成了内部人才的优化匹配。

3. 对大数据的运用

韩都衣舍在采集、分析用户数据方面不遗余力。首先，在用户注册界面上，韩都衣舍除了提供一般的注册界面，还允许用户通过 QQ、微信、新浪微博等进行注册登录，此举在为用户注册提供便利的同时，为企业获得用户更多的个人信息开辟了渠道，使得公司可以获取更多对把握用户偏好有用的数据；其次，为了使数据分析的结果更加有效，在类似天猫、京东、唯品会、当当网等主流大型电子商务平台进行产品的投放销售。通过获取多个而不是单一电商平台的销售数据，韩都衣舍能够更好地分析用户需求，进而调整产品的生产、投放方式。

用户在购物的过程中会产生大量的行为数据，韩都衣舍将这些购物信息与前期获得的用户个人基本资料数据进行匹配，就可以对用户进行相应的抽样分析、交叉定点分析及群体分析。不断沉淀的购物数据使得韩都衣舍可以借此判断旗下不同产品的受欢迎程度，较为精准地掌握消费者乐于接受的产品主流价格分布区间。对产品的关键属性、不同产品的流量信息、成交量等维度进行建模，进而得出产品主流价格段分布、功能卖点及迎合不同消费者需求的差异化卖点，利用这些信息指导企业产品的生产。

本章小结

C2B 模式是一种新兴的电子商务模式，即消费者对生产企业的电商模式，首先由消费者提出自己的需求，再由企业根据消费者提出的自身需求进行生产的电商模式。C2B 模式是以消费者的个性化需求导向来主导企业生产的，改变了传统电商市场以生产主导消费的观念。同时消费者也参与到了整个供应链系统之中来驱动和决定厂商的生产。本章选取 3 个企业的 C2B 电子商务案例，分别分析了海尔的 C2B 创新性盈利模式、报喜鸟的 C2B 定制模式，以及韩都衣舍的创新型 C2B 运营体系。

本章实训

实训案例

海上第一网 C2B 模式

中国 5000 年渔业史进程将被“互联网+渔网”模式彻底改变，海鲜第一次走 C2B 预售模式：顾客在主流电商平台聚划算上下单，海上渔船就开始从海里捕捞，渔船上铺设 4G 网络，海鲜加工厂搬到海上（亚洲第一大海鲜加工船），实现捕捞加工的无缝对接，30 分钟加工完毕，进入冷链物流，在 48 小时内快速送达顾客。值得注意的是，顾客可以实时查询订单全过程的履行状态。

1．海鲜 C2B 电商的运营模式

阿里巴巴聚划算与浙江省瑞安市华盛水产有限公司（以下简称华盛水产）共同组织的“海上第一网——中国海洋渔业互联网启航仪式”隆重举行。在东海待命的亚洲最大的海上移动加工船——华盛“渔加 2 号”准时在 10 点启动本次起航仪式，下令捕捞，在百舸争流的壮观场面中为买家奉上第一网收获。其运营模式如下：

① 预售。买家通过淘宝聚划算整点限时在线抢拍，海上捕捞船上部署了 4G 网络和海事卫星设备，随时接受网络订单。上午 10 点，聚划算团购平台开启，已经在海上率领百艘渔船出海作业的华盛“渔加 2 号”，也将准时在 10 点启动起航仪式，下令捕捞。将百艘捕捞船第一网捕捞上来的 25 吨虾皮在 30 分钟内制成干制品，拿出 1000 份供买家 9.9 元秒杀。

② 捕捞。接到订单后，海上将组织百艘捕捞船，第一网捕捞上来的 25 吨虾皮将直接满足网上的预售订单。

③ 海上加工。特别值得一提的是海上加工模式。创造这一神话的华盛水产，将加工厂搬到海上，实现捕捞与加工的无缝对接，开创了中国唯一的海上鲜活加工模式。这艘 4800 吨级、号称亚洲最大的海上水产干制品移动加工船成为海上移动的加工工厂。

④ 快速物流。海上移动的加工工厂完成加工后第一时间将产品快速运输到岸，直接装运顺丰的飞机，在 48 小时内，全程冷链物流送到顾客手上。上海、广州等沿海城市一般在接到

订单后24小时内配送到位，内陆城市保证48小时内配送到位。

⑤ 客户服务。移动信号铺上船的“渔加2号”，在活动开始后，客服人员第一时间在浩瀚的东海上为聚划算的买家实时提供订单服务。买家不仅可以进行抢拍，还可以通过农鲜达官方微信、微博直播，实时了解自己拍得的宝贝在海上的状态，即渔民把鱼虾从捕捞上船，送到加工船收购，然后进行清洗、蒸煮、干燥、冷却、包装、冷藏的每一个过程。

⑥ 过程可视化。顾客可以实时查询订单在海上捕捞、加工、物流过程的一切状态。

2．海鲜C2B电商模式价值分析

“渔网+互联网”推动中国海洋渔业转型升级。“电商巨头”与“渔业航母”的强强合作，标志着我国传统海洋加工业在互联网时代，从海上一步通过计算机到达消费者终端，迈出电商新步伐，为业界创新打造出一个全新的合作模式。

近年来，电商以有效减少流通环节、大幅度降低流通费用等优势，横扫各行各业，而生鲜因为对冷链物流的高要求，一直发展滞后，“最后一千米”成了困扰各个生鲜电商的难题。面对电子商务强劲的发展势头，为开拓更为广阔的市场，华盛水产依托自身强大的资源优势，通过互联网生鲜领先品牌——北京农鲜达农产品有限责任公司，牵手淘宝聚划算，共同举办“海上第一网——中国海洋渔业互联网启航仪式”大型活动，撒出“电商第一网”，彻底打破了禁锢中国海洋渔业现代化、市场化发展的重重壁垒，实现中国海洋渔业渔网与互联网之间的第一次碰撞，为业界创新打造了全新的营销物流模式，凭借最新信息技术和现代物流技术的应用，提升了物流服务水平，为买家抢拍活动提供支持，在最短的时间内将新鲜的海产品送到买家手中。

实训内容：分析“海上第一网”的营销模式及其商业价值。

实训要求：形成一份案例分析报告。

复习思考

1. 分析海尔的C2B盈利模式。
2. 分析海尔C2B模式带来的启示。
3. 分析报喜鸟的C2B定制模式。
4. 分析韩都衣舍的C2B运营创新特点。

第7章
直播电子商务案例

【学习目标】

1．快手直播平台运营模式分析；
2．直播电商的可持续性发展分析；
3．斗鱼 TV 的直播模式分析。

【引导案例】

伊利的直播营销模式

伊利旗下风味乳饮品牌“味可滋”策划了一场声势浩大的直播营销，营销人员街头派饮的视频迅速占据直播平台头条，短短一小时内直播观看人数就超过了百万人。在“视频直播”的爆发下，大量流量引起了广告营销届的“大地震”，而直播、短视频等新形式也在重塑受众接收信息的习惯。

全民直播的时代已经悄然而至，知名国际大品牌开始在直播这一新媒介上尝到甜头，最经典的案例就是戛纳国际电影节上巴黎欧莱雅策划的系列直播，创下 311 万总观看数、1.639 亿总点赞数、72 万总评论数的各项数据纪录。带来的直接市场效应是，直播 4 小时之后色系 701 号 CC 轻唇膏在欧莱雅天猫旗舰店售罄。此外，巴黎时装周上《ELLE》杂志通过一小时直播吸引网络用户 10 余万人，推荐的惠氏启赋奶粉在 1 小时直播内达成了 120 万元的销售额等，都被视作直播行业的里程碑事件。

而一直以来有着国际思维、在营销上大胆创新的伊利则成了国内乳企大胆尝新直播电商的开创者。“味可滋”导演的这场直播，其吸引的人数之众、覆盖面之广可谓已成轰炸之势。除了线下派饮、直播互动，在微博上，同时发布“买家秀”视频，宣传攻势铺天盖地。显然，直播相对于传统的营销方式最大的优势便是能在短时间内聚集起大量用户的注意力。尤其在自身品牌有一定知名度、又引入公众人物的情况下，一场直播聚集的人气更能成倍增长，相对于微信 10 余万次的曝光量，直播可能轻轻松松就破百万次。

此外，传统营销渠道的宣传效果难以评估和量化，直播营销则不仅能够让广告商看到用户的覆盖面等数据，还可以同步对接电商平台，边看边买，实现从关注到转化的一步到位。再者，直播的实时性、互动性、直接性、真实性，也更适应当前“用户为王”的时代。但是直播营销也存在相当大的局限性，常常因其海量而失其深度。同时，评论、打赏、送礼物等直播互动形式往往停留在表面，只是空有人气，没有更深的互动性。

作为一家全球排名第八的乳品企业，伊利表现出了大公司的稳健作风，在大胆应用直播的同时，也主动有意识地规避上述问题。它的第一招是情景打造，结合受众在当下环境中的体验，将高温天、“味可滋”和消暑之间的链条建立起来。烈日炎炎，饮料市场本是可乐和茶饮的天下，“味可滋”为此费尽心思打造了一个酷暑也能喝乳饮品的消费场景。它开发了“味可滋”的冰冻吃法，“味可滋，冰冻更美味”便是此番直播营销的宣传核心。活动时间选在了“大暑”当天，地点选在重庆、武汉、南京这三大著名火炉城市。围绕着大暑和消暑，“味可滋”派出营销人员来派送冰冻后的牛奶饮料。而线上的“买家秀”也紧扣“消暑”“冰爽”等主题，甚至在直播中向网络用户传授将“味可滋”制成巧克力冰沙的新鲜吃法。“味可滋”的高明之处还在于搭上了对的“合作方”，进一步将上述消费场景、品牌和目标受众准确地连接起来。

明确的消费场景、精确的市场定位、准确的传播载体，这场线上线下三地联动的营销既具爆发力，又有很强的延伸性，这一活动的影响效果将会在品牌形象塑造过程中持续发酵。看起来，伊利此次在直播营销这一新赛场的表现相当亮眼。

辩证与思考：伊利是如何开展直播营销的？

分析与提示：直播电子商务模式的特征。

7.1 案例 17 快手：直播平台模式如何可持续发展

7.1.1 快手直播平台模式简介

“快手”定义为记录用户日常生活点滴的 App，是当今最大的短视频社区之一，为微信、QQ、微博后第四大社交平台。最初采用一种叫作“GIF 快手”的软件制作和分享动图，这是“快手”的最初版本。这个软件操作比较简单明了，用户在短时间内就能产出，并且软件内有微博、QQ 的快速链接，可以快速地将作品上传和分享到其他平台或者好友。其占用内存是其他社交软件上同等清晰度图片的二十分之一，此时的快手仅仅是一款简单的移动端动图制作工具。随后，快手开始转型，转变为主打视频内容的软件，并定位社交应用方向。随着市场环境的发展，快手接入了直播功能，并且实现了信息流广告功能。发展至今，在下载次数、用户活跃度及受欢迎度等方面，快手位居市场前列。

1. 快手直播平台的特征

（1）注册快捷方便

注册一个“快手”直播账号非常简单便捷，只需要根据系统提示填写资料，完成手机验证，上传电子版身份证进行实名认证，最后完成银行卡认证，经过这些认证之后提交审核。无论你是谁，只要有一台电脑或者一部手机就可以开启你的直播之路，这样低成本、快捷方便、高收益的平台吸引了大量用户参与其中。

（2）双向互动性

交互性是网络直播平台的最大传播特点之一，快手直播平台不仅有网络用户和主播之间的互动，而且网络用户之间也可以互动，实现了双向互动性，用户的参与性大大提高。受众在观看直播的同时，不仅可以通过弹幕与自己喜欢的主播互动，还可以与关注同一主播的用户交流。

（3）碎片化的观看模式

随着互联网时代的到来，用户的自主选择性增强，用户可以在任意的时间浏览自己想要了解的信息，满足了用户碎片化的信息需求。快手直播平台没有固定的播出时间，用户不需要像看电视节目一样在固定的时间守在电视机前，在茶余饭后、在工作之余、在学习间隙，用户都可以拿起手机，打开“快手”，选择想要浏览的内容，且每段内容都不会占用过长的时间。目前，碎片化的观看模式已经成为各媒体平台发展的重要模式。

2. 快手直播平台的定位

（1）为消费者提供了展示自己的平台

每个人都渴望展现自我，被更多的人所熟知，快手直播平台为消费者提供了一个圆梦的舞台。快手的定位是为消费者提供一个记录和分享生活的社交平台，是消费者展现自我的平台。和其他直播平台不同的是，快手没有所谓的签约主播，进行直播的主播都是普通用户，未经过策划和训练。

（2）满足受众消费心理的直播内容

快手直播的内容多种多样，打开快手可以看到其简单的页面上内容包罗万象，既有关于美食教程的直播，也有各类搞笑直播，还有老爷爷玩转双杠的高难度直播等。人都具有积极探求环境的需要，他们对新奇的、美好的事物心驰神往，这也是人类广泛具有的一种心理常态。快手直播平台上直播的各种各样的内容，丰富了消费者的生活方式和审美趣味，为观众带来了新鲜感和满足感。

7.1.2　快手直播平台发展分析

短视频用户在使用平台及拍摄短视频的时候，有满足其表现欲及社交愿望的原始需求，具体表现为短视频内容生产发布后，用户会更大化地关注内容评论、点赞动作、被关注动作，以及传播之后产生的社交反馈。人们从追求“食果腹”的初始阶段过渡到追求精神世界的满足阶段，用户开始极度追求情感体验，开始关注具有“引导性愉悦”的内容。

短视频之所以能够广为流传，其中一个原因便是它们抓住了受众的心理状态，让用户可以在使用短视频时获得心理上的满足。并且根据用户的使用动机可知内容生产最主要的两方面需求：一是利用短视频将自己推广出去的“社交需求”；二是用户的“媒介需求”。社交需求的具体表现是自身希望求得他人关注，或者对点赞、转发等行为的虚荣心表现，从而扩大自己的社交影响力与社交范围的行为。某个短视频内容发布推广后，达到热度最大化和最热的讨论效果的表现就是快速引起共鸣和点赞。“你拍大家看”这种可以让用户参与的模式，能让用户觉得自己能够反客为主，这时的用户是作为短视频拍摄的主角而存在的，不仅是拍摄者还是参与者。短视频传播的即时性、互动性强等特征，使得短视频被分享后引发话题、点赞、转发甚至模仿行为，使得普通用户也能一夜爆红，由此吸引大批用户不断加入。

快手平台进行了一系列的积极引导，开始入局主流电视综艺节目，同时频频与优质 IP 合作。快手与电视综艺节目合作时，将节目中插播的广告设置成了不同的人在唱歌的快手短片并配上“记录世界，记录你”的快手品牌口号。此外，快手分享节目精彩瞬间，推出口号——记录奔跑，记录你。快手借助综艺节目的火热及相关话题制造实现了品牌重塑的效果，同时刺激用户生产更多优质的短视频内容，实现了一定的平台内部淘洗的效果。

7.1.3 直播平台模式启示

1. 借助主播稳固用户“黏性”

无论是在用户认知、用户信任还是用户忠诚的哪个层面，主播的影响因素始终贯穿其中，几乎占所有转化环节最为核心的显著效果。直播电商较普通电商和电视购物的区别，或者较电商淘宝这类原先从普通的一类电商衍生而来的电商形式，最大的根本不同便是主播在其中所产生的网络用户经济效应。优秀的电商主播不仅能够将产品进行介绍和推广，还应当能够将所有的购买直播电商产品的用户运营维护成为自己的网络用户群体。目前来看，较少直播电商平台具备如此较高的私域属性，能够将用户精准地留住。因此，为了更有效地提高用户的购买意愿，每一位直播电商主播都应当提高个人的属性管理和用户维护能力，从而在成交链路上强化和提高相应的用户价值和购买转化。

2. 重视用户集体归属感，打造忠实用户群体

在用户认知阶段，用户对于快手直播、抖音直播或淘宝直播的认知和选择并未形成独占性判断。大多数用户对于各平台各主播间的关注并未有集中的关注度。用户从认知到信任的过程中，用户社群之间的推介、关联与维护起到了极为重要的作用。同时用户社群对于用户信任培养为用户忠诚，又有极为显著的推动作用。而在用户信任和用户忠诚中，用户社群的影响对于用户实际的感知价值又有很强的相关性。但这种相关性在用户购买意愿的转化过程中被明显削弱。因此，直播平台对于用户群体的维护仍有提高的空间，理论上，在用户信任和用户忠诚对用户感知价值有明显影响的情况下，通过用户感知价值的中介作用，用户信任和用户忠诚应当对用户购买意愿产生更为显著的影响效果。在未来直播营销的发展中，需要花更多精力去维护网络用户的集体归属感，维护用户社群的“黏性”和稳固性，同时要对用户社群强化相关的符号属性，通过符号属性的用户联动作用，进一步反哺用户社群集体归属感，从而最终强化用户信任及用户忠诚在用户社群的影响因子，继而推动用户购买意愿的转化。

3. 平衡商品质与价，重视用户属性匹配

大众通常认为电商直播的崛起取决于较为低廉的产品价格，但事实上通过数据显示，快手

电商产品相关客单价与其他直播平台如抖音和淘宝电商相比，并无明显的价格差距。同时，用户在用户认知阶段对用户感知价值有显著影响，但这并不能够有效地转化为用户在购买阶段的有效购买意愿。低价折扣及秒杀等活动形式，或许能够在用户初步接触该平台时对用户产生部分的用户感知价值，但用户认知在感知价值的中介作用下，未产生明显的用户购买转化。当用户实际产生购买决策时，秒杀折扣等电商直播活动形式，并不能够带来决定性的购买转化影响。因此，过分追求所谓的商品低价格，通过一味地压低行业利润的方式，并不能够有效地促进直播电商的销售。

在用户关系的全链路过程中，关于商品的感知（包含商品品牌相关属性）对于直播电商用户的感知价值和相关的用户购买意愿显著性较弱，即用户对于商品特别是传统购买意愿相关研究中的品牌因素的感知较弱，这与快手平台将商品的品牌感知让渡给平台感知和主播感知有较大关联。因此，为提高直播电商的用户购买意愿，对于商品本身的品牌价值无须过分强调，应当以产品属性与直播电商主播的相符程度为重。对于有条件且有志于扩大用户转化的快手直播电商商家，更应当逐步发展和控制上游产业链、供应链，提高产品的质量，进而提高用户的购买意愿和实际的销售成果，最终实现从“人货场”到“管培造”的转化。

4. 强化平台正面属性，规范主播商家专业度

用户对于平台和主播间具有绑定的聚合联系，在这种情况下，强化平台的正面属性将变得尤为重要。目前，绝大部分直播电商主播都能活跃直播间的气氛，同时逐步稳固了稳定的私域网络用户群，这是因为主播主要由传统的秀场主播出身，在舞台渲染力上具备完备的技能储备。在用户购买环节上，用户对于产品的质量相关判断对实际用户购买意愿具有显著性，因此为促进直播电商的购买转化，强化直播电商主播的专业能力，特别是对产品的认知力，尤为重要。优秀的直播电商主播应当具备活跃气氛的能力、产品专业能力、稳固用户的能力。

商家主播的行为对直播平台形成极强的累加效应，众多直播电商用户的购买意愿和商家主播形象息息相关。因此，直播平台有必要对商家主播行为进行有力的规范。这一规范不仅包括对商家主播售卖商品、服务、用户关系等传统电商环节的规范，还应包括对主播商家直播电商过程中直播内容和相关的直播标准进行规范。进行有益且健康、内涵丰富的良性互动，才能进一步保持直播商家和平台的有益发展。

7.2 案例18 斗鱼TV：直播行业的助推器

各个直播平台有各自不同的内容和特色，它们不断深入发展，由单一的模式向众多领域拓展延伸。主播选择合适、匹配的直播平台是重中之重。

斗鱼直播是一家以视频直播和赛事直播为主的弹幕式直播分享平台，为用户提供视频直播和赛事直播服务。其直播内容包括游戏、体育、综艺、娱乐等。斗鱼直播由 ACFUN 生放送直播转化而来，于 2014 年 1 月 1 日起正式更名为斗鱼 TV，随着直播平台的不断发展，它也慢慢发展成为一个泛娱乐直播平台。

7.2.1 斗鱼 TV 品牌运营

1. 游戏赛事的广告植入

斗鱼 TV 在初期发展阶段，通过在赛事中冠名，使其品牌的影响力开始迅速增大。这一策略具有以下三方面的优势。

① 相比于国际赛事，斗鱼 TV 在电竞俱乐部举办的赛事中进行冠名，只需要付出较少的费用。

② 斗鱼 TV 在赛事中冠名拥有多次机会，可以在受众面前曝光，凡是战队所参与的赛事都可以进行植入，因此具有相当高的投入产出比。

③ 斗鱼 TV 可以和俱乐部成员就内容播放问题达成协议，从而针对平台需求生产新的内容。

现今的斗鱼 TV 已经在多家俱乐部进行冠名，并且在国际赛事中取得相当突出的成绩，而这种营销策略显然也与斗鱼 TV 的品牌定位相一致。长期以来，斗鱼 TV 一直致力于成为游戏直播领域中的领头羊，不仅对内容做出严格的要求，同时希望可以带给用户最佳的体验。此外，斗鱼 TV 还赞助了多个赛事队伍，从而进一步扩大了自己品牌的规模，使斗鱼 TV 的曝光率与知名度都得到了大幅度的提升。

2. 通过与网络达人合作引流

网络达人和直播平台之间有着密切的联系。很多平台都选择运用网络来为平台引流，同时提升平台的知名度。首先，与知名主播签订合作协议，斗鱼 TV 曾成功与解说小智签订合作协议，并且引起直播行业广泛的关注与讨论，不仅为直播行业带来了大量的人气，而且对斗鱼 TV 品牌进行了宣传。其次，邀请众多网络达人在平台上进行直播。网络达人直播时通常都以具有争议性质的人物作为话题，从而吸引大量的受众，或者在其中穿插一些互动，而互动最大的作用在于加强主播与观众之间的联系。

3. 与其他行业巨头资源互换

斗鱼 TV 是最早开始和多个知名手机厂商进行合作的直播平台，对多款手机的发布会进行直播，借助手机厂商的知名度，迅速提升平台的形象，进而稳固自己的地位。斗鱼 TV 运用自身已有的流量，与其他公司互相交换优势资源，这是斗鱼 TV 经常采用的策略。斗鱼 TV 吸引了众多年轻粉丝，尤其在游戏动漫行业其流量十分可观，从而引起了众多知名品牌的关注。运用自身优势，斗鱼 TV 做了大量的宣传，通过与著名品牌进行合作，又使得平台的内容更加丰富，使平台知名度进一步提升。

4. 线上线下活动延伸

在线下，斗鱼 TV 也举办了一系列的活动。通过举办线下活动，斗鱼 TV 不仅成功延伸了自己的品牌，还打造了“泛娱乐”这一文化品牌。通过线下活动，将嘉年华活动和城市品牌联系起来，进而更好地展示城市文化形象，同时，斗鱼 TV 更加高调地走进更多年轻人的视野，也向外界展示了自己的内涵。这些活动证明直播的内容不仅限于“看”和“播”，还是一种健康积极的生活新方式。

5. 平台粉丝互动分享

对任何一个平台而言，粉丝都是最为重要的资源。直播过程通常会采用授予特权的方式来引导大量粉丝，从而进一步增强平台自身的影响力。此外，斗鱼 TV 在宣传品牌时，还采取措施激励众多粉丝分享直播间，对于分享的粉丝，斗鱼 TV 会给予相应的经验值，或者让主播给予提示，从而提高粉丝的积极性。斗鱼 TV 的经验值可以帮助粉丝提升自己的等级，等级升高的同时，粉丝将拥有一定的特权，包括获得徽章等，粉丝一般都是通过打赏来获取经验值的。如果用户想获得特权，却不愿打赏，可以通过各种方式分享直播间，在进行直播时主播也会鼓励观众进行分享从而吸引更多的人气。

7.2.2 斗鱼 TV 内容运营

1. 坚持弹幕文化

斗鱼 TV 由 ACFUN 生放送直播演变而来，而 ACFUN 生放送直播原本是一个视频弹幕网站，因此其弹幕文化独具特色，在发展过程中斗鱼 TV 还注意结合直播的特征，使自己的弹幕文化更加独特。年轻用户的观点一般较为新奇，同时年轻用户急于表现自己，通过弹幕文化，不仅可以为主播吸引大量的粉丝，还能让粉丝感觉到观众对自己的关注。此外，不同观众之间也可以进行互动。在斗鱼 TV 发展的初期，正是因为重视弹幕文化并大力加以发展，才形成平台独有的弹幕文化，其他平台虽然也可以复制这一方式，但是在内容方面难以复制。

2. 直播顶级赛事

斗鱼 TV 投入大量资金，购买大型游戏的赛事直播，从而吸引众多玩家关注，如 LOL 举办的全球职业联赛。顶级赛事能够为斗鱼 TV 吸引大量的游戏玩家，同时能帮助斗鱼 TV 迅速聚集大量的人气。斗鱼 TV 不断注资购买新的内容，来满足广大粉丝的需求，从而获得大量粉丝认可，在众多平台中始终保持了自己的优势。

3. 自制直播节目

在直播行业中，斗鱼 TV 一直稳居前列并且很多节目都是自制的，这充分彰显了斗鱼 TV 的野心。尤其在综艺节目方面，斗鱼 TV 可以说集中了所有的优势资源，通过多种策略，如独家签约、突出节目特色等，在竞争中一直稳占优势，将其他平台远远甩在后面。以《饭局的诱惑》为例，其是斗鱼 TV 推出的一档优秀节目。这档综艺节目由斗鱼 TV 与马东团队合作，同时邀请了大量具有影响力的人物，让他们在直播场景中出现，从而吸引大量网友参与。观众们不仅在第一时间和前方现场进行互动，还能加深对综艺类节目的了解。此外，观众们还可以决定采用何种方式惩罚在节目游戏中输了的嘉宾。对直播的模式进行创新，使节目在播出之前就获得了大量的人气，同时引发了大量的讨论，使该节目的影响力在所有同类型节目中顺利上升至首位。

4. “斗鱼+”内容模式创新

如今的直播业更注重直播内容的质量水平，斗鱼 TV 率先提出直播的一系列策略，同时在多个领域同时发力，具体包括综艺、科技及游戏等多方面。然后进一步细分市场，从而吸引大量的受众，打造出一种全新的直播生态。斗鱼 TV 还通过直播明星自编自导的作品，拓展粉丝与明星接触的轨道，从而尝试新的直播方式。此外，斗鱼 TV 也为明星成长开辟新的平台，注重和一些著名人物合作，开展活动。高质量的内容在任何平台都会受到欢迎。斗鱼 TV 新奇的模式也为平台吸引了大量的人气，大量优秀节目的涌现证明斗鱼所采取的策略是有效的，同时直播平台未来的内容也会更加丰富。

7.2.3 斗鱼 TV 广告运营

1. 多种广告入口组合推广

斗鱼 TV 直播平台针对产品的特征，以及用户具体的应用场景，针对不同的客户端，开发有针对性的入口，面向更多的受众推广商品。第一是电脑端，电脑端对应大量网站，入口数量众多，同时广告的形式也十分丰富，如横幅广告、滚屏广告等。相比于电脑端，移动端界面比较狭窄，入口数量少，只能投放一些比较简单的广告。平台在挖掘入口时通常会先分析用户习惯，选择一些比较醒目的地方进行投放。斗鱼 TV 开发了大量的入口用以推广自己的产品，在推广时还采用了组合搭配的策略。例如，页游产品就充分利用了页面的顶部横幅，通过放置广告向受众传递信息，让更多的受众了解斗鱼 TV，从而吸引大量受众关注斗鱼的游戏中心，而右侧的公告栏则主要用于推广游戏产品。当用户进入游戏中心之后，还能看到许多插屏广告，从而将游戏产品的信息传递给用户。斗鱼 TV 通过将各种不同的广告方式结合起来，最大限度推广游戏产品。

2. 主播口播广告

知名主播在进行直播时，通常会自己亲身体验游戏产品，然后将自己的体验告诉所有受众，吸引受众试玩。例如，游戏主播如果想将某款键鼠产品推荐给所有受众，则主播自己就会先试用，然后把自己使用产品的体验告诉粉丝。这种亲身体验、口口相传的模式，能够提高产品的可信度，其转化率会得到大幅度提升，同时不会对用户的观看体验造成任何影响，广告内容则可以根据主播自身对产品的定位，挑选符合定位的内容进行投放，确保宣传效果符合经营的策略。

3. 赠送道具礼物

斗鱼 TV 曾通过向用户免费发放平台道具，激励用户下载软件或者注册使用产品。例如，在推荐手游产品时，斗鱼 TV 通常会采用设置任务的形式，将任务分成各个小目标由用户去完成，用户每完成一个小目标就能获得平台给予的奖励，通过这一模式鼓励用户进行消费。道具礼物可以有效地吸引用户，而用户则可以将自己获得的道具打赏给自己喜欢的主播。为了获得道具，很多用户会自发地去完成任务，如此一来，斗鱼 TV 就可以通过向用户发放道具的方式，获得丰厚的广告收益。

4. 商品推荐入口广告

斗鱼 TV 还推出了商品推荐功能，用户在观看直播的同时可以购买各种商品，但并没有像淘宝直播那样直接播放展示商品，也没有直接加入商品链接，只是在直播界面的最下端，增加有关商品的推荐入口。斗鱼 TV 的用户大部分是男性，因此其推荐的产品大多是男性用品，由此可见，对于商品推荐功能，斗鱼 TV 也进行了优化，如在“双 11”之前向广大用户发放优惠券，吸引更多用户购买产品。结合主播的内容推荐相关产品，还可以提升商城的竞价排名。很显然，移动直播是一种新的社交方式，必定会受到众多年轻用户的喜爱，但是也要注意避免昙花一现。由于直播行业的经营者数量不断增加，直播平台必须在内容或者功能上进行创新，才能吸引更多的用户，在激烈的竞争中始终占据优势。而斗鱼 TV 在运营过程中所采取的诸多策略，已经取得显著成效，值得其他平台认真分析借鉴。

本章小结

直播电子商务是指通过当下流行的网络直播方式达到电商销售目的。“直播”与“电商”的结合不仅创造了直播时代的新营销模式，探索出“直播+”最合适的商业化路径，而且在短短几年时间内改变了互联网内容产业的格局。本章选取 2 个企业的直播电子商务案例，分别分析了快手直播平台的运营模式和可持续发展策略，以及斗鱼 TV 的品牌运营、内容运营和广告运营模式。

本章实训

实训案例

蘑菇街的直播电商模式

蘑菇街以人为中心，以为爱美人士发现和实现时尚生活为宗旨，抛弃了传统电商以商品为导向的急功近利的弊病。它起步于电商，却正在超越电商。

1．蘑菇街的定位

众所周知，网络购物消费的主力军是女性消费者，而中国的年轻女性往往先在网上或与朋友一起浏览时尚内容，再决定买什么。在线时尚内容和社交帮助她们发现自己想要的东西，并影响她们的最终购买。伴随着消费升级的大潮，在传统货架式电商里直接与无数货物打交道变成一件决策成本很高的事情，专业而又个性化的时尚体验才是她们追求的时尚生活。这也正是蘑菇街多年来赢得众多年轻女性“芳心”的原因。

从 2011 年上线至今，蘑菇街经历了消费分享社区、社会化导购平台、女性时尚电商等阶段的发展，蘑菇街的创新尝试一直被业界视为垂直类平台的典范。蘑菇街创业最初是一个导购网站，其盈利模式是用文字或者图片来吸引用户，发布淘宝商品链接，然后按照点击或者成交量从商家那里获得提成，之后，又自建了自己的交易平台。蘑菇街经过不断转型，深挖女性这一垂直市场的潜力，在某种程度上可以说重塑了女性用户的购物消费习惯。实际上，对蘑菇街而言，用户是否买东西并不是他们最关注的重点，最关键的是怎么通过内容来满足用户时尚方面的需求，从而吸引和留住用户。

蘑菇街还通过直播、抖音、微视等全渠道多平台发布各种关于时尚的优质内容，形态横跨图文、直播、短视频等，来培养用户的时尚感。这是蘑菇街升级成为“时尚赋能者”的又一个体现，在帮助品牌商提高复购率的同时，也帮助新品牌获得更有效精准的曝光，是激活存量生意并且寻找增量价值的又一个战略升级。毫无疑问，如今蘑菇街对自己的定位绝不止于电商。

2．蘑菇街的“三边网络”

在“互联网+”大环境下，蘑菇街从电商导购平台起步，借助社交场景和内容手段顺势而为。如今蘑菇街与传统的电商平台不同的是，蘑菇街演变出独特的“三边网络”新形态。“三边网络”即用户、达人、品牌商之间的共生网络。

蘑菇街平台撮合时尚达人、商家与用户紧密地结合在一起，任何一方都从中受益。用户跟随达人获得时尚内容和灵感，向商家购买时尚商品；达人聚合用户，通过为商家提供更多的曝光来变现；商家也通过他们的传播得到品牌的强化和溢价的提升，蘑菇街也成为达人构建自身品牌的重要平台。时尚达人、内部编辑团队、用户 UGC 是蘑菇街平台上时尚内容的三大来源。凭借对视觉、工艺、潮流趋势的独到理解，时尚达人们已经成为品牌知名度打造与销售达成的重要力量。而 2016 年开始发力的直播是这个“三边关系”发展过程中蘑菇街最有力的武器。

有别于一般的网络购物方式，直播有一个非常明显的优势：店家可以向消费者直接展现商品的各种功能。例如，服饰的实际穿着效果的试用；而消费者也可以匿名向店家提问、讨论多种产品，整体的体验是非常沉浸式、互动性的。

直播对蘑菇街的重要价值还在于帮助广大商家未来品牌化，主播能获得更多的溢价，就是因为其成了高关注品牌。蘑菇街还在持续帮助主播们进行更高阶的品牌化和风格化。蘑菇街的商家通过直播展示、评测等方式，聚集大量人气，营造出类似于线下购物的氛围，满足了用户“逛”的需求。

除自身编辑团队的评测文章和短视频以外，蘑菇街还通过综艺、电影等展现渠道为商家提供更多的曝光。随着蘑菇街品牌自身的表达机会越来越多，它不再只是一个冷冰冰的标志，而被赋予了更深、更广泛的年轻与时尚含义。例如，一些源于年轻人社交生活洞察的综艺节目，以单身男女日常相处的生活细节和情感走向为主体，深受年轻女性受众的喜爱，在社交媒体上的热度自开播以来一直居高不下。而蘑菇街的目标用户群体正好是 18～30 岁的年轻女性，她们具有一定消费能力，注重生活品质，求美、求新心理特质显著。蘑菇街与互联网视频爆款综艺节目深度合作的基础，一方面是双方在核心受众上高度重合，蘑菇街可以精准覆盖目标用户；另一方面则是从素人之间的暧昧关系中洞察瞬息万变的情感走向，挖掘当代年轻人真实的社交状态，进而找到年轻女性用户的情感诉求点，不断提升品牌影响力。

类似的成功合作也将蘑菇街的互联网时尚平台形象深深地种在年轻女性心中。蘑菇街这一系列内容营销，让碎片化的个体消费者整合成为互动大消费群体，精准地踩到了行业发展的节奏。在内容创新层面，蘑菇街革新了电商行业。“花式卖货”正符合互联网消费者的消费升级需求。

实训内容： 分析蘑菇街直播电商模式的特点。
实训要求： 形成一份案例分析报告。

复习思考

1. 分析快手直播平台的运营特征。
2. 分析快手直播平台的可持续性发展策略。
3. 分析斗鱼TV直播电商模式的特点。
4. 分析斗鱼TV品牌、内容和广告运营之间的关系。

第8章
跨境电子商务案例

【学习目标】

1. 速卖通跨境电商案例分析；
2. 网易考拉跨境电商案例分析；
3. 天猫国际跨境电商案例分析。

【引导案例】

Amanbo 的跨境电商模式

从中非传统贸易到如今全渠道的跨境电商模式，Amanbo 走了 10 年。在市场上还没有清晰的跨境电商概念时，一个相比纯粹信息平台稍微前进一步的交易平台——聚焦非洲网，覆盖了包括文化、物流、金融、教育、电商等在内的 8 大板块，这便是 Amanbo 最早的雏形。

在非洲，互联网用户量少，且网速低、资费贵，也没有配套的 C 端设施，如快递公司等。聚焦非洲网的 B2B、B2C，包括国际贸易版本的模式在这种场景下推行不顺后，Amanbo 开始只做电商，且聚焦在 B2B 领域。当时的 B2B 模式也因为交易金额较大等支付问题，国内端出口需求旺盛，但海外则“冷静”很多，既没有办法实现交易闭环，也根本没有办法完全做到线上。事实上，非洲市场很多商品都不适合线上贸易，由于其人均 GDP、商品单价、当地人可支配的消费力都很低，且运费高昂，这对于做跨境电商交易的高产品附加值、低运费的要求来说是一个悖论。Amanbo 看到了贸易碎片化趋势，未来平台的出路便是进行渠道下沉、去中间化，把原来的进口商和贸易商去掉，直接链接中国工厂和当地批发市场的经销商、零售商及终端，即 B2B2C，但开始只能先做 B2B。

Amanbo 在国内推行得很“红火”，经央视报道之后一下涌进 8 万多个用户，Amanbo 于是开始筹备海外仓、解决货物等待周期长等问题，同时改成使用本地货币交易，整个平台系统变成了本土电商逻辑。花了一年多时间进行改造之后，Amanbo 成了一个支持本地货币的跨境加本土金融的平台，面对诸多语言、展示、货币、运营、SKU 问题，实行一个国家一个站点的策略。随后，Amanbo 在肯尼亚公开上线，覆盖西、中、东非，完成了既支持跨境电商，又支持本土电商的 B2B2C 架构。后又清理低质量用户、研发商户管理系统，将进销存、赊销管控、配送管理、物流跟踪等包括线上线下、社交的平台全都打通后，2019 年年中，Amanbo 的 B2B2C

模式才正式"尘埃落定"。版本涵盖买家版、卖家版，且 B2B 和 B2C 可以分开管理。目前，Amanbo 平台的 B 端用户达十二三万个。

Amanbo 的跨境电商模式有几个特征：①OSO（Online+Social+Offline）全渠道解决方案，可针对大贸企业，做产品或品牌出海。该模式利用社交玩法打通了 O2O，可为用户提供多层级裂变的分销工具，同时，Amanbo 也利用线下社交玩法，来发展做微商的年轻人，给其提供包括订单交易系统、管理系统、进销存、物流管理等在内的全套解决方案。②基于 B2B2C 的架构，先把"B"与"B"连接起来，用电商的方式提高整条链路的效率。在 to B 端，涵盖了诸多模式，Amanbo 去除了一部分中间商、贸易商的交易环节，供应商可以直接卖货给当地经销商，既可以做传统贸易、本土批发，也可以做当地品牌分销、品牌零售。且 Amanbo 也提供工具，供应商也可以做 B to C 贸易，来提高当地交易效率。在 B to C 端，由于非洲市场与中国的商业"土壤"不同，95%以上的企业没有进销存的管理系统；针对当地小 B 群体，Amanbo 可为其提供免费的管理系统，并帮助他们开展 B2C 模式的电商销售。③跨境加本土，即 Amanbo 的卖家可以做跨境电商包含 B2B/B2C，也可以把货发到当地做线下贸易，也支持供应商在当地开工厂进行分销；同时，支持非洲本土卖家进入平台。④交易加管理。Amanbo 不仅提供支持众多交易模式的交易系统，还提供适合当地实际情况的管理系统。

辩证与思考： Amanbo 跨境电商模式有何特点？

分析与提示： 跨境电商模式的特点。

8.1　案例 19 速卖通：跨境出口 B2C 电商的"破局者"

8.1.1　速卖通跨境电商模式简介

速卖通是阿里巴巴旗下的跨境电子商务交易平台，于 2010 年正式上线运行。速卖通最初的定位是帮助国外消费者连接中小企业和商品批发商，从而解决小额贸易交易问题，为消费者和企业提供更为便捷的服务。速卖通通过战略合作，建立了大流量入口，平台商家商品交易量增长较快，获得了丰厚的利润。随着速卖通的快速发展，更多的个人消费者通过速卖通平台进行产品的采购，批发零售买家被个人消费者取代。为了提升平台的服务质量，速卖通逐步扩展商品种类，更多的天猫卖家也逐步在速卖通开店，产品销往海内外。为了满足平台消费者的需求，速卖通不断升级转型，并针对海外个人消费者，提供全球化的购物产品，在俄罗斯和印度等新兴市场有着较大的市场份额。

当前，速卖通在全球 220 多个国家（地区）进行产品销售和物流配送，在产品物流上主要采用国际快递，由于产品体积小、附加值高等原因，能够为消费者提供良好的服务。速卖通平台主营产品为服装衣帽、3C 电子产品及配件和玩具等，速卖通遵守各个国家的产品交易规范，严禁交易的产品均不在平台服务产品之列；受制于跨国运输距离和时间的限制，速卖通平台建设了海外仓储中心，从而解决了货物缺损等问题。

自建立之日起，速卖通平台多次调整平台定位，颁布相关政策规则，筛选平台入驻商家并调整平台商品结构。

第一阶段，个人商家入驻。平台支持个人商家入驻，以 C2C 模式为主。此时速卖通平台迅速发展，但随着整个电子商务市场逐渐成熟，消费者对产品的质量和网购体验越来越看重，速卖通主营的 C2C 市场增长乏力，于是速卖通平台向 B2C 市场发力，迎来第二阶段的转型。

第二阶段，平台提高商家准入门槛。平台从跨境 C2C 转型跨境 B2C，并提升商家入驻门槛。随着第三方对中国商家的监督越发严格，速卖通主动提高了对商家“企业身份”和“品牌资质”的要求。在招商准入方面，速卖通要求所有商家必须以企业身份（不包含个体工商户）入驻，不再允许个人商家入驻。所有大型活动只允许有品牌的商家参与，商家必须有品牌才能入驻，非品牌商品不再允许发布（极个别行业除外）。同时，速卖通对平台经营类目进行重新划分，将若干个细分类目融合为一个经营大类，按照经营大类对入驻商家收取年费。速卖通对平台所有行业整体提升商家入驻门槛，并按照收取技术服务费的方式驱逐仅有短期销售计划的劣质商家，新规的颁布展示了速卖通想要从一个低成本、低门槛的“杂货店铺”转型成为企业化、品牌化专业市场的决心。

第三阶段，速卖通放宽了平台准入限制。个体工商户和企业均可入驻，需提交相关资料完成企业身份认证，平台提供基础销售计划和标准销售计划供企业选择，个体工商户商家在运营初期仅可选择基础销售计划。这两种计划的允许开店数量、年费、营销活动参与资格、商标资质及服务考核要求相同，在年费结算奖励上，选择基础销售计划的商家更有优势，即当商家中途退出平台或经营到年底时，可获得年费的全额返还。而选择标准销售计划的商家，仅可按自然月收取未使用部分的年费返还。在功能区别上，选择标准销售计划的商家可发布在线商品数不超过 3000 个。而选择基础销售计划的商家面临诸多限制，包括可发布在线商品数不超过 500 个、没有部分类目的经营权限、当每月 3000 美元的经营额度用尽即失去搜索曝光机会。除此之外，速卖通平台还提供了转换销售计划的考核要求。

在经营类目方面，速卖通平台对部分经营大类进行融合，并下调部分类目的技术服务年费。为保证平台的公平经营环境、降低商家的经营成本、增强商家的竞争力和营销能力，速卖通平台对部分经营大类进行融合，对于融合后的经营大类，商家只需缴纳一份年费即可经营该大类下的融合类目。

在品牌方面，商家若拥有或代理品牌，可根据品牌资质，选择经营品牌官方店、专卖店或专营店店铺，部分类目产品采用品牌封闭邀约制度。部分类目商品，商家必须拥有商标才可以经营，如婚纱、礼服、石英腕表、笔记本配件等二级类目。部分类目产品采用品牌封闭邀约制度，即由平台根据品牌成交、消费者评价、市场需求、纠纷情况、市场占有率、行业发展特点等因素从目前商标中筛选品牌，以供商家选择经营，未在列表中的品牌将不被允许入驻平台。

速卖通平台在放宽平台准入限制的同时加强了对平台商家的考核。速卖通平台对企业商家和个人商家提供不同的平台资源和考核标准，对于个人商家，平台欢迎新鲜血液的注入，通过年费返回规则吸引商家入驻，通过限制权限和转型考核的方式逐步筛除经营不善的商家、为成熟商家提供更多资源并引导其转型。对于企业商家，速卖通平台提出了更高的要求，确保平台整体商品和商家质量。速卖通平台从整体上提高了对经营商品的要求，并引导商家专注少数类目，纵深发展。平台对经营商品的要求包括对注册商标的要求和对商品品牌的要求，部分品类如假发发饰采用品牌封闭邀约制度，以保证该类目商品的整体质量。同时，平台将部分类目融合为一项，降低了部分商家商品运营费用，也引导其他商家纵深发展，专注少数类目，打造品牌，形成行业标杆。

8.1.2 速卖通跨境电商平台价值

1. 目标群体的定位

速卖通的目标群体定位并非一蹴而就的，而是在摸索中前行，不断地调整、变革直到找准其定位和市场。速卖通成立之初的定位是 B2B，卖家性质为大“B”小“B”，而买家人群基本都是小“B”商家。在平台快速成长的同时，速卖通的双边用户性质都在悄然变化。根据买卖双方类型的变化，速卖通开始对平台商家整顿规范、提高门槛，个人账户全部被关闭，新账户需以企业身份注册，开启了全面转型 B2C 的道路。速卖通的买家定位为个人消费者，在数量上已经取得了不错的成绩。目前，速卖通的平台商家明确定位是中小企业，帮助中小企业开拓全球市场。

2. 有形产品的定位

平台拓展的商家提供的产品大多是平价的小众品牌，属于“尾部产品”，相比于国际知名品牌的“头部产品”，这不仅给了消费者更多的选择，告别千篇一律的品位，找到独特的个人品位，还给生活在面临经济下行危机的消费者一种新的消费方式。详细来说，速卖通平台提供下列 21 大类商品：服装服饰、箱包鞋类、精品珠宝、珠宝饰品及配件、手表、婚纱礼服、美容美发、健康用品、织发及发套相关（除零售业开店和美发沙龙外）、接发类相关、假发零售业开店、美发沙龙、化纤发、母婴&玩具、家居&家具、家装&灯具&工具、家用电器、运动&娱乐、3C 数码、汽摩配、特殊类。以服装服饰为例，速卖通上仅女士服装服饰就有上百万件商品信息，而真正的爆款少之又少，因此在以销售量为纵轴、商品品种为横轴的坐标系中，这些商品的销售符合长尾曲线，但这部分市场绝不容小觑，与头部市场份额相比有过之而无不及。关于长尾，很多人都凭着自己的主观意识得出的结论是长尾中满是“垃圾”，因为他们通常根据产品的销售状况来判断产品的好坏，也就是说，卖得不好的商品比卖得好的商品差。我们不否认长尾中确实存在很多“垃圾”，但也要承认它包含了非常多的精品和宝贝。评价商品的好坏并没有绝对的标准，除了客观因素，如产品质量、价格、同类产品中的性价比等，还有因人而异的主观因素，如审美观、需求程度、消费能力等。

当需求各异的消费者面对数以万计的商家时，海量的商品信息便蜂拥而至。为了帮助消费者低成本、高效率地在长尾市场中寻找到合意的商品，降低信息获取成本和交易成本，平台提供了“过滤器”功能。过滤器分为两种，即“事前过滤器”和“事后过滤器”。“事前过滤器”的主要功能在于预判，即在产品销售之前分析出哪些产品可以上市，在市场上会有一席之地。“事后过滤器”则在产品已经存在于市场后，突出精华，压制糟粕，它们会放大和疏导消费者的行为，帮助消费者快速获得自己寻找的产品。速卖通的“事前过滤器”是平台提供的“数据纵横”工具，其中有庞大的行业数据和卖家自己店铺的所有数据，卖家可以根据这些数据进行图表直观分析或者利用 Excel 的公式及数据透视表功能进行统计运算，最后确定店铺的经营行业和上架商品，提高店铺的销售业绩。平台上卖家后台的行业数据分析页面有“行业情报”一栏，里面包含以下指标：访客数占比、浏览量占比、成交额占比、成交订单数占比、在售商品数、流量指数、供需指数。商家可以将各个行业的数据从以上几个指标进行对比分析，从而发现各个行业在不同季节的市场表现，并调整对各个行业的投入占比。要分析某一特定行业，可以查看该行业最近 7 天、30 天或 90 天的流量、成交转化和市场规模数据，了解市场行情变化情况。商品数据分析可以运用平台提供的“选品专家”功能，其中包含三种指标：成交指数、购买率排名、竞争指数。

速卖通的“事后过滤器”则提供站内搜索功能，消费者可以在速卖通网页的搜索框内输入意向商品的关键字（词）进行搜索，然后在搜索出来的结果中进行选择、比较，最后确定购买与否及购买哪个商品。页面的左侧有搜索词所在的相关类目、与之相关的属性及最近浏览记录等，买家可以点击左侧的相关类目和属性，以及进一步筛选控制条件来影响搜索结果。页面搜索词下方显示相关搜索词提示、搜索结果数量，还可以通过这里的品牌（Brand）、价格区域（Price）、商品发货所到国家（Ship to）、是否免运费（Free Shipping）、按好评率（Top Rated）、海外仓发货（Domestic Returns）及移动端秒杀（App Only Deals）等对搜索结果进一步筛选。速卖通搜索排序的主要原则表现在以下三点。

第一，排序的整体目标是提升买家的购物体验。由于双边网络效应的客观性，平台聚集的消费者越多，愿意进驻的商家越多。毕竟对于商家来说，可观的消费者群体是潜在的消费量。因此，“买家的利益”才是速卖通首先考虑的，而当其拥有了足够多的消费者时就意味着拥有了对卖家的议价能力，所以“卖家的利益”次之。

第二，排序靠前的基本原则是“最好的商品+最好的服务”。这里“最好的商品”应该是符合“速卖通认为的客户需求”，这依靠的是速卖通强大的大数据技术分析，通过概率计算出客户的大致需求；“良好的服务”则是速卖通对商家进行多维度评判得出的结果。

第三，排序规则公平，优胜劣汰。首先，排序的“具体”规则是不公开、不透明的，算法绝对保密可以有效防止有实力的大商家有针对性地采取优化措施，使自己的产品更易曝光，从而对其他卖家不公。其次，公平不代表一视同仁，而是区别对待。例如，新卖家竞争力肯定不如老卖家，速卖通会在一定期限内扶持新卖家，帮助其成长，不至于刚进入平台就被老卖家挤出去。不过速卖通也会通过“中国好卖家”“银牌卖家”“金牌卖家”等称号进行划分来保护和扶持大卖家。

3. 速卖通对外贸的促进

（1）降低外贸成本

① 降低商品流通成本。速卖通是集订单、支付、物流于一体的在线交易平台。速卖通直接面向海外消费者，省去了“海外进口商和零售商”环节，缩短了供应链，使得商品流通成本大大降低。

② 降低买卖双方沟通成本。平台上的买家可以通过这个软件与卖家进行即时沟通，了解更多信息。买家还可以通过留言的形式咨询卖家，卖家收到留言会有 E-mail 提示，就可以及时查看并回复。买家收到货物后可以给予评价，这样也能帮助其他买家了解产品的真实信息，平台上的商家也可以针对问题进行改进。

③ 降低获取交易双方信息成本。平台利用大数据的技术优势，创造智能推荐功能。买家初次进入网站，浏览到的商品主要是近期热销产品，当买家下次再进入平台浏览或者购物时，浏览足迹就会被记录下来，并且分析出买家的需求及偏好，得出买家可能喜欢的商品，让买家感到非常人性化。对于商家来说，可以查看平台上提供的最新行业资讯，在第一时间了解本行业在国内外的最新情况。平台利用大数据分析得出热门搜索商品，帮助卖家调整商品销售策略；行业内竞争对手、买家消费习惯、所在地区分布等也都可以通过大数据分析得出。

④ 降低营销成本。速卖通推出了直通车、联盟营销等营销方式，通过对企业商品曝光，降低企业营销成本，从而带来更大的流量和交易量，扩大品牌影响力。

⑤ 降低物流成本。平台为帮助卖家快速发货，节约物流成本，推出了专线物流的方式。卖家在确认订单之后，只需将货物发送到当地或者较近的速卖通仓库，填写货物信息并提交，由仓储中心工作人员验货后，统一进行调配和发货。这种利用平台集聚优势的发货方式为卖家提供了便利，不仅降低了物流成本，还能保证货物的安全。

（2）增加外贸主体贸易机会

① 创造更多的贸易机会。为了帮助平台上的商家扩大市场，除英语外，速卖通还上线了俄语、葡萄牙语、西班牙语和法语四种语言的“国家站”，同时有多种语言的翻译功能。速卖通利用自身技术优势和品牌效应，迅速占领电商不发达的小语种市场，解决了语言沟通障碍，创造了更多的市场机会。

② 提高企业技能。“速卖通大学”是与平台相连接的一个网站，旨在帮助卖家更有效地经营店铺。“速卖通大学”邀请行业内拥有多年电商经验的经营者担任讲师，通过直播、录制视频等方式向卖家分享自身的成功之路；针对不同行业提供具有针对性的学习计划；针对俄罗斯、巴西等小语种国家，分析成功案例，提供有针对性的经营方案，帮助商家了解当地习俗、风情、喜好等；关于店铺的产品选择、装修风格、营销手段等运营模块也有专门的指导，帮助新入卖家提升电商技能。“速卖通论坛”则是卖家之间相互交流、共享经验的重要板块，帮助行业内卖家共同进步。另外，当新项目上线时，速卖通会提前通知商家，邀请业内专家对卖家店铺运营做辅导，从商品陈列到店铺装修风格，以及营销手段等方面提出改善意见。

8.1.3 跨境电商模式发展启示

1. 提高平台商家竞争力

用户在选择平台时，不仅要看费用，还要看平台能带来的价值。速卖通平台上的买卖双方都存在“多属”行为，消费者和商家均有多个平台可以选择，为了降低“多属”行为的发生，增强用户的“黏性”，平台需要提高商家竞争力。速卖通在成立之初为了大量铺货，商家基本无门槛准入，产品同质化造成的价格战及自主品牌缺失造成的知识产权问题都较为严重。从速卖通的发展可以看出，提高平台商家竞争力可以从以下几方面着手。

第一，协助平台商家树立自有品牌，解决知识产权问题。跨境 B2C 电商平台应当帮助商家建立品牌，这是个多赢的举措。对商家而言，有了自主品牌的商家在跨境贸易中将更有辨识度和竞争力，有利于激发企业自主创新、差异化发展，并享受品牌效应带来的回报；对消费者来说，品牌通常意味着更高的质量保证和售后保障，能提高消费者的购物体验；对平台而言，当平台培养出一批具有自身特色的品牌商家时，平台对消费者的吸引力会更强，从而赢得更多商家入驻，形成正效应循环，由此平台可获得更多的收益。

第二，利用平台大数据进行差异化和定制化产品定位。中小企业组织机构简单，运作灵活，更容易抓住大企业无暇顾及的细分市场，大企业由于自身规模和定位的不匹配往往会忽视这一市场，而中小企业则可以针对目标群体的个性化和差异化需求，找到一个细分的长尾市场，研发更多小众的产品，打造受消费者青睐的小众品牌。在选择细分市场时，商家可以通过分析平台收集的数据，实时了解消费者需求，然后决定是否生产制造，使得差异化产品能找到其市场，以个性化定制媲美大企业的规模经济优势。

第三，为商家提供全面服务。速卖通设有“速卖通大学”，这里有帮助卖家学习跨境电商的全面课程；它有自己的论坛，专门用于卖家互相学习、分享经验；为方便卖家实时管理订单和店铺，不断更新完善卖家 App 的功能；会不定期举办各种海外促销活动，帮助商家业绩冲锋；为商家提供融资服务，避免商家因回款不及时而使资金链断裂。

2. 完善平台海外商品交易体系

作为跨境电商，海外商品交易体系的建设是重中之重，消费者从选品到支付再到物流运输诸多环节很难做到万无一失，一环出现问题便影响全局。速卖通便面临过消费者信息搜寻成本过高、文化差异、物流时效和纠纷等问题，在此过程中也积累了一些经验。

第一，打造智能的导购系统，有效筛选和匹配。每个跨境 B2C 电商平台的商品种类都不可小觑，而消费者需求和电商平台信息做到完全对称是不现实的，因而如何协助消费者在最短的时间里找到最心仪的商品便是重中之重，速卖通的“事前过滤器”和“事后过滤器”便是好工具。

第二，因地制宜的系统服务，消除国界差异。对于跨境电商而言，其面对的消费者来自世界各地，他们有着各自的语言文字、不同的支付习惯、差异的文化。速卖通卖家可以用 12 种语言来编辑产品信息，以此来贴合各国受众；在支付方面，速卖通不仅提供全球通用的一些支付方式，还接入了许多国家本土知名的金融服务商。

第三，不断规范整合物流体系。物流环节是跨境电商面临的最大挑战，在如何降低成本的同时保证时效及应对解决物流纠纷等，有一系列问题亟待解决。速卖通在物流体系的建设中不断创新，与其他物流服务商合建了国内仓储集运中心和物流信息平台，开展专线物流，布局了海外仓储网络体系。

3. 布局跨境电商生态圈

跨境 B2C 电商平台如果只专注平台本身的搭建和运作，其仅仅相当于一个“双边市场”，只解决了“鸡蛋相生”的问题，提供了买卖双方接触的场所，却无法顺利完成整个交易。跨境 B2C 电商需要以平台为核心，拓展支撑层和技术服务层的服务商，实现由平台型企业向平台生态构建的转变，促成各种资源的高效共享，由多赢到共赢。平台生态圈相比于单独的平台，其自我保护的能力更强，抗风险系数更大。

正如速卖通，其除了努力提升平台技术层面的功能，如符合各国用户习惯的平台结构和接口设计、适用于各国的语言系统等，还与平台生态圈中的各方参与者形成了良性的共生关系，如与阿里巴巴旗下菜鸟物流合作推出的无忧物流，其强大的物流信息平台使得信息流通更加顺畅，与各国邮政及当地商业快递共同建立的面对不同国家的专线物流大大提升了运输效率；另外，速卖通大量的支付订单还带动了国际版支付宝在全球的发展，同时国际版支付宝为速卖通的资金交易保驾护航；此外，速卖通还发展了一批运营服务商和软件服务商，为商家提供整体店铺托管、经销、商品管理、客户管理等服务，既满足了商家的需求，又提升了平台的服务水平；技术服务层的大数据服务中心和云计算服务还能利用数据库的信息为各平台和商家提供咨询。

平台生态圈的各方环环相扣，互为支撑，各方需站在平台生态的角度，在产品开发、推广、售后等方面平等磋商、沟通协调。健康的平台生态体系能够提高各方的盈利能力，未来将不是企业与企业的角逐，而是生态体系之间的较量。

8.2 案例 20 网易考拉：打造海外正品跨境网购模式

8.2.1 网易考拉跨境电商模式简介

网易考拉是网易旗下海外购物网站，利用网易的游戏、音乐、新闻端、邮箱等用户流量的支持，采取“自营+海外直邮”模式，属于媒体驱动型电商。网易考拉提出“自营模式+微利生态圈+保姆式服务”的经营理念，对于海外厂商，给他们提供从跨国物流仓储、跨境支付、供应链金融、线上运营、品牌推广等一整套完整的保姆式服务，海外供货商只需要生产商品，提供商品，网易考拉通过自身资源将海外厂商利益最大化；对于消费者，网易考拉为其提供最高效便捷的进口商品购买渠道、优良的购物体验、快捷的物流配送服务和完善的售后服务。

网易考拉首页共分为今日限时购、每日上新、国家馆、全球旗舰店和全球工厂店 5 个主要板块。今日限时购中每日分 6 个时段对不同商品进行促销打折。由于海淘消费者青睐新商品，每日上新中网易考拉每天都会推陈出新，不断扩充新商品、新品类，吸引更多的消费者。根据消费者的不同习惯，网易考拉开设了国家馆，分别为韩国馆、日本馆、澳新馆、美国馆、意大利馆、德国馆和英国馆。消费者按自己消费需求进入相应的国别馆浏览商品详情。全球旗舰店与国际知名品牌如莎莎 Sasa、日本乐天市场 Rakuten、韩国 Emart、乐高 LEGO 等合作，这些品牌在网易考拉开设旗舰店，给国内消费者更多品牌选择。网易考拉全球工厂店精选国际一线品牌供应商，这些供应商拥有很强的研发和设计能力，通过网易考拉平台，这些供应商能直接为国内消费者提供去除中间差价、高品质的海外直销商品。为更好地进行海外原产地直采和对海外供货商进行管理，公司在主要的供货地成立了专门的海外分站，同时组建了专门的海外采购团，配合海外分部的采购工作。

8.2.2 网易考拉跨境电商模式分析

1. 网易考拉的成功因素

（1）自营型、保证正品

自营直采模式是网易考拉的主打经营和采购模式，用户不仅可以购买到低价优质的海外产品，还可以细致地了解产品（如品牌、价格、质量等）。为保障 100%的正品，网易考拉组织专业的采购团队，深入海外产品原产地与重要产品供应商直接对接，并结合中国消费习惯和“新消费”理念的高品质追求，与全球一线顶尖品牌和百货商店、超市达成深度战略合作协议。为了杜绝假货，一方面，网易考拉严格审查所有海外供应商的资质；另一方面，省去中间环节，直接将供应商原产地商品运回国内，交由海关直属质检部门进行检测。杭州、宁波及其他地方和国家海关、质检部门联合开发二维码可追溯性测试系统，将世界港口产品流通透明化，严格产品质量评审机制，确保产品的安全和质量。网易考拉与国家质检中心达成跨境电商质检业务深度战略合作协议，双方对海外产品质量开展“信息共享、质量控制、协同处理”的行动，形成共同治理和管理合作机制，严格控制海外产品质量。

（2）定价优势及全球布局

网易考拉拥有自主定价权，为了适应中国消费者的价格需求，团队根据市场环境及中国市场的消费节点调试原价，通过降低采购成本来控制利润率。网易考拉直接与海外顶级品牌供应商、百货商店和超市签订供货协议形成“海外批发价”，消费者可以以同样的价格购买高质量的商品。通过控制采购、中间环节等方式来控制价格，从而保证商品的质量，同时节省了中间商赚取差价的成本，还节省了海外渠道的成本。此外，通过加强与国内海关、质检等部门的合作，网易考拉将直接从海外购买的产品储存在中国国内的保税区仓库或者租赁的海外仓库等，可以节省 20%～40%的中间不必要的费用。

（3）全球供应链和仓储优势

在强大的全球供应链背后，网易考拉非常注重仓储环节，目前网易考拉具有超过 15 万平方米的保税仓储面积，在多国设立了仓储中心。网易考拉已经建立了包括海外货源整合、国际运输、海关查验、保税园区、国内配送等服务在内的完整的全球仓储物流产业链，拥有强大的专业国际物流团队和海外仓储物流中心。网易考拉在美国洛杉矶、法国法兰克福、澳洲悉尼、日本东京、韩国首尔等全球化城市已建立超过 20 个海外仓库。在国内，网易考拉在杭州、宁波、重庆、郑州等地建立全球跨境电商行业面积最大的保税区，下一步将陆续建立和开通华北、华南、西南、东北等保税物流中心，形成发达、快捷、高速的中国国内的产品配送体系。

（4）海外物流优势

网易考拉与亚马逊建立了合作关系，“亚马逊物流”基于大数据的强大仓储运营能力可以帮助网易考拉最大化利用仓储空间，确保理货上架及时率高、订单处理快、库存准确率高，并且可实现物流配送的全程可视化管理和实时跟踪，提高物流速度和运营质量，降低产品的破损率。亚马逊拥有高科技的仓储管理能力、先进的仓储运营能力及灵活的系统对接解决方案。随着中国跨境电商商业的进一步发展，精密化的仓储物流管理将会成为未来跨境电商的重要竞争力之一。目前，亚马逊通过其遍布全球的运营中心，可实现跨国配送至 185 个国家和地区。在中国，亚马逊拥有 13 个运营中心、500 多条干线运输网络，可向全国 1400 多个城市区县的消费者提供一日达或次日达的送货服务。

（5）资金支柱及付款方式

网易考拉拥有网易集团的资金支柱，网易考拉的资金投入没有上限，使得网易考拉可以大资金采购，减少缺货率。借助网易集团雄厚的资本，以及在供应链、物流链等基础条件上的投入建设，其可以持续采用低价战略。网易考拉背靠资源丰富的企业——网易，在扩展平台产品品类和国际商家合作方面占有优势，同时依靠强大的供应链提供优质的物流服务。此外，在网易考拉支付的时候可以通过一些优惠活动来支付。例如，可以通过发放考拉豆、优惠券、红包等活动宣传网易宝。

（6）升级服务系统，提高服务渠道

网易考拉的服务使得国外商家进驻中国国内电商平台的过程更为简单，解决了他们在进驻中国国内电商平台时遇到的各种问题，如语言、文化等，因此吸引了很多国外知名品牌厂商与其建立合作关系。网易考拉拥有专业的服务团体和售后服务系统，因为是保税仓发货，所以，如果客户对产品不满意，可以选择退货至保税仓，这样客户享受到了优质的服务体验。此外，网易考拉添加了客户的反馈渠道，这样可以收集用户对于网易考拉和购买的产品的意见，然后调整用户体验不佳的部分以提高客户的满意度。

（7）通过各种媒体的营销策略

通过电视这个传统媒介，传播的影响力不仅得到提高，而且影响的人群更广泛。它不仅影响了新媒体时代的青年受众，还影响了并不太会使用新媒体的中年人。还有一种方式是网络直播，网络直播的最大特征就是受众互动性，在直播的过程中双方可以频繁互动，因此加深了主播与网络用户的亲密度，利用这一亲密度，主播可以更容易地培养受众的偏好，为市场普及做准备。网易考拉在直播过程中寻访了几家当时较为火热的日本产品品牌工厂，全程实时直播，不仅做到了与受众的实时互动，而且让受众体验到现实感。最后一种策略是通过微博、微信两大社会媒体进行营销，网易考拉有自己的微信公众号与官方微博，会不定期推荐产品，通过用户的评论，既可以了解用户的需求，也可以为用户答疑解惑。

2. 网易考拉的不足之处

（1）平台信誉维护

从成立之初，网易考拉就以“进口商品100%正品，假一赔十”的口号树立平台形象，并以自营模式的优势和诚恳的态度成功赢得消费者信赖。但近几年，随着平台流量的快速增加，出现了不少关于商品存在假货的负面新闻。由于平台自身消费者还不稳定，还需不断加深消费者对平台的依赖程度，这些负面新闻无疑会给正在成长的网易考拉带来消费者流失的风险。

（2）商品款式及缺货

网易考拉的主要仓储模式为保税备货仓储，这一仓储模式虽然能够实现快速配送，但由于保税仓储的空间有限，无法将所有品牌、所有种类的商品一应俱全地购入保税仓储中。网易考拉平台不是垂直型跨境电商平台，而是覆盖全方位综合性的跨境电商平台，这样就存在商品种类繁多和国内保税仓储面积有限的矛盾。由于仓储空间有限，网易考拉只能选择消费者最喜爱的产品和款式进行采购，这就导致品牌的数目比较繁多，而每一品牌的商品款式并不丰富。同时，在网易考拉平台上经常会出现商品缺货的现象，且等待补货时间过长。网易考拉采取保税备货仓储模式，由于进口商品需要通过国际物流公司进行入境派送，统一集中存储在国内的保税仓储中心后才能提供下单服务，若对商品库存的监测和控制不及时且无法保证商品采购与国际物流运输有时间上的继起性，势必会导致库存货源不足。这一经常性的缺货问题会影响平台的销售业绩，会导致用户的购买欲望下降，影响消费者购物体验并错过良好的消费者购买时机，使平台的用户流入其他的同类电商平台，更为严重的是，会降低用户的忠诚度。

（3）消费者的需求定位

轻奢侈品介于奢侈品和快时尚之间。轻奢侈品对于中产阶级人群最具吸引力，能够给生活相对富裕的人群带来购物上的满足感和成就感。轻奢侈品通过独特的品位和声誉来彰显消费者的个性和时尚感。购买轻奢侈品的用户往往对产品品牌具有其他产品所不能替代的独特“感情”，对这一品牌非常信任和喜欢，或者为了引人注目、彰显自己的审美和地位而进行购买。网易考拉专门在网购平台上设置了“轻奢”一类，主要包括美妆、单肩包、手提包、珠宝首饰、腕表配饰等。

（4）进口商品信息的充分性

与传统零售企业相比，电子商务平台最大的缺点是只能通过象征性的质量信息来传递相关产品的信息，如图片、视频等。由于商品信息与实物分离，消费者无法获得直接的对商品质量的感知，无法从象征性信息中获得更多有利于自己的信息，从而拒绝在电子商务平台进行购买活动，这是电子商务平台共有的问题。对于网易考拉这样的进口跨境电商来说，消费者受自身经验影响，缺少实体体验和对商品生产者的认同感，电商平台又只能通过象征性的质量信息来传递相关产品的信息，再加上平台的客服服务功能不够完善，这种特征就决定了进口商品的信息非对称性问题的存在。在网易考拉平台上，这种信息非对称性问题容易造成“逆向选择”，即较差质量的商品逐渐把优质商品逐出市场。因为信息非对称问题的存在，消费者无法判断进口商品的质量，只能按照价格来区分好的商品和差的商品，于是消费者按照商品的加权平均价格进行购买，从而使得优质商品没有人购买，较差的商品越来越占据市场。

（5）国际物流服务水平

网易考拉采取与第三方物流公司合作的物流模式，这势必就会产生委托和代理的关系问题，尤其在国际物流运输方面，委托和代理关系问题更具突出性和复杂性。在一系列环节全部由第三方物流公司完成时，由于存在信息不对称和双方利益不完全一致的问题，网易考拉无法完全了解第三方物流公司的努力程度及采取的配送措施，无法推测是否在装卸、运输途中遵循轻奢侈产品“轻拿轻放”原则，以及是否在跨境电商口岸办理通关时对本公司货物进行实时关注，无法完全判断是否按照合约履行“快速配送”的原则，以及是否提供一整套完备的在线管理服务及条码扫描等增值服务，无法推测在国际运输时是否采取了最优的配送方式。因此，容易出现“道德风险”的现象，主要表现在服务质量上以次充好来降低自身的成本。这样，商品的物流速度和质量就无法得到完全的保障。

8.2.3 跨境电商发展的启示

1. 成功经验

（1）重视用户对产品的需求搜集

网易考拉重视用户的需求，一方面根据平台各类产品的销售量及用户的检索频次有计划地增减相应的产品数量；另一方面，根据电商平台个性化产品信息推荐系统有目标、有针对性地向用户推荐符合其需求及个体特征的产品信息，以实现精准网络营销。

（2）重视平台与用户之间的互动及沟通

沟通既体现了平台对用户的重视及尊重，也让用户与平台、用户与用户之间实现了彼此信任。网易考拉在平台中专门设置了“种草社区”板块功能，就是为了实现平台与用户、用户与用户之间的交流沟通，既拉近了彼此之间的距离，增强了用户对平台的忠诚度，也通过该板块能快速了解用户的意见及需求，并能在第一时间回复用户。

（3）降低产品采购及仓储物流成本，降低用户购物成本

在同等产品中，网易考拉的价格相比小红书、洋码头、京东国际、天猫国际等具备明显的价格优势，这是因为网易考拉一方面依托于自营模式大批量采购境外产品，压低了产品单价；另一方面，在产品的跨境运输中拥有较好的管理机制，降低了产品仓储物流成本，进而使得用户能够以更低的价格购买到同等质量的产品。这也是当前网易考拉相比其他跨境电商平台的优势之一。

（4）重视用户使用体验感，提高使用便利性

随着互联网产业的逐步成熟，电商平台之间的竞争从过去的产品竞争转型到用户服务之间的竞争。用户服务涉及的层面更为宽泛，它不仅要求跨境电商平台提供优质的产品，还需要提供完善的售后服务、便捷快速良好的购物体验感、高效的物流运输服务及平台与用户之间的沟通互动服务。而网易考拉的 App 界面风险及购物便利性远超其他跨境电商平台，这也是很多年轻女性偏爱网易考拉的重要原因之一。同时，在产品字体、颜色、风格、界面设置、链接跳转、购物流程等细节上，网易考拉都体现出了便利性与高体验感。

2. 失败教训

（1）没有充分利用网易集团现有内部资源

网易考拉除在产品定位、运营管理模式、产品售后、产品质量上处于领先水准外，还耗费巨资大力开展网络营销活动。但从网易考拉过去的营销战略规划来看，它还没有充分利用网易集团现有的内部资源渠道，扩大了营销效应。例如，网易考拉在推广产品及平台时没有集中在网易云音乐、网易游戏、网易新闻等渠道投放营销广告，上述 3 个子平台上的用户转换为网易考拉的注册用户的转换率很低，也没有充分借助上述 3 个子平台的品牌效应来提升网易考拉的品牌效应。因此，对于网易考拉而言，营销策略制定需要重视利用现有渠道资源及用户资源。

（2）没有精准定位目标客户及目标市场

在过去，网易考拉制定网络营销策略采取的模式是“全网轰炸”，并没有根据平台的定位有针对性地选择具体某个市场或者某类客户重点营销，导致网易考拉的网络营销成本一直居高不下。

3. 启示

（1）选择精准的目标市场及目标客户

在制定营销策略之前必须根据企业发展战略和当前产品种类选择合理的目标市场及目标客户，这是保障网络营销策略效果的基本前提。当前我国很多跨境电商企业在实施网络营销策略时采用“全覆盖”“狂轰滥炸”的原则，这样不仅降低了网络营销策略实施应用的效益，而且给跨境电商企业增加了营销成本。选择合理的目标市场及目标客户一方面能够帮助跨境电商企业快速找到增长空间，深化其在该领域的品牌价值；另一方面也能尽可能提高跨境电商网络营销策略的实时效应，避免营销策略给企业造成过重的营销成本。

（2）重点针对优质客户营销

跨境电商平台重点关注年轻、拥有一定学历、具备一定生活品质的女性跨境电商消费市场。这类人群一方面对境外的正品、高性价比产品具备强烈的消费欲望；另一方面这类人群的网络口碑传播效益非常明显，跨境电商企业需要重点关注这类消费人群，她们不仅拥有较强的消费能力和消费意愿，而且她们对好的境外产品具备较强的主动推介宣传意识，一旦某个境外产品或者某个跨境电商品牌获得她们的认可，她们会在一定时间内主动帮助跨境电商平台在周边人群中积极推介营销，这样不仅能提升跨境电商平台的网络营销效应、提升客户对平台的忠诚度，还能帮助跨境电商平台快速建立品牌效应和网络正面传播效应。

（3）提升营销策略的趣味性来吸引消费者注意力

营销策略的制定需要基于目标客户的口味及风格偏好，营销策略的形式目前难以有较大的创新，主要集中在产品营销、渠道营销、品牌营销、价格营销、沟通营销、便利性营销、体验感营销等层面上。但在营销策略的风格及口味上需要结合客户的文化偏好及风格青睐程度，需要注重目标客户当前比较关注什么、他们喜欢什么形式的营销，只有这样才能制定出消费者能够接受和关注的营销策略。

（4）联合其他平台实现用户互换

当前跨境电商企业制定网络营销策略的目的：一是提升平台知名度，提升网络影响力，打造自身品牌；二是提升平台产品营销业绩，提升平台注册用户数量及付费用户占比。网络营销策略本质上就是向意向用户传达相应的信息，但当前广大电商平台在寻找意向客户及潜在客户时存在一定难度，成本较高，这也是众多跨境电商企业实施“狂轰滥炸”的原因之一。因此，在这种情况下，不同平台之间可采用用户互换的形式，降低营销成本，提升营销效果。例如，跨境电商平台可以与英语教学平台实现用户互换，将两个平台的用户信息进行共享，以帮助两家平台共同提升营销业绩，同时，提高两家平台营销的精准性及营销效率。

（5）重视与用户的“黏性”沟通互动

跨境电商平台要想保障用户的忠诚度、提升消费频次，除了在产品、服务上下功夫，还需要重视与用户的“黏性”沟通互动，需要建立与用户能够直接对话交流的渠道，提升买卖双方之间的互动程度。这为后期打造跨境电商平台网络影响力、塑造企业品牌都具备显著效果。

8.3 案例 21 天猫国际：跨境电商平台商业模式分析

8.3.1 天猫国际跨境电商模式简介

阿里巴巴在 2014 年推出了天猫国际这一 B2C 跨境电商平台，天猫国际属于典型的“第三方型跨境电商平台商业模式”，为国内消费者直接供应海外进口商品。目前，天猫国际的“足迹”涉及 75 个国家及地区，并有 19 000 多个国际品牌入驻，其商品覆盖母婴、美妆、保健、食品、服饰、家居、个护等 3900 多个品类，消费需求越来越个性化和多元化，驱动了天猫国际引入更多新兴产地、小众品牌的商品，更好地满足乐于尝试的消费者，让他们足不出户，就能买到全球好物。

进驻天猫国际的商家都是具有海外零售资质的公司实体，但公司均在中国大陆以外；所售卖的商品都原产于或销售于海外，并通过中国海关正式入关。由于国内消费者对淘宝购物流程更为熟悉，天猫国际也会采用类似的流程，让消费者更便捷地购买海外商品。在支付方面，消费者可以像在淘宝购物一样使用支付宝买到进口商品。在物流方面，天猫国际对商家有具体要求，如 120 个小时内完成发货，14 个工作日内将货物送达，并全程保证物流信息可跟踪。在售后方面，使用旺旺中文咨询这一专业软件，提供售后咨询和服务。

作为中国大型的跨境电商平台企业，天猫国际不仅对市场具有决定性的主导作用，还对品牌价值的估量具有较高的权威性。天猫国际引进了来自 75 个国家的近 19 000 个海外品牌，其中超过 80%的海外品牌是第一次进入中国市场。如何在新的、不熟悉的环境中打开局面是境外客商的最大隐虑，但根据天猫平台采集的大量活跃用户数据，基于大数据的开发和新零售生态的分析操作工具，商家能够快速精准地找到自己的位置，准确地匹配目标消费者，即使小型和中型商家也可以成为细分市场的隐形冠军。在天猫国际平台完善优秀、更多消费者购买、更多优质品牌入驻三者良性循环下，天猫国际公布了进口商品的扩展计划：跨境商品种类将扩充到 100 万种以上，全面满足中国消费者的购物需求，并注重产品的质量保证和物流服务，改善消费者的体验。到时，天猫国际将成为第一个在中国进口商品超过百万的跨境电子商务平台企业，更好地稳固天猫国际在跨境电商市场的领先地位。

8.3.2 天猫国际跨境电商运作分析

1. 天猫国际的跨境电商运作模式

目前，天猫国际较常见的平台商业运作模式主要有两种：一种是直发、直运模式；另一种是保税直邮模式。

天猫国际是我国直发、直运模式的代表性平台，首先天猫国际以阿里巴巴旗下的强大资源为依托，吸引了全球众多的品牌供应商与其合作，一直在市场拥有极高的占有率。天猫国际平台巨大的流量和知名度，也吸引了许多一直有意开拓中国市场的海外供应商。天猫国际与法国、意大利等许多拥有知名品牌的国家建立了友好的合作关系，这些国家的政府部门将配合引导本国的品牌逐渐进入天猫国际平台，帮助天猫国际减轻品牌审核的压力、规避风险。这不仅有利于外国品牌未来的良性发展，还给天猫国际带来国际上的认可和便利，可谓双赢局面。在众多品牌供应商入驻平台的支持下，消费者登录天猫国际平台选择自己喜欢的商品并下单支付，下单成功后天猫国际将产生的订单发送到消费者所选购商品的品牌供应商手中，品牌供应商根据订单将相对应商品从供应商所在地发货，通过国内外物流配送、海关清关最终到达消费者手中（见图 8-1）。

直发、直运模式具体是指平台与供应商合作并入驻后进行线上销售、推广营销，消费者进行相应的商品选择、下单支付，平台作为中间者先接收来自消费者的订单，然后将订单发送给供应商，供应商按照最终的零售订单将商品邮寄到消费者手中，最终平台从中盈利。

随着消费者对海外购物的需求和要求逐渐增加，商品选择更多、商品价格更低、物流配送速度更快、售后有保障等要求成为跨境电商新的发展趋势。于是，天猫国际推出了保税直购（环球闪购）的新模式来响应这些需求。天猫国际已陆续与六大试点城市（杭州、宁波保税仓等）合作，通过阿里巴巴持续以来积累的消费大数据和数据洞察能力，将消费者需求聚合，找到美妆、保健品、奢侈品这些海购消费热点之外的消费需求，让消费者购买商品的选择更多。天猫国际保税直购模式是与海外品牌供应商合作后，直接批量采购海外商品，将批量商品依托港口，批量海运、空运到保税仓，经过海关商检合格后在天猫平台上进行线上销售、推广营销，消费者选择商品并下单支付后，订单发送到保税仓，保税仓与海关对接清关，然后从保税仓直接发货到消费者手中，最终平台从中盈利（见图 8-2）。

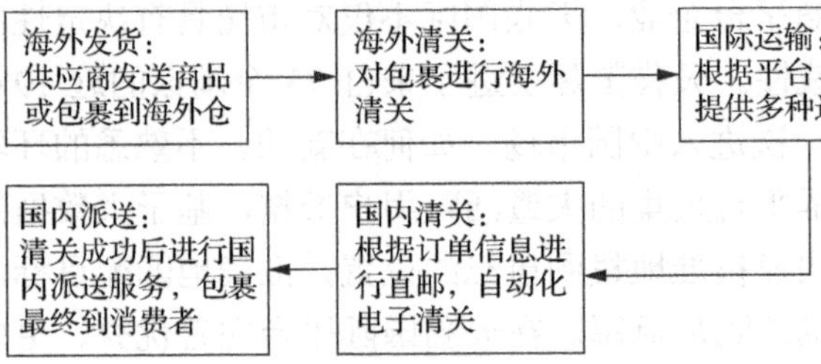

图 8-1　天猫国际直发、直运模式

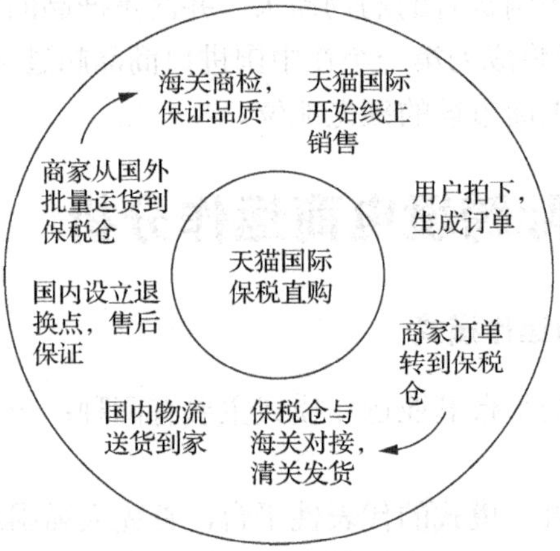

图 8-2　天猫国际保税直购模式

对于消费者来说，整个过程有物流追踪，让消费者能够有效掌控流程。时间上，天猫国际也承诺保证 72 小时内发货，保证 7 天内将商品送达顾客。如果商品有任何问题，天猫国际要求商家在国内设置退换点，让消费者售后有保障，买得更放心；对于商家来说，商家缴纳每单不到十元的服务费，就能加入“环球闪购”平台，享受保税仓货物的分拣、保税区内的配送、入境通关等服务。保税仓发货代替了原先的国际直邮，邮费成本大大降低，从而降低商品售价，让消费者更容易接受，也让商家的供货能力更稳定。

2. 天猫国际的商业模式构成要素

（1）产品流

天猫国际目前购买频次高的消费者主要集中在“80 后”“90 后”的年轻女性，这类人群对商品质量有着强烈敏感度和品质需求，并且喜欢囤货，消费潜力巨大。所以，目前天猫国际上相对畅销的产品种类为美妆个护、保健品、食品、服饰箱包类等，主要切合国内消费者对国外品牌较为信赖、欣赏的消费理念。天猫国际不断发展，凭借其国内极高的知名度，吸引了众多海外品牌的加入，品牌入驻的数量逐年增加，这意味着天猫国际所能提供的海外商品在数量和种类上都有了一个质的飞跃。同时，为了更好地满足各方需求，天猫国际逐渐建立完善的保税仓，积极保障产品供应的各环节，从而为消费者提供更多样的产品选择，吸引更多样的消费者。

（2）推广营销

其实对于大多数跨境电商来说，常见的几种推广营销模式有搜索引擎营销、精准化营销和社会流媒体营销，天猫国际同样如此。但随着科技时代的进步，很多常规的营销手段显得心有余而力不足，如何在巨大泛滥的信息流面前将品牌更高效地传播给消费者才是重点。现今，流量为王，跨境电商平台企业也纷纷布局于“流量大户”娱乐营销。娱乐营销，顾名思义，就是依靠娱乐性质所带来的巨大流量并运用传统营销手段进行扩散和二次传播。在这点上，天猫国际先发制人，参与到以品牌冠名和赞助为代表的娱乐营销中。

天猫国际独家冠名了收视率高的电视娱乐节目。首先，天猫以每周的时间节点配合节目的播出，不断推进自身活动。然后，以“6”为主要概念，打造“6+6+6”的进口业务极限挑战，以 6 个国家/地区（美国、日本、韩国、欧洲、中国台湾、澳洲）为概念，强化天猫国际的跨国进口理念；以 6 个场景化（约会、出游、尽孝心、宅在家、旅行、运动）的概念，强化进口商品应用场景；打造 6 个爆品，利用代表性的商品搭配每一期节目主题；在节目最后一期中，天猫国际最大限度地利用之前播出的节目中用户形成的“到星期天就去天猫国际参加活动，抢红包”的习惯思维，不断打造爆品，进一步将星期天参加极限挑战抢天猫国际红包的活动变为用户常态。天猫国际运用“娱乐综艺节目+线上传播+线下活动”成功造势，为天猫国际增加了流量和知名度。

（3）跨境支付

天猫国际依托于阿里巴巴，其主要支付方式是支付宝。图 8-3 所示为天猫国际的跨境电商交易流程。消费者选择商品并下单，通过支付宝支付后，这部分货款暂时存在支付宝，待商家处理订单并发货完成，消费者最终收到购买的商品后，这部分货款才会抵达商家手中。这种方式在一定程度上保障了商家和消费者双方的利益，通过第三方过渡监督，让双方资金流动更加规范化。

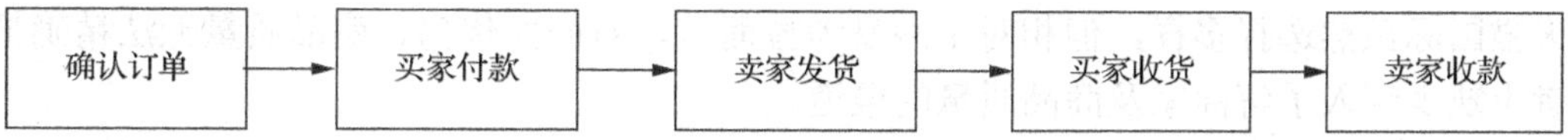

图 8-3　天猫国际的跨境电商交易流程

但与淘宝不同的是，因为涉及跨境交易，天猫国际运用了国际版支付宝（Escrow）。国际版支付宝的安全性是有目共睹的，如阿里巴巴国际站和国内支付宝（Alipay）就共同向国际版支付宝提供第三方担保服务。如今，国际版支付宝支持的支付方式很多 ，如信用卡、银行汇款等多种支付方式，在之后的时间里将会持续有更多样的支付方式被引入。而且，国际版支付宝的收款是不需要留存任何款项的，网上支付后即可快速直接到账，交易十分便捷。在消费者使用信用卡付款时，通过中国银行的业务支持，国际版支付宝可以将货款按当日汇率转换为商家所在国货币并打入商家的账户中。

（4）物流配送

天猫国际的物流配送同样依托于阿里巴巴的强大资源——菜鸟物流。菜鸟物流不同于传统的物流公司，菜鸟物流本身是不送快递的，而是帮助快递公司更高效地送快递，从一定角度来说更像“快递物流的人工智能”，可以帮助快递公司做好协同。在流程上，菜鸟物流可以对跨境、仓储、配送的信息和末端的大数据进行抓取、建模和运算。目前，菜鸟物流正在逐渐把大多数快递公司引入其网络之中，让这些物流公司成为菜鸟联盟的一员，如同商户们与阿里巴巴平台的关系一样。

对跨境电商来说，物流配送是一大难点，而天猫国际正在逐渐利用菜鸟物流的轻平台运营模式优化其跨境物流体系，天猫国际平台规定通过跨境申报进境的（保税直邮模式）都必须使用菜鸟体系，而通过邮关进境的（直发、直运模式）没有被硬性要求，可自行选择直邮或菜鸟集货直邮。虽然对于直发、直运模式的商家没有强制要求，但是商家需要订购和签约菜鸟服务，这代表菜鸟物流在很大程度上已经覆盖了天猫国际。这种大面积覆盖应用菜鸟物流可以避免商家因为使用了各种物流服务商而造成物流水平参差不齐、消费者体验差的现象，有利于提高服务质量和效率，也有利于对淘宝、天猫平台上的物流服务进行监管、规范。

（5）盈利方式

天猫国际属于典型的“第三方平台型”，其主要盈利模式是佣金盈利方式和增值服务盈利方式，收取商家入驻和产生交易所得的交易费、会员费、服务费等费用。

8.3.3 跨境电商模式比较分析

通过将第三方型跨境电商平台企业（天猫国际）与自营型跨境电商平台企业（网易考拉）商业运作模式中重要环节的构成要素进行对比，可以发现不同平台企业在自身定位、产品定位、市场策略等方面有一定的差异。通过分析对比两家跨境电商平台企业，可以取其精华，去其糟粕，进一步优化跨境电商平台商业模式的各构成要素乃至各运作环节。

首先，天猫国际作为第三方型跨境电商平台，没有商品的所有权，在本质上更注重“量”，相比于网易考拉来说，有着商品品类多、商家数量多和平台规模大的优势，但由于不像自营型和混合型存在“自营直采”流程，深入到产品原产地，对品牌商家和商品的质量要求都比较高，所以天猫国际虽然选择多样，但相对于网易考拉而言，对商家优劣、商品质量无法精确把握，消费者也缺少深入了解商家及商品质量的渠道。

其次，两家平台企业根据自身的市场策略，有着不同的营销点，但大致的营销推广手段呈现单一化、趋同化，并且对于平台本身的利用率不高，没有太多基于庞大用户量的平台本身所采取的针对性的推广营销措施。例如，天猫国际和网易考拉的近年营销重点都放在娱乐营销上面。

再次，在跨境支付和物流配送上，两家平台企业都注重发展自身的支付和物流体系，在支付上，各自有相应的支付工具，并且着重推广自家支付工具；在物流体系上，天猫国际下的菜鸟物流是整合物流企业，注重配送过程效率化，网易考拉的物流重点则在仓储建设和仓储效率上。天猫国际与网易考拉在物流上的一大区别在于菜鸟物流本身是不送快递的，而是帮助快递公司更高效地送快递，所以在依靠其他物流公司的情况下，要注重管理和控制物流、仓储流程。

最后，在盈利模式上，根据平台类型的不同，天猫国际的主要盈利模式是佣金盈利方式和增值服务盈利方式，网易考拉主要依靠销售盈利，即网易考拉营销商品所获得的利润和收益。虽然各自盈利模式有区别，但都需注意成本控制问题。

总而言之，天猫国际、网易考拉都是我国跨境电商行业中表现优秀的平台企业，他们的跨境电商平台商业模式都是值得肯定和借鉴的，而天猫国际作为其中市场占比最高的跨境电商平台企业，可以取长补短，借鉴竞争者的优势和长处，弥补自身的不足，完善平台模式，扩大盈利，提高企业本身的市场竞争力和市场份额，最终促进跨境电商行业的健康发展。

本章小结

跨境电子商务是指分属不同关境的交易主体，通过电子商务平台达成交易、进行支付结算，并通过跨境物流送达商品、完成交易的一种国际商业活动。本章选取 3 个典型的跨境电商案例，分别分析了速卖通的出口 B2C 跨境电商模式、网易考拉的海外正品跨境网购模式，以及天猫国际的跨境电商平台模式。

本章实训

实训案例

Shopee 跨境电商模式分析

Shopee 于 2015 年成立于新加坡，是新加坡 SEA Group 的旗下业务。Shopee 电子商务平台是一个以移动为中心、以社交为中心的市场，具有集成的支付和物流基础设施及完善的卖方服务。其业务遍布新加坡、马来西亚、泰国、中国台湾、印度尼西亚、越南及菲律宾七大市场。

在东南亚开展电商，Shopee 和中国的关系密不可分——不仅腾讯持股约 40%，稳居最大股东，而且在深圳成立中国跨境总部，深挖供应端的“中国优势”，透过一站式跨境解决方案持续重塑出海生态：提供卖家孵化顾问服务、创新机器翻译突破语言难题、搭建自建物流 SLS 和金流链路，打通中国与东南亚蓝海。Shopee 在每个市场建立了专业的运营团队和招商团队，并且投入庞大的市场费用。投入终有回报，在短短时间里，Shopee 获得了 2 亿多个用户，并且在马来西亚、泰国、中国台湾、印度尼西亚、越南及菲律宾等市场建立了广泛的认知度，东南亚年轻人都偏爱 Shopee。

在印尼、马来西亚、越南等地区，Shopee 的优势强于 Lazada，这几个国家都是东南亚人口大国，进而 Shopee 在东南亚获得了比 Lazada 更可观的规模。电商永远不是一成不变的行业，每个国家都有植根于当地的电商平台，如印尼的 Tokopedia、Bukalapak，越南的 Tiki、

Sendo，都是 Shopee 和 Lazada 的有力竞争者。目前，东南亚的电商处于高速发展阶段，随着电商基础设施（物流、支付、供应链）的完善，占据先发优势的 Shopee 的营收规模会持续扩大。Shopee 实现跨越式发展，稳居东南亚电商企业龙头地位，成功秘诀是什么？

1．买家策略

① 主推移动式购物。由于东南亚地区互联网发展较晚，Shopee 主打移动购物，消费者可以随时随地购物。

② 丰富的商品品类，个性化推荐，搜索优化，用户分析。这些中国电商的常规策略也在帮助 Shopee 提升用户体验。

③ 便捷支付方案。支付仍旧是东南亚用户连接电商的大问题，Shopee 使买家能够使用不同的方式付款，包括信用卡、在特定市场中的货到付款、银行转账和 Shopee 的电子钱包。Airpay 也为 Shopee 的支付贡献着力量。

④ 综合物流解决方案。提供各种物流方案，适应地区性需求，保证用户收到货，如在台湾地区提供便利店代收服务。Shopee 与各地区跨境物流合作伙伴合作，连接买卖双方。利用交易规模，与物流合作伙伴网络建立战略合作，从而降低物流成本。

⑤ 社区构建和游戏化运营。Shopee 支持实时聊天，开始构建社区功能，如 99 大促期间上线的直播功能，开始融入内容，在用户间建立更强的连接。在 Garena 游戏基因的带动下，Shopee 一开始就融入各种游戏化运营思路，有种“拼多多”的潜质，如 9.9 包邮、秒杀等各种拉新促活的活动。

⑥ 巨额市场营销费用和用户补贴。如果你去东南亚主要城市旅游，你会发现随处可见的 Shopee 广告，Shopee 和 Lazada 的竞争推高了东南亚市场的广告成本，Shopee 在线上线下持续投入取得了明显成效。Shopee 通过主要的门户网站、搜索引擎和社交媒体投放在线广告。不仅如此，Shopee 在新市场会给用户补贴，如运费，以此来吸引用户线上消费。

⑦ 买家保护。和阿里类似，Shopee 为消费者提供一系列的担保和争议解决服务，保障用户权益。

2．卖家策略

Shopee 为卖家提供有效的支持，服务好商家就可以解决“货”的问题。Shopee 的卖家除了七大市场的本地卖家，还有中国大陆、韩国及其他地区的卖家。几百万卖家为 Shopee 提供了丰富的 SKU 品类。Shopee 做了一系列工作给卖家提供便捷性。

① 一站式电子商务解决方案。Shopee 为卖家提供了一个集中化、标准化的商家平台，用户可在智能手机和 PC 上访问该平台，该平台提供一些基本的商品、订单、促销等商家功能。

② 卖家培训和商家社区建设。成立 Shopee University 为卖家提供在线培训，建立卖家组织，方便大家交流。并且有专属的运营经理跟进新卖家的店铺运营，为其制定合理的店铺成长体系。

③ SLS 物流支持。为了解决地区物流，Shopee 构建了自己的跨境物流产品 SLS（Shopee Logistics Services），以支持各个地区之间的物流互通。例如，中国的 Shopee 卖家只要把货发到 Shopee 在中国的仓库，后面所有的事情都由 SLS 来接手，把物流风险和成本降到最低。目前，Shopee 在深圳、上海、义乌、泉州等地建立了中转仓。

④ 技术支持。Shopee 对于卖家有支付、ERP、语言等全方位的技术支持。
⑤ 广告流量支持。Shopee 提供类似于阿里直通车的服务，为卖家提供流量支持。

实训内容：分析 Shopee 跨境电商模式的特点。
实训要求：形成一份案例分析报告。

复习思考

1. 分析速卖通跨境电商 B2C 模式的特点。
2. 分析网易考拉的成功因素。
3. 分析天猫国际跨境电商模式的要素。
4. 分析上述三个案例对我国跨境电商发展的启示。

第9章

电子商务行业案例

【学习目标】

1. 京东“自营+第三方”电商物流模式分析；
2. 苏宁易购的“互联网+金融”模式分析；
3. 社交电商模式的成败分析；
4. 德庆柑桔[①]的农产品商务模式分析；
5. 政务头条号的电子政务模式分析。

【引导案例】

亚马逊的电商物流模式

物流已成为决定电子商务效益的关键因素。在电子商务中，如果物流滞后、效率低、质量差，则电子商务经济、方便、快捷的优势就不复存在。因此，完善的物流系统是决定电子商务生存与发展的命脉。众多电子商务企业经营失败，在很大程度上源于物流上的失败。亚马逊正是由于有完善、优化的物流系统作为保障，才能将物流作为促销的手段，并有能力严格地控制物流成本，有效地进行物流过程的组织运作，进而促进了亚马逊的发展。亚马逊的物流系统具有以下几个方面的特点。

（1）在配送模式上采取外包的方式。

亚马逊将其国内的配送业务委托给美国邮政和UPS，将其国际物流委托给国际海运公司等专业物流公司，自己则集中精力发展主营业务和核心业务。这样既可以减少投资、降低经营风险，又能充分利用专业物流公司的优势，降低物流成本。

（2）将库存控制在最低水平，实行掌库存运转。

亚马逊通过与供应商建立良好的合作关系，实现了对库存的有效控制。亚马逊的库存图书很少，维持库存的只有200种最受欢迎的畅销书。一般情况下，亚马逊在顾客下订单后，才从出版商那里进货。购书者以信用卡向亚马逊支付书款，而亚马逊却在图书售出46天后才向出版商付款，这就使得它的资金周转比传统书店要顺畅得多。由于保持了低库存，亚马逊的库存周转速度很快。

---

① 本书中的“柑桔”应为“柑橘”。

（3）降低退货比率。

虽然亚马逊经营的商品种类很多，但由于对商品品种选择适当、价格合理，商品质量和配送服务等能满足顾客需求，因此其保持了极低的退货比率。这不仅降低了企业的退货成本，而且使企业保持了较高的服务水平，取得了良好的商业信誉。

（4）为邮局发送商品提供便利，降低送货成本。

在送货中，亚马逊采取一种被称为“邮政注入”的方式降低送货成本。所谓“邮政注入”，就是使用自己的货车或由独立的承运人将整卡车的订购商品从亚马逊的仓库送到当地邮局的库房，再由邮局向顾客送货。这样就可以免除邮局对商品的处理程序和步骤，为邮局发送商品提供便利条件，也为自己节省了资金。据一家与亚马逊合作的送货公司估计，靠此种“邮政注入”方式节省的资金相当于头等邮件普通价格的 5%～17%，十分可观。

（5）根据不同商品类别建立不同的配送中心，提高配送中心作业效率。

亚马逊的配送中心按商品类别设立，不同的商品由不同的配送中心进行配送。这样做有利于提高配送中心的专业化作业程度，使作业组织简单化、规范化，既能提高配送中心的作业效率，又可减少配送中心的管理和运转费用。

（6）采取“组合包装”技术，扩大运输批量。

顾客在亚马逊的网站上确认订单后，可以立即看到亚马逊销售系统根据顾客所订商品发出的是否有现货，以及选择的发运方式、估计的发货日期和送货日期等信息。

辩证与思考：电商物流和传统物流相比有什么特点？

分析与提示：电商物流模式的特点。

9.1　案例 22 电子商务物流：京东“自营+第三方”运营模式

9.1.1　电子商务物流发展现状

物流是电子商务的重要组成部分，没有物流，电子商务的服务链条就无法落地实现。物品配送效率高，服务质量好，不仅是传统商超的成功秘钥，还是电商企业的命脉所在。基于物流对电子商务举足轻重的影响，自京东开始，企业逐渐意识到建设电子商务物流的重要性。

1. 电子商务物流概述

1）电子商务物流的概念

电子商务物流又称网上物流，就是基于互联网技术，旨在创造性地推动物流行业发展的新商业模式。通过互联网，物流公司能够被更大范围内的货主客户主动找到，能够在全国乃至世界范围内拓展业务；贸易公司和工厂能够更加快捷地找到性价比最适合的物流公司；网上物流致力于把世界范围内最大数量的有物流需求的货主企业和提供物流服务的物流公司都吸引到一起，提供中立、诚信、自由的网上物流交易市场，帮助物流供需双方高效达成交易。目前已经有越来越多的客户通过网上物流交易市场找到了客户，找到了合作伙伴，找到了海外代理。网上物流提供的最大价值就是更多的机会。

2）电子商务物流的特点

电子商务时代的来临给全球物流带来了新的发展，使物流具备了一系列新特点。

（1）信息化

电子商务时代，物流信息化是电子商务的必然要求。物流信息化表现为物流信息的商品化、物流信息收集的数据库化和代码化、物流信息处理的电子化和计算机化、物流信息传递的标准化和实时化、物流信息存储的数字化等。因此，条码技术（Barcode）、数据库技术（Database）、电子订货系统（Electronic Ordering System，EOS）、电子数据交换（Electronic Data Interchange，EDI）、快速反应（Quick Response，QR）及有效的客户反映（Effective Customer Response，ECR）、企业资源计划（Enterprise Resource Planning，ERP）等技术与观念在我国的物流中将会得到普遍的应用。信息化是一切的基础，没有物流的信息化，任何先进的技术设备都不可能应用于物流领域，信息技术及计算机技术在物流中的应用将会彻底改变世界物流的面貌。

（2）自动化

自动化的基础是信息化，自动化的核心是机电一体化，自动化的外在表现是无人化，自动化的效果是省力化。物流自动化可以扩大物流作业能力、提高劳动生产率、减少物流作业的差错等。物流自动化的设施非常多，如条码/语音/射频自动识别系统、自动分拣系统、自动存取系统、自动导向车、货物自动跟踪系统等。这些设施在发达国家已普遍应用于物流作业流程中，而在我国由于物流业起步晚，发展水平低，自动化技术的普及还需要相当长的时间。

（3）网络化

物流领域网络化的基础也是信息化，这里的网络化有两层含义：一是物流配送系统的计算机通信网络，包括物流配送中心与供应商或制造商的联系要通过计算机通信网络，另外与下游顾客之间的联系也要通过计算机通信网络，如物流配送中心向供应商提出订单这个过程，就可以使用计算机通信网络，借助增值网（Value Added Network，VAN）上的电子定货系统（EOS）和电子数据交换技术（EDI）来自动实现，物流配送中心通过计算机通信网络收集下游客户的定货的过程也可以自动完成；二是组织的网络化，即企业内部网（Intranet）。物流的网络化是物流信息化的必然，是电子商务下物流活动的主要特征之一。当今世界 Internet 等全球网络资源的可用性及网络技术的普及为物流的网络化提供了良好的外部环境，物流网络化不可阻挡。

（4）智能化

这是物流自动化、信息化的一种高层次应用，物流作业过程大量的运筹和决策，如库存水平的确定、运输（搬运）路径的选择、自动导向车的运行轨迹和作业控制、自动分拣机的运行、物流配送中心经营管理的决策支持等问题都需要借助大量的知识才能解决。在物流自动化的进程中，物流智能化是不可回避的技术难题。好在专家系统、机器人等相关技术在国际上已经有比较成熟的研究成果。为了提高物流现代化的水平，物流的智能化已成为电子商务下物流发展的一个新趋势。

（5）柔性化

柔性化本来是为实现“以顾客为中心”的理念而在生产领域提出的，但要真正做到柔性化，即真正地根据消费者需求的变化来灵活调节生产工艺，没有配套的柔性化的物流系统是不可能达到目的的。20 世纪 90 年代，国际生产领域纷纷推出弹性制造系统（Flexible Manufacturing System，FMS）、计算机集成制造系统（Computer Integrated Manufacturing System，CIMS）、制造资源系统（Manufacturing Requirement Planning，MRP）、企业资源计划（ERP）及供应链管理的概念和技术，这些概念和技术的实质是将生产、流通进行集成，根据需求端的需求组织生产，安排物流活动。因此，柔性化的物流正是适应生产、流通与消费的需求而发展起来的一种新型物流模式。这就要求物流配送中心根据消费需求“多品种、小批量、多批次、短周期”的特色，灵活组织和实施物流作业。另外，物流设施、商品包装的标准化，物流的社会化、共同化也是电子商务下物流模式的新特点。

2. 电子商务物流的运营模式

随着电子商务活动的快速发展，客户对物流服务的要求也越来越高。高水平的物流服务将会提高客户的满意度，塑造企业品牌的同时培养了客户对企业的忠诚度。如何面向客户提供高水平的物流服务，已经成为众多电子商务企业经营者不得不思考的问题。一般来说，不同类型的电子商务对物流服务的需求会有所不同，其选择的物流模式也会有所差别（见图 9-1）。

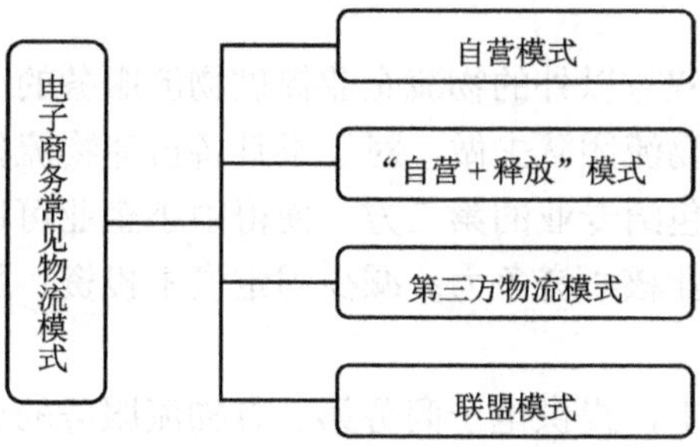

图 9-1　电子商务常见物流模式

（1）自营模式

自营物流是指企业借助于物流设施、设备和管理机构等自身物质条件而自行组织的物流活动。企业物流系统的组建一般有两种形式：企业只建设区域性配送中心，并负责配送中心内部的运作与管理，而面向客户的配送工作则外包给第三方物流完成；建设全能型的物流系统，从企业到客户的全部物流流程都由企业自身的物流系统负责完成。

电子商务企业采用自营模式的价值在于电子商务企业通过物流自营，整体上能够更好地协调各职能部门的工作。企业的物流相关活动由企业不同的职能部门完成，其涉及的管理与沟通活动都是在企业内部进行的，这使各职能部门的沟通更容易。同时，企业采用自营物流模式能够确保物流服务质量的稳定性，可以掌握对供应链的控制权；可以通过对物流的合理规划提高物流效率、减少物流费用；可以提高服务质量和获得信息反馈；可以有效控制货到付款的风险；可以有效控制商业机密；最终将提升企业的形象，创造良好的品牌价值。

然而，完全的物流自营是需要很强的物流管理能力和很大的成本优势的。如果运用不当，则会导致主营业务受影响，还会增加运营费用，给企业带来不利的影响。因而，在考虑完全自营模式时，企业还应注意以下几个特点：配送订单区域单一，送货方式单一；规模巨大，资金雄厚，供应链的控制权影响企业的成败；企业拥有覆盖面很广的分销渠道，而网上销售业务的配送区域刚好与分销渠道吻合，如海尔的物流配送。

选择自营物流的电子商务企业，应当用信息化、现代化的设备武装物流团队，使物流配送能够做到实时查询、实时反馈，从而降低成本、提高效率。

（2）“自营+释放”模式

当电子商务企业物流管理能力强、但是成本优势小时，也就是说，电子商务企业虽然有能力建立、管理自己的物流体系，但是维持物流团队运营的成本高，这时企业宜采用“自营+释放”的物流配送模式。

所谓“自营+释放”，就是电子商务企业借助自身物质条件自行组织物流活动，但是建立的物流体系不单单服务于本企业，还释放部分物流能力给其他企业提供服务，以提高物流模块的运营利用率，降低成本。

电子商务企业采用“自营+释放”的物流配送模式，不仅可以保持物流自营的种种价值，还可有效降低物流自营成本，降低物流资源的闲置率，增加边际收益，从而使自营物流不仅是电子商务企业的服务功能模块，还是利润创造模块。采用“自营+释放”物流模式，必须处理好本企业物流订单和其他企业物流订单之间的关系，尽量挑选与本企业物流配送需求相似的企业进行合作，使现有物流资源发挥出最大价值。

（3）第三方物流模式

第三方物流模式是供需双方以外的物流企业提供物流服务的一种业务模式。采用第三方物流模式，将物流交给专业的物流团队去做，对于不具备自建物流体系的中小企业来说，具有很大的吸引力。将物流业务外包给专业的第三方，使得中小企业可以专注于自己的核心业务，有效地配置企业资源，提高企业核心竞争力；减少固定资本投资，加速资金周转；给客户更专业的物流服务体验。

目前的第三方物流市场上，提供电子商务第三方物流服务的企业鱼龙混杂，有价格昂贵但是质量优秀的著名外资物流企业，也有价格低廉但是服务质量欠缺的民营作坊，还有服务网点全面但收费较高的中国邮政等。选择得当，电子商务企业就能发挥第三方物流模式的优势，降低成本，提高核心竞争力；选择不当，有可能适得其反，不但节约不了成本，而且降低了物流服务质量。基于对我国电子商务物流现状的分析，我国大多数电子商务企业没有实力自建物流体系，因而第三方物流模式成为我国大多数电子商务企业的首选。

（4）联盟模式

联盟模式是指多个经济组织为实现特定的物流目标和达到共赢目的而采取长期联合与合作的一种模式，强调分工合作与相互依存，介于自营与外包之间。物流联盟模式具有鲜明的特点，如物流联盟企业之间签订长期合作协议；联盟体成员之间优势互补，共同维护整体利益；联盟是基于共同的利益而组建的，成员企业之间建立了完善的利益共享机制，经营风险也由成员企业共同承担。物流联盟体的合作程度多种多样，最极端的情形是各成员间形成一体化的运作模式，或者具有最为松散的配合协作关系。联盟各方，可以是电子商务企业与传统企业之间的合作，也可以是电子商务企业与物流企业之间的合作，还可以是电子商务企业与电子商务企业之间的合作。例如，日本著名的“7-11”就是B2C企业与连锁门店之间进行合作，有效地降低了物流成本，提高了企业运营效率。再如当当网上商店，采用自建物流中心与第三方物流配送相结合的模式，既保证了对物流的控制，又避免了大量建设配送网点。

采用物流联盟模式，可以降低成本，增强企业对渠道的控制，提高利润率。通过采用物流联盟模式，大型物流企业可以最大限度地占领市场。同时，通过与相关企业签订合作协议来稳定现有的市场，最大限度地发挥物流合力的作用和扩大网络覆盖面。但是这种模式价值的发挥是以联盟的稳定性为前提的，因而，要注重联盟伙伴的选择及联盟合同的签订，从而保证联盟各方实现共赢。

3. 电子商务物流模式的选择

一般来说，不同类型的电子商务在物流模式的选择方面各不相同。国内的电子商务主要有B2B、C2C和B2C三种形式，下面重点分析这三种形式电子商务物流模式的选择。

（1）B2B电子商务物流模式

B2B电子商务是指企业对企业的交易活动，最典型的B2B平台是阿里巴巴。B2B电子交易是电子商务的主流，占整个电子商务额度的80%以上，居于主导地位，且其单笔交易额一般也较大。从交易流程来看，B2B电子商务从询价、谈判、签约到最后的合同实施有一整套的交易流程与规范，交易手续非常严格。由于B2B电子商务的交易金额较大，因而其对交易的信息安全要求特别高，尤其网上支付等金融信息安全要求更高。

对于B2B电子商务，企业在选择物流模式时要充分地考虑各种因素。

① 对于某些已经拥有一定规模的自有物流体系的大型制造企业而言，可以考虑采用自营物流模式，将原有的物流网络进行扩展，并完善各种物流设施与设备，最终以企业自身的物流系统提供运输配送等服务。这需要企业具有组建全国性或区域性物流网络的技术能力和资金实力，如具有广泛的销售网络的大型制造企业等在采用自营物流模式方面就具有天然的优势。

② 对于大多数中小型的电子商务企业而言，在考察物流企业的网络覆盖面的基础上，直接与大型的第三方物流企业合作是最为便捷的模式。这将确保在为客户提供优质的物流服务的同时，降低中小型企业的经营成本。B2B电子商务很重要的目标是与客户建立良好的长期合作关系，这就需要保证物流服务质量的稳定性。而通过自己组建物流系统，企业能够较好地控制整个物流运作流程，在确保物流配送系统稳定性的同时，提升客户服务的满意度，将有助于合作关系的稳定。

（2）B2C电子商务物流模式

B2C电子商务是企业对个人的交易模式，最著名的B2C平台是当当网和卓越网。B2C电子商务最大的特点是一对多，客户群体非常广泛且比较分散，客户的需求多种多样；每笔交易额度小，但总量规模较大。B2C模式的特点决定了其物流配送的目的地非常分散，配送需求随机化，配送的频次较高，这使得其对物流服务商的配送网络和服务能力提出了较高的要求。

对于B2C电子商务模式而言，物流模式的选择有多种途径。

① 当B2C企业物流管理能力强、物流成本优势大时，也就是说，B2C企业有能力建立自己的物流体系，并且花费的成本小，利润高，这时的B2C企业一般采用自营的物流配送模式。

② 对于大型的已有一定销售流通网络的企业，也可以选择自有物流系统与第三方物流共赢的模式。部分大型企业在全国各地拥有自己的销售网络，只需要对其进行升级改造并扩宽其覆盖面，就可以形成自有物流配送网络，这样在企业与各地分销中心之间的物流由自有物流系统完成，对于分销中心与消费者之间的最后一千米的配送则由第三方物流企业完成。

③ 当B2C企业物流管理能力弱、成本优势也小时，也就是说，这些B2C企业不具备自建物流的实力，而销售上如果加上物流费用就不再具有价格优势，这时，最好的选择是与各地的区域性物流企业建立物流联盟。大部分物流企业的网络只限于某些地域，那么，企业可以有选择地与各地的优势物流企业进行合作，签订长期合作协议，建立物流联盟，实现合作各方的互赢。通过与区域性物流企业合作组建物流联盟，面对随时快速变化的市场环境，联盟体成员可以共同承担市场风险，通过协作化的运作来管理，最大限度地降低单个企业的经营风险。

当然，B2C电子商务企业也可以直接将物流配送外包给物流服务能力强、网络覆盖面广的大型著名第三方物流企业，确保为客户提供优质的物流服务。

（3）C2C电子商务物流模式

C2C电子商务是个人对个人的交易模式，国内最主流的C2C电子商务平台是淘宝网。只需要支付少量的费用甚至免费，个人就可以在C2C电子商务平台上销售商品，每个人都可以成为卖家和买家。C2C模式具有广泛的互动性、开放性和包容性，是涉及面最广泛、参与人数最多的交易模式，其整体的交易活动也具有较强的波动性。

C2C模式的个性化和分散化的特性，使得其在物流模式的选择方面具有鲜明的特点。站在C2C交易的买方和卖方的角度而言，选择第三方物流是最经济和便捷的方式。作为专业化的物流公司，第三方物流拥有专业化的物流设施与设备、广泛覆盖的物流运输网络和丰富的运作经验，具有强大的物流运作能力，能够为客户提供个性化的物流服务，如提供门到门的运输和多式联运等各类服务，尤其擅长个性化和分散化的配送服务，能够满足C2C交易模式下的客户需求。

对于C2C平台而言，很少有C2C平台直接组建自己的物流体系，大多与第三方物流公司进行长期合作。它们可以选择与国内某一家主流的物流服务提供商，如中国邮政等进行合作，这样将迫使借助该平台进行的交易活动必须选择该平台确定的物流服务商。它们也可以像淘宝网一样选择与多家第三方物流合作，这样交易双方可以出于自身的考虑选择适合自己的物流服务商。总之，第三方物流模式非常适合C2C电子商务，以其专业化和流程化内部运作管理，整合社会资源，能够以最低的成本为客户提供最满意的服务，与客户一起打造最具竞争力的供应链，这对C2C双方非常有利。

4. 电子商务物流的发展趋势

电子商务时代，企业销售范围的扩大、企业和商业销售方式及最终消费者购买方式的转变，使得送货上门等业务成为一项极为重要的服务业务，促进了物流行业的兴起。物流行业是指能完整提供物流机能服务，以及运输配送、仓储保管、分装包装、流通加工等以收取报偿的行业。物流行业主要包括仓储企业、运输企业、装卸搬运、配送企业、流通加工业等。多功能化、信息化、全球化和一流的服务水平，已成为电子商务时代物流企业追求的目标。

（1）多功能化——发展方向

物流发展到集约化阶段，一体化的配送中心不仅提供仓储和运输服务，还必须开展配货、配送和各种提高附加值的流通加工服务项目，也可按客户的需要提供其他服务。现代供应链管理是指通过从供应者到消费者供应链的综合运作，使物流达到最优化。

作为一种战略概念，供应链也是一种产品，并且是可增值的产品，其目的不仅仅是降低成本，更重要的是提供用户期望以外的增值服务，以产生和保持竞争优势。从某种意义上讲，供应链是物流系统的充分延伸，是产品与信息从原料到最终消费者之间的增值服务。

在经营形式上，采取合同型物流。这种配送中心与公用配送中心不同，它通过签订合同，为一家或数家企业（客户）提供长期服务，而不是为所有客户服务。这种配送中心有由公用配送中心来进行管理的，也有自行管理的，但主要是提供服务。还有一种配送中心，其所有权属于生产厂家，由专门的物流公司进行管理。

供应链系统物流完全适应了流通业经营理念的全面更新。因为，以往商品经由制造、批发、仓储、零售各环节间的多层复杂途径，最终到达消费者手里。而现代流通业已简化为由制造经配送中心而送到各零售点。它使未来的产业分工更加精细，产销分工日趋专业化，大大提高了社会的整体生产力和经济效益，使流通业成为整个国民经济活动的中心。

另外，在这个阶段有许多新技术，如准时制工作法（Just In Time）、销售时点信息管理系统（Point of Sale），商店将销售情况及时反馈给工厂的配送中心，有利于厂商按照市场调整生产，以及同配送中心调整配送计划，使企业的经营效益跨上一个新台阶。

（2）信息化——必由之路

要提供最佳的服务，物流系统必须要有良好的信息处理和传输系统。例如，美国洛杉矶西海报关公司与码头、机场、海关信息联网。当货物从世界各地起运时，客户便可以从该公司获得货物到达的时间、到泊（岸）的准确位置，使收货人与各仓储、运输公司等做好准备，使商品在几乎不停留的情况下，快速流动，直达目的地。又如，美国干货储藏公司（D.S.C）有 200 多个客户，每天接受大量的订单，需要很好的信息系统。为此，该公司为许多表格编制了计算机程序，可迅速输入、传输大量的信息，各子公司也是如此。再如，美国橡胶公司（USCO）的物流分公司设立了信息处理中心，接受世界各地的订单，IBM 公司只需按动键盘，即可接通 USCO 公司订货，通常在几小时内便可把货送到客户手中。良好的信息系统能提供极好的信息服务，以赢得客户的信赖。

商品与生产要素在全球范围内以空前的速度自由流动。EDI 与 Internet 的应用，使物流效率的提高更多地取决于信息管理技术，电子计算机的普遍应用提供了更多的需求和库存信息，提高了信息管理科学化水平，使产品流动更加容易和迅速。物流信息化包括商品代码和数据库的建立、运输网络合理化、销售网络系统化和物流中心管理电子化建设等，目前还有很多措施有待实施。可以说，没有现代化的信息管理，就没有现代化的物流。

（3）全球化——国际竞争

全球化的物流模式使企业面临新的问题。例如，当北美自由贸易区协议达成后，其物流配送系统已不仅仅是从东部到西部的问题，还有从北部到南部的问题。这里面既有仓库建设问题也有运输问题。又如，从加拿大到墨西哥，如何运送货物，如何设计合适的配送中心，如何提供良好服务。另外，还有一个问题是很难找到素质较好、水平较高的管理人员，因为有大量涉及合作伙伴的贸易问题，如日本在美国开设了很多分公司，而两国存在着不小的差异，势必会遇到如何管理的问题。

还有一个信息共享问题。很多企业有不少企业内部的秘密，物流企业很难与之打交道，因此，如何建立信息处理系统，以及时获得必要的信息，对物流企业来说，是个难题。同时，在将来的物流系统中，能否做到尽快将货物送到客户手里，是能否提供优质服务的关键之一。客户要求发出订单后，第二天就能收到货物，而不是口头上说“可能何时拿到货物”。同时，客户还在考虑“所花费用与得到的服务是否相称，是否合适”。

全球化战略的趋势，使物流企业和生产企业更紧密地联系在一起，形成了社会大分工。生产厂集中精力制造产品、降低成本、创造价值；物流企业则花费大量时间、精力从事物流服务。物流企业的满足需求系统比原来更进一步了。例如，在配送中心，对进口商品的代理报关业务、暂时储存、搬运和配送，以及必要的流通加工，从商品进口到送交消费者手中的服务实现一条龙。

（4）一流服务——企业追求

物流业是介于供货方和购货方之间的第三方，以服务为第一宗旨。从当前物流的现状来看，物流企业不仅要为本地区服务，还要进行长距离的服务。因为客户不但希望得到很好的服务，而且希望服务点不是一处，而是多处。因此，如何提供高质量的服务便成了物流企业管理的中心课题。应该看到，配送中心离客户最近，联系最密切，商品都是通过它被送到客户手中的。美、日等国物流企业成功的要诀，就在于它们都十分重视客户服务的研究。

首先，在概念上变革，由“推”到“拉”。配送中心应更多地考虑“客户要我提供哪些服务”，从这层意义上讲，它是“拉”（Pull），而不是仅仅考虑“我能为客户提供哪些服务”，即“推”（Push）。例如，有的配送中心起初提供的是区域性的物流服务，以后发展到提供长距离服务，并且能提供越来越多的服务项目。又如，配送中心派人到生产厂家“驻点”，直接为客户发货。越来越多的生产厂家把所有物流工作委托配货中心去做，从根本意义上讲，配送中心的工作已延伸到生产厂家。

如何满足客户的需要把货物送到客户手中，就要看配送中心的作业水平了。配送中心不仅与生产厂家保持紧密的伙伴关系，而且直接与客户联系，能及时了解客户的需求信息，并沟通厂商和客户双方，起着桥梁作用。例如，美国普雷兹集团公司（APC）是一个以运输和配送为主的规模庞大的公司。物流企业不仅要为货主提供优质的服务，而且要具备运输、仓储、进出口贸易等一系列知识，深入研究货主企业的生产经营发展流程设计和全方位系统服务。优质和系统的服务使物流企业与货主企业结成战略伙伴关系（或称策略联盟），一方面有助于货主企业的产品迅速进入市场，提高竞争力，另一方面则使物流企业有稳定的资源。对物流企业而言，服务质量和服务水平正逐渐成为比价格更重要的选择因素。

9.1.2　京东电商物流模式分析

1. 案例背景

京东是典型的B2C电子商务企业，是国内市场最大的3C（计算机、通信和消费电子产品）网购专业平台，依托其庞大的物流配送体系，构建了“自营+第三方”的B2C电子商务物流运营模式。

（1）京东自营物流体系

京东陆续在全国23个重点城市自建了配送站，覆盖全国200个城市，为客户提供物流配送、货到付款、上门取件等服务，全面提升了全国物流的配送速度和服务质量。京东自营配送区域如表9-1所示。

表 9-1　京东自营配送区域

物流中心	覆盖地区
华北（北京）物流中心	北京、天津、河北、山西、河南、辽宁、吉林、黑龙江、内蒙古、山东、湖北
华东（上海）物流中心	江苏、浙江、上海、安徽
华南（广州）物流中心	广东、广西、福建、湖南、江西、海南、台湾、香港、澳门
西南（成都）物流中心	四川、重庆、贵州、云南、西藏、陕西、甘肃、青海、宁夏、新疆

京东选择自建物流，主要是因为国内物流企业的发展跟不上电子商务的快速发展，电子商务企业很难找到一家能在服务、速度、费用三者之间取得平衡的物流公司。另外，当前第三方物流还不是很发达，很难满足企业的多方面需求，物流和客服的滞后影响了业务的快速发展。所以选择自营配送使京东保证了物流服务的即时性和安全性，也保证了假期等特殊时期业务的稳定性。正是有了京东自营配送模式的支持，京东商城在 2010 年 4 月正式推出了“211 限时达”服务，即每天 11 点前下订单，下午将货送达；23 点前下订单，次日上午将货送达。高效率的服务使京东获得了更高的客户满意度，同时使京东订单量呈上升趋势。京东还开始出售“上门服务”业务，包括 DIY 上门装机、电脑故障上门诊断等增值服务，以期形成差异化的竞争。

京东自营物流体系的流程如图 9-2 所示。

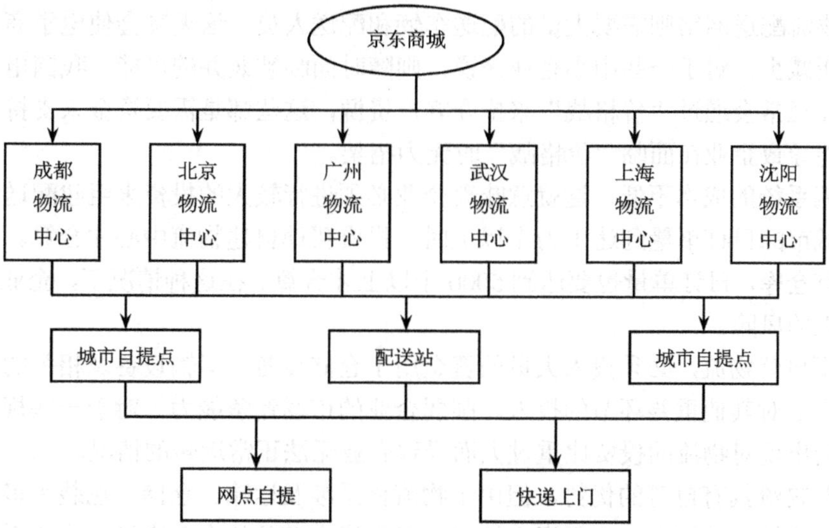

图 9-2　京东自营物流体系的流程

（2）京东第三方物流体系

京东自营物流业务已经发展到了二、三线城市，如果京东在全国每个二线城市都建立自己的物流配送中心，投资巨大，而业务量不足以维持物流中心的运营。因此，京东选择与当地第三方物流公司合作来完成配送。其主要的第三方物流公司有中国邮政、宅急送等。

在配送大家电时，京东还选择与厂商进行合作，因为大家电的物流配送成本较高，假设京东自行配送，则成本将高于利润。而生产商在各个城市均有自己的售后服务网点，有自己的物流配送合作伙伴或者自己的物流配送中心，如京东和海尔合作，海尔有自己的物流中心。例如，从上海发到武汉的大家电，平均每件的配送成本是 400 多元，但若与当地厂商合作，平均每件的配送成本只有 48 元，能节约 90%的配送成本。而厂商拥有自己的合作伙伴，并都建有自己的服务网点。与厂商合作不仅能够节约成本，而且能够用厂商的知名度来替京东做宣传。

2. 问题分析

（1）物流成本难以控制

自营物流给京东的经营也带来了相当大的压力。京东大量组建仓储配送中心，其物流成本率（包括仓储、配送等费用）为 16%～20%，即便如此，16%的物流成本率仍是一个非常大的费用比例，高于苏宁易购（物流成本率为 11.95%）、国美（物流成本率为 14.27%），因此，其成本控制程度低，各项物流成本没有细化。

一般而言，采用此模式的都是资金雄厚且业务量大的大型企业，因为配送达不到规模效应，就会造成物流设施闲置，成本自然提高，企业盈利能力降低，成本与盈利没有很好地平衡，控制程度低。

（2）物流设施投入风险大

物流基础设施建设及物流供应链的管理维护需要投入大量的人力、物力、财力。自营配送模式要求企业自建仓库，而自营仓库的投入较大，短时间内无法收回成本，会导致企业的资金缺乏灵活性。从一般的物流园区规划来看，仓储设施的投资回收期一般为 10～15 年。建设一个覆盖全国的物流配送网络则需要大量的配送车辆和配送人员。这无疑会使电子商务企业在主业上的投入有所减少，对于一些中小企业来说，则随时面临被兼并的可能。我国电子商务市场还不完善，企业经常会通过“价格战”来抢夺客户资源，这些都是需要资金来支持的，物流业务投入过大可能导致企业在面临“价格战”时无力招架。

自营物流系统的成本不低，这就意味着企业必须进行较大的投资来组建配送团队。而只有当京东在某城市的日订单量到达 1 万个以上时，投资买地自建物流中心才合算。另外，若在某城市租赁现有仓库，日订单量也要达到 5000 个以上才合算。在这种情况下，企业投资过大，也就意味着更大的风险。

企业为了自营物流，必须投入大量的资金用于仓储设备、运输设备及相关的人力资本，这必然会减少企业对其他重要环节的投入、削弱企业的市场竞争能力。对于一些规模较小的企业来说，甚至会出现对物流的投资比重过大而导致企业无法正常运转的情况。

虽然自营物流具有自身的优势，但由于物流体系涉及运输、仓储、包装等多个环节，建立物流系统的一次性投资较大，占用资金较多，对于资金有限的企业来说，物流系统建设投资是一个很大的负担。

（3）物流体系建设融资难

京东从多个投资人处募集数十亿美元的资金，几乎全部投入物流体系建设。虽然每次的融资都是在金融危机下的大数额，但是京东的营业收入并不理想。

京东一直以来的规模扩张成为其持续性亏损的主要原因。从 3C 到百货，再到图书、母婴用品及奢侈品，京东的扩张步伐一直没有丝毫减慢。此外，京东还在 IT 基础设施、平台建设、物流建设、市场投入、人员扩张等方面进行了大规模的投入，同时开始大张旗鼓地投资建设物流中心和在各地组建配送团队。

尽管京东当前的销售额增长迅速，但是主要的销售额来自 3C 产品和家电产品。其中，电脑和手机的毛利率只有3%，大家电的毛利率只有7%左右。而百货的销售额增长非常有限，在整个销售额中的占比不到10%。

与毛利率相比，更严重的问题是运营成本。由于急于扩张规模，京东整个运营成本居高不下。同时，京东在全国大规模建立库房，物流成本亏损也很严重。此外，京东通过中国中央电视台等电视媒体进行广告宣传，市场推广费用水涨船高。

因此，虽然京东每年的销售额迅猛增长，但是大比例的成本产出和大规模的投资扩张，使其面临更大的挑战。而京东只有不断地融资，才能扩大市场份额，而扩大市场份额，又需要更多资金的支持，这个时候，不断的新融资变成了京东必须解决的问题。

3. 问题解决

国内物流行业的现有发展水平制约了B2C电子商务的发展，使得京东无法在国内找到能满足其配送要求的第三方物流公司。而采用第三方物流配送是因为自营配送投资太大，许多区域自营配送无法达到。对于京东来说，目前采用“自营+第三方”B2C电子商务物流模式较为合理。自营可以提高速度，节省仓储成本、采购成本等，促进其发展，符合其发展要求。第三方物流的存在是为了节省运输成本，部分商品和地区如果使用自营物流，无论是人力还是物力资源都会增加物流亏损。

因此，在面对物流模式不完善而造成的一系列问题时，企业应该合理选择物流模式，灵活调整，在高效、高速、低成本之中权衡最优方案，使自己的配送与销售相配合，以达到长久、持续的发展。具体而言，可以采取如下解决措施。

（1）专业化控制物流成本

① 提高仓库利用率。京东的商品品种有30余万种，销售11大类产品，但是这样的成效不高。例如，京东试图扩大图书销售量，超越当当网，但京东上的图书量不多，图书的更新速度不快。如果不把图书这一领域专业化，只会占用仓储空间，增加仓储成本。广州、成都和武汉的图书仓库都在建设中，专业化发展也是必然趋势，能够很好地降低仓储成本。

② 提高车辆装载率。通过合理配置，包装多样化，对家电包装箱进行合理的尺寸优化，合理布局、合理设计，提倡满载，最大限度地提高车辆装载率，从而降低配送成本。

（2）第三方物流整合

为降低物流配送成本，可以使同城的若干物流公司在B2C业务方面组成专门的B2C电子商务物流业务部。同时，将本地的B2C电子商务企业联合起来，与业务部达成战略联盟。这样，各网站在有订单的时候，将所需配送商品的详细情况告知业务部，再由业务部对各物流公司线路及合理发送时间进行查询，形成高效的物流配送网，确定最经济、最快捷的配送方案。这样就会产生规模效益，使资源得到最合理的利用，降低物流配送费用。

（3）优化操作流程，提高服务水平

在对配送时间要求极其严格的环境下，可以通过优化操作流程来缩短在途时间，从而提高服务质量，提升客户满意度。例如，采取部分商品提前制单准备的方式——货物出货接收时专人配单、称重划价、分拣出库上车，利用每批货物的出库时间差在系统中录入收寄信息，省去了装袋、铅封等处理环节，调整了作业顺序；采取邮件先上车后录入的方式和整车散件与集散交接的方式来优化处理流程，缩短了处理时间，提高了劳动效率。

（4）适时物流投资调整

在物流系统建设初期，投入的成本巨大，必须对成本进行精确核算并严格控制。在物流系统投入使用之后，可以将成本控制战略调整到物流服务水平效益的提高上。而效益的提高必然带来利润的增长，良好的集成化的物流系统可以大大降低额外成本的支出。在物流系统的效率实现跨越式增长之后，物流与电子商务融会贯通的时代是获利的最佳时机。此时，应该将重点放在物流系统维护和塑造企业持续核心竞争力上。同时，通过物流模式的创新，提高效率也可带来外延的利润。

9.1.3 电子商务物流发展启示

电子商务物流又称网上物流，就是基于互联网技术，旨在创造性地推动物流行业发展的新商业模式。电子商务物流具有信息化、自动化、网络化、智能化和柔性化等特点。电子商务物流的运营模式主要有自营模式、“自营+释放”模式、第三方物流模式和联盟模式。电子商务物流模式的选择要考虑 B2B、B2C、C2C 等不同情形，电子商务物流正朝着多功能化、一流服务、信息化和全球化的趋势发展。

京东是国内一家典型的 B2C 电子商务企业，但是存在物流成本难以控制、物流设施投入风险大和物流体系建设融资难等问题。对于京东来说，目前采用“自营+第三方”B2C 电子商务物流模式较为合理。自营可以提高速度，节省仓储成本、采购成本等，促进其发展，符合其发展要求。第三方物流的存在是为了节省运输成本，部分商品和地区如果使用自营物流，无论是人力还是物力资源都会增加物流亏损。因此，在面对物流模式不完善而造成的一系列问题时，企业应该合理选择物流模式，灵活调整，在高效、高速、低成本之中权衡最优方案，使自己的配送与销售相配合，以达到长久、持续的发展。具体而言，可以采取如下解决措施：通过提高仓库利用率、提高车辆装载率等方式专业化控制物流成本；对第三方物流资源进行整合；优化操作流程，提高服务水平；适时物流投资调整。

9.2 案例 23 互联网金融：蚂蚁金服经营模式和价值创造

9.2.1 互联网金融发展现状

1. 互联网金融的特征

互联网金融是互联网与金融功能的融合，是依托大数据和云计算，在互联网平台上形成的开放式、功能化的金融业态及服务体系。互联网金融具有如下特征。

① 互联网金融既非直接融资也不是间接融资，而是第三条道路，即依托互联网进行的资金融合，其本质上是依靠互联网上的每一个“节点”（互联网平台）来实现客户、企业、第三方之间的高效对接。

② 互联网金融是建立在长尾理论而不是传统金融所依据的二八理论上的，这就使得互联网金融能更多地覆盖那些资金较少、投资目的较随意、随时可能撤资的客户，而这部分客户并不被银行看重，受人力资源、固定场所、办公软件、运营成本的控制，银行在这部分人身上不能获得较多利润，而互联网金融却由于省去了这些成本而能更灵活地掌控这部分资源。

③ 从产品设计层面来看，互联网是从需求端出现的，把草根社会的各种需求自动生成出来然后变成一个产品。而传统金融机构则首先设计产品，标准化以后再卖给相关投资人。这就使得互联网金融的形式更为灵活和可调。

2. 互联网金融模式

互联网金融的发展形态多种多样，互相渗透，除去银行的互联网支付窗口，总体来说主要有 P2P[①]网贷金融模式、以余额宝为代表的互联网式货币基金模式、众筹平台模式、第三方支付平台模式等。

① P2P 网贷金融模式。这是一种通过网络借贷平台将分散的小额资金聚集起来借贷给有资金需求人群的商业模式，通过提取贷款人 2%～3%的佣金及借款人 1%左右的回利的方式获得利润。P2P 网贷延伸了原有的民间借贷的范围，满足了企业和个人对资金的需求，更有利于中小型企业和个人平等自由地获取金融服务。目前较为普遍的做法是，P2P 平台在线上做理财服务，在线下提供审贷和放贷相关服务。

② 以余额宝为代表的互联网式货币基金模式。实际上余额宝就是一种货币基金，只不过其销售渠道由原来的传统渠道变为支付宝平台，投资金额更为灵活而已，除了销售渠道不同，与其他货币基金并无区别。余额宝产品的设计有很强的针对性，它充分考虑了客户的流动性需求，支付宝用户的资金分布特点是个体规模小、但总体规模不小。互联网公司经过前几年的开发，普遍积累了庞大的客户群和可观的资金量，但由于分布散和个体规模小，一直未受到重视。基金公司虽然一直在宣传货币基金是家庭良好的闲现金管理工具，但在销售实现手段上一直未有创新。余额宝网上购买的便利设计，是赢得客户的首要优势。另外，余额宝在结算方式上能做到日日结算，每日都可将收益转化为基金份额，这样可以使投资者产生余额宝比其他基金更赚钱的错觉。再者，传统的基金在赎回的第三天才能到账，而余额宝却做到了当日赎回当日到账或当日购买当日份额确认，这比传统货币基金快了一个工作日。

③ 众筹平台模式。众筹平台模式是指项目发起人通过互联网众筹平台宣传、介绍自己的项目，合格投资人对感兴趣的项目进行少量投资，使发起人筹集项目运行资金，平台收取一定的手续费的网络募资方式。在我国，众筹的回报方式可以是实物或非实物，但不能涉及资金和股权。

④ 第三方支付平台模式。中国人民银行《非金融机构支付服务管理办法》将第三方支付机构定义为：依据《非金融机构支付服务管理办法》相关规定取得“支付业务许可证”，并基于互联网提供支付服务的非金融法人企业。第三方支付前端为商户和消费者，中间为第三方支付平台，而后端是金融机构。该类平台以支付宝为代表。

3. 互联网金融发展分析

我国目前互联网金融的发展呈现一种阶段性的特征，主要表现如下。

---

① P2P 是英文“Peer to Peer”的缩写，意即“个人对个人”。

① 互联网成为资金融通新平台。

② 电商企业成为新型金融参与者。

③ 互联网技术使得原有的传统金融机构不得不改变其运营方式，进行创新。

④ 互联网金融催生了以比特币、Q 币为典型的电子货币，这种网络虚拟货币脱离中国人民银行发行，在一些特定领域形成流通货币并在某种程度上逐步向实体经济蔓延。

⑤ 互联网金融延伸了普惠金融思想，其目标是小微企业、普通在线用户等。

综上，以余额宝、P2P 为代表的互联网金融在我国的快速、全面化发展使得互联网金融更加服务于实体经济，但所带来的影响有正面的也有负面的，在互联网与金融的融合过程中，风险也在渗透传导。我们既要看到它带来的正面效益，也要看到潜在的风险以便提前建立预警机制。

4. 互联网金融的风险

互联网金融与传统金融一样也面临市场风险、操作风险、信息不对称风险等，但这些风险掺入了互联网金融的特性而在具体的诱发原因、表现形式、危害程度等方面有所不同。

（1）市场风险

市场风险是传统金融体系固有的风险。但互联网金融的市场风险有其独特的一面，主要包括利率风险、流动性风险、规模风险等。

① 利率风险。互联网金融产品定价的基本方法主要是基于现金流贴现的估值方法，在使用这种方法时，产品预期收益率是根据市场利率水平决定的，市场利率水平通过这一渠道影响互联网金融产品的市场收益率，市场利率波动使互联网金融产品定价产生的波动即利率风险。互联网金融机构在面对一些信用状况不佳的客户时，可能因不能自主提高收益率来降低其信用风险而只能拒绝对该客户放款；在面对信用状况较好的客户时，可能因为收益率过低而吸引不到客户。

② 流动性风险。流动性风险是指互联网机构在某个时点没有足够的资金来满足客户提现需求的风险。互联网金融机构往往发挥资金周转的作用，沉淀资金可能在第三方中介处滞留两天至数周不等，由于缺乏有效的担保和监管，资金容易被挪用，如果缺乏流动性管理，一旦资金链条断裂，将引发支付危机。“非诚勿贷”为维持流动性，不断以高收益率来吸引新的投资者；在还款付息高峰期，平台需提出银行账户内几乎全部资金，以应付上一批投资者的本息需要。

③ 规模风险。例如，余额宝的规模太大、涉及面太广，轻微的技术故障和收益风险都可能会引发投资界的大地震，甚至引发群体性事件，从而招致监管层干预，这种“大到坏不起”的规模风险会随着余额宝规模的越来越大而越发明显。

（2）政策风险

政策风险是指因国家宏观经济政策、行业政策及监管政策、税收政策等政策环境的波动而给互联网金融带来的风险。在我国，互联网金融是新兴事物，其对政策变化的敏感性很强，某一政策引起的“共振效应”可能对互联网金融系统造成冲击。例如，中国银监会、中国人民银行出台的《中国银监会中国人民银行关于加强商业银行与第三方支付机构合作业务管理的通知》，通知中对客户的身份证、交易限额、赔付责任等内容进行了细化和规范，它的提出意味着银行与第三方支付的关联账户门槛提高了，互联网金融特有的快捷支付会变慢，进而削弱第三方支付的强势地位，从而影响其客户资源。

（3）操作风险

操作风险是指由系统稳定性、可靠性和安全性的重大缺陷导致的潜在损失的可能性，主要源于工作人员的操作失误。例如，互联网金融改变了传统银行以图章为支付指令的结算手段，而采用数字签名方式对支付指令的有效性进行确认。由于互联网的虚拟性，数字签名是否可靠完全取决于互联网金融控制系统是否严密。交易人不了解互联网金融的操作规范和要求，有可能操作不当，甚至在交易过程中出现流动性不足、支付结算中断等问题，引起不必要的资金损失。

（4）安全风险

安全风险包括技术安全风险、数据安全风险。

① 技术安全风险主要包括三种：一是计算机病毒可通过互联网迅速扩散与传染；二是密钥管理不善；三是某些互联网金融机构技术兼容性差导致风险爆发，以及在某些特殊时刻无法及时应对短时间突发的大规模交易而产生不良后果的风险。

② 数据安全风险。数据安全风险主要是指客户信息的泄露、丢失、损坏，以及数据在传输过程中被窃取或泄露。这些都会引起公众大面积的恐慌。

（5）交易平台可能出现的风险

此类风险是指一旦交易平台破产，收益权凭证的支付可能会被限制、暂停或者终止，互联网借贷平台会因为流动性问题“跑路”或倒闭。

9.2.2 蚂蚁金服运营模式分析

蚂蚁金融服务集团（以下简称蚂蚁金服）起步于 2004 年成立的支付宝，2013 年支付宝的母公司宣布将以其为主体筹建小微金融服务集团（以下简称小微金服），小微金融成为蚂蚁金服的前身，2014 年蚂蚁金服正式成立。蚂蚁金服打造开放的生态系统，通过“互联网推进器计划”助力金融机构和合作伙伴加速迈向“互联网+”，为小微企业和个人消费者提供普惠金融服务，以移动互联、大数据、云计算为基础，为中国践行普惠金融的重要实践。蚂蚁金服旗下有支付宝、余额宝、招财宝、蚂蚁聚宝、网商银行、蚂蚁花呗、芝麻信用等子业务板块，并逐步发展演化为金融生态圈。

1. 蚂蚁金服金融生态圈的构成

通过技术创新，蚂蚁金服创建了一个开放、共享的信用体系和金融服务平台，旨在为全球消费者和小微企业提供安全、便捷的普惠金融服务。经过多年的发展，蚂蚁金服已经从单一的支付平台发展成以普惠、科技、全球化为三大发展战略，以支付、理财投资、微贷、保障服务、信用、技术输出为六大业务板块的全产业链互联网金融企业。现阶段蚂蚁金服的业务范围已突破金融领域，同时涉及人工智能、企业服务、生活娱乐等非金融领域。蚂蚁金服金融业务版图如图 9-3 所示。

支付	理财投资	微贷	保障服务	信用	技术输出
•支付宝	•余额宝 •理财 •基金 •黄金 •股票 •尊享理财 •养老	•网商银行 •花呗 •借呗 •备用金	•相互宝 •健康宝 •蚂蚁保险	•蚂蚁信用	•区块链 •人工智能 •安全 •物联网 •金融云

图 9-3　蚂蚁金服金融业务版图

2. 蚂蚁金服金融生态圈的演进

蚂蚁金服的动态发展分为三个阶段：萌芽阶段、初创阶段和扩张阶段（见表 9-2）。

表 9-2 蚂蚁金服金融业务发展阶段

	萌 芽 阶 段	初 创 阶 段	扩 张 阶 段
时间跨度	2004—2011 年	2012—2015 年	2015 年至今
业务内容	支付服务	理财、微贷等金融服务	全球化与科技输出
重要事件	2004 年支付宝成立； 2011 年获得《支付业务许可证》，线下支付上线	2012 年获得《基金销售许可》； 2015 年蚂蚁借呗上线，芝麻信用成立	2015 年全球化进程正式开启； 2017 年官方宣布进行科技转型

第一，萌芽阶段（2004—2011 年）。该阶段蚂蚁金服作为支付工具和第三方支付平台，其业务相对单一，主要集中在与支付相关的各个场景。从 2004 年支付宝的成立到 2011 年支付宝获得中国人民银行颁布的第一张《支付业务许可证》，支付业务合规持证上岗；同年，支付宝推出线下扫码支付服务，其线上线下全覆盖的全平台支付网络初见雏形。

第二，初创阶段（2012—2015 年）。该阶段是蚂蚁金服在 2014 年正式成立前后的重要阶段。基于支付平台的网络效应和普惠金融，蚂蚁金服逐渐形成了包含理财投资、微贷、保障服务、信用的金融生态闭圈。2015 年蚂蚁花呗、借呗上线，以及为金融服务提供底层信用支持的芝麻信用成立，宣告蚂蚁金服金融生态圈的初步完成。

第三，扩张阶段（2015 年至今）。该阶段是蚂蚁金服将战略重点放在全球化扩张和金融科技输出的关键阶段。蚂蚁金服于 2015 年开始金融服务全球化战略，于 2017 年开始科技化转型。

1）支付宝：始于支付，连接一切

支付宝的成立解决了阿里系电商消费者和商家之间的交易信任问题。在不断覆盖绝大多数线上消费场景的同时，不断拓展传统商业、公共服务及海外市场的服务场景，支付宝已成为连接商家和消费者、消费者和消费者衣食住行的全球领先的第三方支付平台，成为蚂蚁金服众多金融业务的流量入口。

根据蚂蚁金服数据显示，支付宝在全球已拥有逾 10 亿个用户，与超过 200 家金融机构达成合作，为近千万小微商户提供支付服务。支付宝及其本地钱包合作伙伴已经服务超 12 亿个的全球用户，用户数量依然保持 20%的高速增长。支付宝在我国第三方移动支付市场一直稳居首位。

2）余额宝：开启小微理财的先河

依靠支付宝为用户流量入口，2013 年推出的天弘余额宝货币基金，以“1 元起购”降低理财门槛和不低于甚至远高于银行活期存款的理财收益，迅速点燃了长尾客户的理财热情。自 2018 年开始，余额宝开始陆续接入其他基金公司的货币基金，余额宝从单一基金业务开放为货币基金行业底层销售平台。目前，已有包括博时基金、中欧基金等总计 20 家基金公司的货币基金入驻余额宝平台。银行存款、债券投资和买入反售金融资产是其收益的主要来源。

3）蚂蚁基金：基金销售平台的王者

蚂蚁基金的前身为杭州数米基金，于 2012 年获批基金销售牌照，于 2013 年上线余额宝。2015 年蚂蚁金服从恒生电子手中买下了数米基金的控制权，数米基金入驻蚂蚁财富，后于 2016 年改名为蚂蚁（杭州）基金销售有限公司。2017 年蚂蚁财富号上线，国内超九成的基金公司旗下的共 4000 余只公募基金产品已接入该平台。基于余额宝巨大的网络效应，蚂蚁基金成功实现了对传统基金销售平台的超越。

4）网商银行：小微企业信贷的创新者

网商银行成立于 2015 年，其前身为阿里小贷，是我国首批试点的民营银行之一。网商银行定位为“普惠金融、服务小微、服务三农”，提供“小存小贷”，即客户单笔存款不超过 20 万元，单笔贷款不超过 500 万元。网商银行是中国第一家将核心系统架构在金融云上的银行，不设线下网点，依托自身的互联网风险识别能力、科技系统能力和数据分析能力，提供平等、方便、快捷的金融服务。其独创的“310”贷款模式，即 3 分钟审批，1 秒钟放款，中间 0 人干预，已经复制到 50 家金融机构。小微企业贷款的痛点在于风险控制。网商银行以用户大数据为风险评估和管理的依据，其不良贷款率远低于传统金融机构。

5）蚂蚁花呗和借呗：消费信贷的双重颠覆

蚂蚁花呗是一款消费信贷产品，其业务性质相当于线上虚拟信用卡。用户在申请开通后，蚂蚁金服将依据用户信用情况给予 500～50 000 元不等的消费额度，在消费时，用户可以通过预支花呗的额度，享受“先消费，后付款”。蚂蚁花呗的应用场景不仅包括阿里系电商平台，还包括其他有合作项目的第三方线上线下平台。而蚂蚁借呗则是一款线上纯信用类贷款产品，无须抵押和担保，用户只要满足蚂蚁金服关于芝麻信用分的要求，就能够获得 1000～300 000 元不等的授信金额。借呗的还款最长期限为 12 个月，贷款日利率为 0.015%～0.04%，随借随还。

6）保险业务：玩转普惠保险

2013 年，蚂蚁金服和腾讯、平安集团联合发起成立了我国首家互联网保险公司——众安保险，蚂蚁金服正式进驻保险业。2015 年，蚂蚁金服成立保险事业部，在原阿里系电商平台保险业务的基础上，整合建立起综合互联网保险平台，并于 2016 年升级为保险事业群。除了自身平台的保险业务，蚂蚁金服还拿到了保险代理牌照，通过自己的大数据采集向其他保险公司推介优质的流量，建立起完整的保险服务平台。目前，蚂蚁金服的保险业务覆盖了健康、人寿、意外、财产、旅游、车险、运费险、乐业、公益等领域。

2018 年，相互宝登陆支付宝 App，从保险产品改为大病互助计划。支付宝用户加入后，如有成员遭遇重大疾病（范围是 100 种），可申请最高 30 万元的互助金。互助金费用由所有成员分摊，多出部分由蚂蚁金服承担。蚂蚁金服的保险生态圈的搭建，标志着蚂蚁金服的理财、信贷、保险的全产业链金融服务链条的完成。

7）芝麻信用：金融生态圈的风险管理基石

芝麻信用是蚂蚁金服旗下独立的第三方征信机构，采用云计算、机器学习等技术客观分析个人信用状况，成立的初衷是解决电商平台交易双方之间的信任问题，后来逐渐为蚂蚁金服所有的金融业务提供信用支持。芝麻信用的所有用户均经受实名认证，而征信对象基于蚂蚁金服的产品使用者使芝麻信用广泛覆盖了在传统征信没有信贷记录的人群。目前，芝麻信用已经在信用卡、消费金融、融资租赁、抵押贷款、酒店、租房、租车、婚恋、分类信息、学生服务、公共事业服务等上百个场景为用户、商户提供信用服务。芝麻信用业务体系如图 9-4 所示。

芝麻信用是蚂蚁金服众多金融服务的基础，芝麻信用分刻画了履约概率，推动了信用场景。完善的信用评分体系不仅有利于商家减少交易中的不信任问题，减少交易成本，提高交易效率，而且有利于普通消费者感受金融服务的便捷、普惠和温暖。

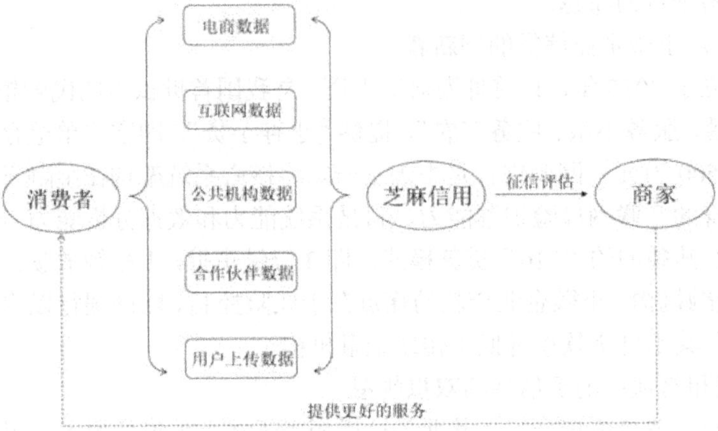

图 9-4　芝麻信用业务体系

8）BASIC 技术平台：从金融科技到技术输出

蚂蚁金服的 BASIC 技术输出服务包括 Blockchain（区块链）、AI（人工智能）、Security（安全）、IoT（物联网）、Cloud（金融云）。

（1）区块链

蚂蚁金服利用区块链技术实现去中心化并解决信任问题，目前这一技术已在多个场景实现了应用落地（见表 9-3）。

表 9-3　蚂蚁金融区块链应用

类　型	落地场景	价　值	具体项目
链上零售	商品溯源	每件商品都有一张不可篡改的“身份证”	澳新进口奶粉溯源，五常大米溯源
链上金融	跨境支付	跨境支付成本更低且低保实证到账	AlipayHK 向菲律宾 Gcash 跨境支付
	城市服务	城市服务更透明、高效	上海华山医院区块链电子处方
链上民生	司法确认&维权	维权成本降低、过程更高效	杭州互联网法院区块链审判系统
	公益追随	公益款项的去向和用途都可查	支付宝爱情捐赠溯源，新梅互助保险溯源

（2）人工智能

蚂蚁金服人工智能已经完成在客服、信用、保险、理财等领域的布局，大大降低了蚂蚁金服金融服务的人工成本，提高了服务效率，提升了用户的使用体验。

（3）安全

蚂蚁金服的安全技术创新主要集中在支付过程的生物识别和风控领域。2014—2017 年，蚂蚁金服先后推出了指纹支付、刷脸支付和眼纹识别支付，为支付业务提供了更高的安全性与更好的用户体验。而在风控方面，蚂蚁金服自主研发的智能实时风控系统在每笔交易过程中同时进行 8 个维度的风险监测，确保交易的安全性。

（4）物联网

目前蚂蚁金服在物联网领域的主要贡献是无人值守技术，该技术通过为商家提供身份核验、风险防控、支付结算等服务，让消费者无须通过商家的人工服务，自助购买商品。

(5) 金融云

蚂蚁金融云作为一个开放的云平台，通过升级金融机构的 IT 架构来构建更加稳定、安全和低成本的金融级应用，使金融机构可以更好地服务客户。蚂蚁金融云现已具备高可用容灾、资金安全管理、高并发交易、实时安全控制、低成本交易五大特点，形成了大数据、分布式中间件 SOFA[①]、研发运维等十二个业务模块。

9）全球化：不断扩大的全球版块

蚂蚁金服的海外本地电子钱包业务已推广至印度、泰国、韩国、菲律宾、印度尼西亚、中国香港、马来西亚、巴基斯坦、孟加拉国和英国。随着 2019 年英国跨境支付公司万里汇（WorldFirst）完成所有权变更，成为蚂蚁金服集团子公司，蚂蚁金服的移动支付全球网络初具雏形。另外，支付宝的跨境支付服务已经涵盖 200 多个国家和地区，并为用户提供国际支付服务。

3. 蚂蚁金服商业模式分析

蚂蚁金服已从单一业务向金融生态链转型。蚂蚁金服业务间关系如图 9-5 所示，支付业务是第三方支付平台，理财、微贷、保险构成金融服务平台，征信是征信平台，技术输出是科技服务平台。以支付作为流量入口，以金融服务作为普惠金融的载体，以征信为金融业务的风险控制基石，运用科技服务提供技术支持，由此，蚂蚁金服从金融全产业链迈向了金融生态闭环的升级，构建了自身护城河。

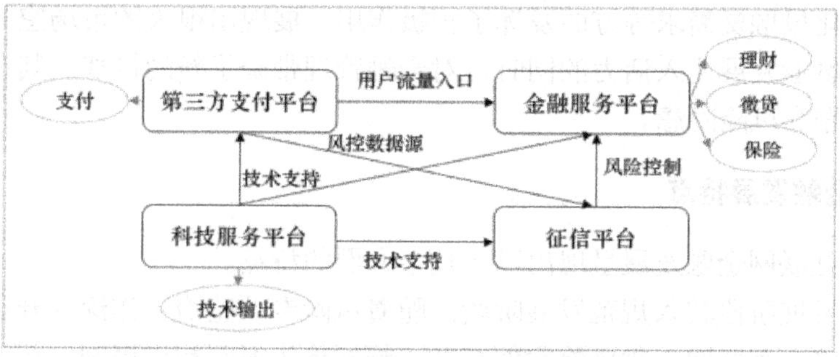

图 9-5　蚂蚁金服业务间关系

蚂蚁金服形成了“创造价值→传递价值→获取价值→维持价值”的商业模式框架（见表 9-4）。

① 创造价值模块。蚂蚁金服的目标客户以长尾市场为主体，创新推出覆盖全体小微企业和个人用户的普惠金融业务，多样化的业务版图满足用户从支付到理财、微贷、保险的全金融服务。

② 传递价值模块。蚂蚁金服以支付宝 App 作为用户流量入口和销售渠道，同时对小微企业用户设计了更贴合其使用要求的网商银行 App，从个人和企业两个维度提供个性化服务。

③ 获取价值模块。随着业务类型的不断拓展，蚂蚁金服基本形成了支付连接收入、金融服务收入和科技服务收入三大收入。

④ 维持价值模块。蚂蚁金服的重要合作已不局限于电商平台及相关企业，随着支付业务逐

① SOFA 全称为 Service Oriented Fabric Architecture，即面向服务的架构。随着 SOFA 的开源，目前对 SOFA 最新的解释为 Scalable Open Financial Architecture，它是蚂蚁金服自主研发的金融级分布式中间件，是一套分布式架构的完整的解决方案。

渐全球化，科技服务业务逐渐成熟，蚂蚁金服的合作伙伴包含全球范围内的知名企业和金融机构。而核心资源方面，除长期以来积累的大量具有“黏性”的用户外，技术上的优势为蚂蚁金服形成了更高的市场进入壁垒。

表 9-4　蚂蚁金服商业模式框架

要素构成		主要内容
创造价值	价值主张	通过自身的技术创新能力，创建一个开放、共享的信用体系和金融服务平台，为全球消费者和小微企业提供安全、便捷的普惠金融服务
	客户细分	
传递价值	客户关系	以支付宝 App 作为自己的主要入口，同时对小微企业用户设计了更贴合其使用要求的网商银行 App，从个人和企业两个维度提供个性化服务
	渠道通道	
获取价值	收入来源	基本形成了支付连接收入、金融服务收入和科技服务收入三大收入
	成本结构	服务全部来自线上，成本主要集中在技术研发、维护和推广
维持价值	重要合作	全球范围内的知名企业和金融机构
	核心资源	长期以来积累的大量具有“黏性”的用户和行业领先的技术能力
	关键业务	六大业务组成

9.2.3　互联网金融发展启示

近年来，中国的互联网金融得到了快速发展，在促进普惠金融发展、提升金融服务质量和效率、满足多元化投融资需求等方面发挥了积极作用，展现出很大的市场空间和发展潜力。互联网金融在为金融业发展注入活力的同时，对金融管理带来了新的挑战，其在快速发展过程中也暴露出一些问题和风险隐患。

1. 互联网金融发展特点

当前，中国互联网金融发展呈现出以下几个方面的特点。

一是从快速发展阶段转入规范发展阶段。随着风险专项整治工作深入开展，互联网金融风险整体水平在下降，互联网金融风险案件高发、频发势头得到初步遏制，行业监管规则和要求进一步明确，行业发展环境得到进一步净化。

二是行业占金融总量的比重较低，但业务涉众面较广。以 P2P 网贷为例，据不完全统计，P2P 网络借贷行业总体贷款余额不到同期金融机构人民币各项贷款余额的 1%。但是，P2P 网贷不论是投资端还是借款端，用户都在持续稳定增长。

三是业务模式众多，但主要业态发展呈现分化态势。具体来说，互联网支付发展迅速，商业银行占据主体地位，非银行支付呈笔数多、单笔交易额较小的特点。P2P 网贷行业整合、退出现象明显，运营平台数量有所下降，成交量与参与人数仍稳步增长。互联网保险业务扩张较快，创新较为活跃，业务渗透率不断提高。互联网基金销售稳步增长，业务集中在互联网货币基金销售上。互联网消费金融参与主体多元化，发展快速，以小额、短期的贷款业务为主。互联网股权融资发展相对滞后，股权众筹融资监管规则尚未发布，互联网非公开股权融资实际开展业务的平台较少。

四是互联网金融“鲶鱼效应”明显。互联网金融在理念、技术和模式等方面的创新，促使中国传统金融机构不断改变业务模式和服务方式，为传统金融机构的改革发展注入了新动力。

2. 互联网金融发展面临的问题

在体制机制性挑战方面，互联网金融发展面临的问题：一是行业信用信息共享机制有待继续加强，融资方的欺诈和违约成本较低；二是许多从业机构游离于金融统计体系之外，特别是资金流向方面基本空白，给实施监管和调控带来难度；三是不同从业机构在业务操作、系统运维、产品定价、合同文本、合格投资者认定等方面标准化、规范化程度较低。

法律制度体系有待进一步健全。一是现有金融管理类法律法规是以传统金融机构和金融业务为适用对象制定的，其用于互联网金融领域难免存在适用上的不匹配；二是现有法律未对以互联网理财、互联网资产管理等为名的各类互联网金融公司属性做出明确规定；三是互联网金融反洗钱、反恐怖融资、个人信息保护等方面亟待立法。

3. 互联网金融发展可采取的举措

面对上述挑战，我们需要汇聚监管机构、自律组织、从业机构、社会公众包括金融教育界等多方力量，共同研究，提出有针对性、系统性的解决方案。

一是以服务实体经济为导向。互联网金融行业应紧紧抓住我国经济转型升级与结构调整产生的有效金融需求，促进网络与金融的深度融合、业务与场景的广泛结合、技术与流程的有机整合，有效增加金融服务供给规模、效率和质量，提高互联网金融供给对实体经济需求变化的适应性和灵活性，避免过度拉长资金链条和脱离实体经济空转。

二是以发展普惠金融为重点。根据世界银行在普惠金融指标上的最新数据，中国的大部分指标均排在发展中国家前列，账户普及率和储蓄普及率等指标显著优于G20国家平均值。我们要清醒认识到，中国与全球许多国家一样，在发展普惠金融方面依然面临服务不均衡、成本高、效率低、商业可持续性不足等一系列全球共性难题。互联网金融在降低金融交易成本、提高金融资源配置效率、扩大金融服务辐射半径等方面具有独特优势，为解决上述共性难题提供了一条可行路径。可以预见，在全球范围内，将会加速形成一个数字普惠金融的新模式。互联网金融应抓住数字普惠金融发展的良好机遇，赢得更广阔的发展空间。

三是以合规审慎经营为前提。金融业是一个特殊行业，存在高风险性、强关联性和内在脆弱性等特点。因此，国家对这个行业的外部规制与监管一直是比较严格的。互联网金融为金融体系的市场化、普惠化发展带来了新鲜元素，但这并不意味着互联网金融发展可以没有边界、创新可以没有规则、业务可以没有规矩。从业机构要认识到“合规也是效益”“合规也是生产力”，要按照监管规则、整治要求和行业标准，加快建立客户身份识别、信息披露、资金存管、投资者适当性管理、反洗钱、反恐怖融资等制度，切实提升网络和信息安全保障水平。

四是以提升风控能力为关键。互联网金融本质上还是金融，没有改变金融的功能属性和风险属性。互联网金融发展得好不好，关键取决于风控做得好不好。从业机构要充分认识信息化背景下金融业务风险与技术风险可能产生的叠加效应和扩散效应，遵循金融基本规律，形成正确的创新导向，建立有效的内控制度和风险管理系统等软、硬件条件。在这个方面，企业内控还应该与法律约束、行政监管、行业自律、社会监督有机结合起来，形成五位一体的多层次、全方位风险治理体系，使互联网金融创新可能带来的风险处于可管、可控、可承受范围内。

五是以先进网信技术为驱动。随着信息化、数字化时代的深入发展，“无网络不金融”“无移动不金融”已成为现代金融业体系的一个重要特征。从业机构应按照“有利于提升服务实体经济效率和普惠水平、有利于降低金融风险、有利于保护消费者合法权益”这三个有利于的原则积极开展科技驱动的金融创新。一些互联网企业依托网络导流和场景优势，不断提高金融服务的普惠性和便捷性。例如，非银行支付机构给居民提供了小额、快捷、体验良好的支付服务，加速了中国进入“无现金社会”的速度。在互联网企业突飞猛进的同时，传统金融机构加快了金融科技创新的步伐，将大数据、云计算、人工智能等技术应用于支付清算、投融资、财富管理、零售金融等领域，注重为客户提供一站式、精准化的综合金融服务。

六是以开放共赢合作为基础。在公平、开放、联动、共享的数字化、信息化时代，封闭式、割据式的经营发展思路已经很难适应时代要求。各类从业机构应注重结合自身特点，找准市场定位，发挥各自优势，建设兼具包容性和竞争性的互联网金融生态圈和产业链。一方面，经过长期实践积累，传统金融机构拥有良好的风控体系和定价模式，掌握大量交易信贷数据，拥有较好的金融专业队伍，能为互联网企业提供专业化支持，弥补风控、定价等方面的不足；另一方面，互联网企业占据网络入口优势，掌握小微企业和个人消费者的海量行为数据，要注重开放客户资源、技术能力、金融云服务等，为合作伙伴创新金融服务提供技术支撑。通过传统金融机构和互联网企业优势互补，提升金融服务实体经济的效率与质量，实现“1+1>2”的效果。

9.3 案例 24 社交电商：每日一淘、云集和淘集集的纷争

9.3.1 社交电商发展现状

社交电商集社会化媒体与电子商务为一体，前端以社会化媒体为流量入口精准触达用户群体，后端赋能供应商及时满足消费者需求，同时整合第三方支付、物流服务商等共同形成社交电商生态链。

1. 社交电商的特点

社交电商与传统电商相比具有 5 个新特点。

① 社交电商客户拓展模式从原发需求到诱发需求转变。社交电商改变了传统电商先产生购买需求再进行消费的搜索式购物模式，社交电商通过刺激用户需求从而使用户产生主动购买意愿。

② 社交电商客户来源模式从单向到裂变转化。传统电商平台依据网络促销、搜索引擎等手段进行客户引流，社交电商平台依据用户的自发分享实现低成本引流，并通过社交沉淀用户提高转化率。

③ 社交电商客户关系管理从低“黏性”到忠诚管理转变。传统电商平台用户“黏性”较低，消费者依据商品的质量和价格做出购买决策，社交电商平台通过自发形成具有相同兴趣爱好的社群，实现“离用户更近”，提升客户“黏性”。

④ 社交电商流量分配模式从中心化到去中心化转变。传统电商平台流量向头部商户倾斜形成了中心化的流量分配机制，在社交电商场景下，社群用户在社交平台上自行聚集，商品基于用户个体进行传播，从而形成了分散化的交易入口及信息流对接渠道，打破了传统电商平台的“流量困境”。

⑤ 社交电商渠道模式从流通型到供应链型转化。相比于传统电商平台定位于一、二线城市用户，社交电商平台通过优化供应链降低采购成本，让利于客户，从而满足了下沉市场新中产阶级的价值需求。对社交电商不同分类模式进行的对比分析，对于深入理解社交电商商业模式具有重要意义。社交电商不同于传统电商的新特点及其独特的运行机制形成了社交电商商业模式的创新之处。

2. 社交电商的运行机制

（1）社交电商的强弱关系

影响社交交易的原因各异：有因为朋友关系而产生的信任感，降低了对商业推销的直观厌恶和回绝可能性；有双边关系产生的好感，进而从个人好感转向代言商品好感；有因为朋友关系而产生的面子效应，朋友属性向来有彼此互惠互利的潜台词，因此当朋友兜售商品的时候，从面子角度来说应该多少购买一些；还有跟随和从众心理，当身边的人都使用某产品时，也会产生被动购买。

社交机制各有不同，但可以归结为强关系和弱关系两种类型。强关系的信任感较高，面子效应也更突出。而从掌握信息程度来说，强关系社区里的人与人之间掌握趋向相同的信息，而弱关系社区人与人之间主要分享各自信息网络的垂直领域或某个维度。因此，在弱关系社区里新生事物易快速传播，而在强关系社区中易产生社交口碑效应，如品牌形象、回头客。因此，强、弱关系特点各异又相互补充，是社交电商的核心机制之一。

（2）社交电商的个体群体互动

以互联网为平台的社会交往包括关注、分享、推荐、推送、沟通、讨论和互动等元素。其中，推荐和推送是有代表性的个体社交方式。所谓推荐，是指以朋友关系进行口碑宣传，一般将小众化的产品以私人渠道的方式引荐给朋友。这种模式其实与传统商业的人员直销有明显的相似之处。而推送则是根据个人影响力进行内容营销。

除个体之间的线性互动之外，社交电商还有群体互动的机制。其中，协作和竞赛是比较有代表性的机制。所谓协作，是指用户形成自组织社区，以大众生产制造、购买的方式来完成生产、销售或购买行为。知名的协作社区如天涯、豆瓣、贴吧，社区用户形成某种合作机制来共同完成互联网任务。而所谓竞赛，是近年来形成的互动机制，它将用户的成就动机、荣誉和好胜心结合来形成用户之间的排名互动，如微信运动排行榜、学习强国的全国排名等。在这种互动机制中用户往往是现实中的朋友，属于彼此相对熟悉的强关系，利用与好友的排名互动，来实现平台的运作目标。

3. 社交电商的模式

（1）模式一：“强关系+”个体互动模式

在这种模式中，社交电商局限在熟人之间的私人朋友圈口碑推荐模式，这也是社交电商的雏形阶段。近几年微商快速兴起，有替代淘宝店铺的趋势。不过，长期利用朋友圈发商品广告效果并不理想，并且每次购买都是对人际关系的消费。目前，这种模式逐渐演化为更有组织的零售众包，如云集。

（2）模式二：“弱关系+”个体互动模式

弱关系的个体互动可以被认为是强关系的升级版，首先核心用户的资源更多、个人魅力更强、网络用户数量也更多，只要有5%的用户响应了户主的口碑推荐，就可以维持这一模式的足够盈利。而且，网络达人为了维持热度，必须不断地创作优质自媒体内容，这对用户而言也是内容方面的享受和获得，如小红书。

（3）模式三：“强关系+”群体互动模式

强关系的群体互动极大地增强了用户的参与感和趣味性，用户与朋友可以在线上进行比赛，或者做小游戏，避免了简单甚至略显粗暴的直接销售推送。而为了达到更好的排名，激发和满足个人的参与感和成就感，用户会选择性地购买相关服务，这实际上利用了用户的互动来展开商业活动，如薄荷阅读。

（4）模式四：“弱关系＋”群体互动模式

这是社交电商的顶级生态类型，不仅将互动的机制从熟人推广到更为一般的弱关系人（如共同购买者或相似兴趣者），而且推出了诸如砍价、团购、竞拍、传递等一系列的群体互动机制。在这种模式中，用户同时享受社交乐趣和合作成就感，如拼多多。社交电商发展趋势是从强关系推广到弱关系，社交范围更大、信息冗余更少、对产出内容的品质要求更高，同时只要有一定概率的用户成交率就能实现盈利。互动的方式也从个体互动逐步转变为群体互动，互动机制更多、参与形式更丰富、用户的跟随性和从众效应更强，更容易产生积极的网络效应。

9.3.2 社交电商模式分析

1. 每日一淘社交电商逻辑

近年来，生鲜电商在电商领域中非常火爆，各种生鲜电商平台异军突起，而其中的佼佼者——每日优鲜，还在不断发力，其推出的专注做精选电商的每日一淘已成为后起之秀。从成立之初起，每日一淘似乎就自带“燃料”，发展速度迅猛。但在最开始的几个月中，其主要运营商品为生鲜品类，随着用户数量的增加及其需求的多样化，每日一淘对战略发展重新进行分析定位，开始布局全品类。目前，每日一淘已成为囊括生鲜、消费品、数码3C、图书、服装等在内的全品类电商。

（1）不断打造精选爆品

对于每日一淘而言，其已经拥有了较为成熟的供应链，并形成了规模化采购，对于商品品质具有充足的信心，这也是作为精选电商的前提保障。因此，品质和性价比成为每日一淘在营销上的最大亮点。作为全品类社交电商，每日一淘以小而精的选品标准打造单个爆款，将用户离散的需求进行聚合，形成局部规模效应，以此来进一步优化用户的消费体验。

对于单款爆品的打造，每日一淘可以说是自有一套。例如，“不知火”丑橘以其独特的品质和口感成为四川眉山市丹棱县的一张名片，当地政府和每日一淘等多家互联网电商企业签订了战略合作协议，“不知火”丑橘在每日一淘一上线，仅3小时便卖出了15万千克。每日一淘天海藏小龙虾产品上线仅一天，产品销量就高达500万只。为了让消费者品尝到美味的小龙虾，每日一淘来到湖北潜江，与当地的柳伍水产食品有限公司签订战略合作协议。

（2）前端社交分享+会员制，让口碑效应最大化

社交电商是用户导向的电商模式，社群建设和口碑积累是关键。每日一淘的目标是打造一个自买省、分享赚的会员制的电商平台。会员制可以充分发挥社交场景优势，连接去中心化的社群，让零售平台的触尾更加深入纵深市场，将社区和社群的流量转变为业务发展的推动力。选择怎样的目标群体，是每个社交电商平台首先要考虑的，其影响着平台日后的发展走向。每日一淘的消费群体以三到五线城市的30～50岁女性居多。一些投资者认为，每日一淘的用户与天猫、淘宝、京东等电商平台的用户重合度只有4%，每日一淘开拓了新的电商人群，满足了三到五线城市30～50岁女性用户的需求。

最开始，每日一淘推出的会员制为收费模式，但经过摸索发现会费不利于每日一淘进入既定的目标消费群体，如果想要渗透到更多的家庭客户，必须让产品变得容易被接受，于是每日一淘取消了收费制度。现在，用户只需邀请10人在每日一淘小程序上注册成为用户便可成为会员。这种在前端采用社交分享+会员制的方式，使会员不仅可以自购省钱，还可以在社交分享过程中获得返利。每日一淘会员最大的权益就是不仅可以自购省钱，还可以在社交分享过程中获得返利，这样的分享会员制方式更适合三到五线城市的大众以低门槛的方式加入社交电商的创业进程中，让人人都可以分享社交电商的红利。

前端采取的社交分享+会员制的模式通过将会员权益与社交分享挂钩，不仅让每一位消费者都有机会成为每日一淘的会员，而且通过会员与会员、会员与普通消费者之间的沟通交流，可以增强消费者在平台上的购物乐趣，并通过PGC+UGC快速完成大量高水准社交化内容的设计与制作。这不仅让会员在使用操作上变得更加简单，还让分享变得有趣，更好地传播内容和促进成交，增强用户“黏性”。每日一淘通过会员与会员、会员与普通消费者之间的沟通交流，为其营造了一个真实、可信的消费网。在信任的前提下，消费决策会更容易下达，其中的关键就在于会员体系下所形成的口碑效应。

（3）后端直采+直供对接优质产品

社交电商除社群打造外，建立完善的供应链体系、为用户提供性价比高的产品也至关重要。每日一淘对于优质产品的供应主要是原产地直采直供，在后端，采用去中介化的方式缩短供应链中间环节，买手直接深入产地精选全球好商品，压缩了采购和流通成本，通过连接优质商品的生产者、消费者及产业链各环节的参与者，构建产业路由器，将每日一淘打造成共享赋能型农业经济体，创新零售产业链。同时，每日一淘有效减少损耗和运输风险，最大限度地保证产品质量，为消费者提供更优质的服务。

正是基于这些优质产品，每日一淘对于单款爆品的打造才有了十足的“底气”和能力，小龙虾、沃柑、奇异果、洗衣液、超轻小昔、牛排等成为月销售额高达千万元的产品。同时，通过前端的多元化布局和平台的大数据分析，其总结了更有市场前景的产品定位、包装、规格和营销方式，这对于优化种植端、养殖端，打造标准化产品，以及产品品牌化建设具有重要意义。

（4）对接扶贫打造特色产品

每日一淘作为电商平台，自上线以来一直积极参与产业扶贫工作。其首创“四个一”扶贫模式，即“打造一款特色商品、培训一支电商团队、帮扶一家龙头企业、受益一批贫困家庭”。

每日一淘希望通过这一模式缩短农产品流通链条，让种植户不再担心产品销售问题。

例如，每日一淘与陕西西安周至县合作猕猴桃扶贫项目，从源头上解决当地猕猴桃销路不畅的难题，从根本上提升当地600余户贫困户的收入水平。每日一淘在周至县楼观镇姚村建立的电商扶贫助农猕猴桃示范基地面积为2650亩[①]，惠及了86户贫困户。此次合作将从源头上解决当地猕猴桃销路不畅的难题，还将逐步实现从种到销的标准化和品牌化，从根本上提高当地653户建档立卡贫困户的收入。每日一淘与河南淅川县合作丹江鱼扶贫项目，每日一淘自上线起就积极践行社会责任，通过推广“四个一”产业扶贫模式，持续参与精准扶贫。每日一淘目前已与河南省淅川县人民政府达成了战略合作，并基于淅川县的地域特点和农产品特点，助力当地农产品（丹江鱼、软籽石榴等）走向全国，在打造地域品牌、地标性产品上推动深度合作，挖掘产品品牌化销售的新思路。每日一淘已经对接300多个贫困地区、上线了180多款扶贫产品，成功打造了安远三百山甜心红薯、蒙都羊蝎子、大凉山盐源丑苹果等特色扶贫产品。每日一淘还将把“四个一”扶贫模式在更多贫困地区复制和推广，让优质农产品走进千家万户，满足人们的消费升级需求。

2. 云集立足乡村社交电商

品牌和人才是当前农村电商发展的最大短板，也是农村产业发展中的两类关键要素和能够长久留存的重要资产，云集“双育”模式正是扣住了这两个关键要素。当前，社会各界都在积极思考如何促进乡村振兴，如何务实发挥农村电商对传统农业的带动作用。其中，社交电商平台云集在解决应季农产品短期快销的基础上，从培育农产品品牌和新型农业人才着手，初步摸索形成了“育品+育人”的云集“双育”模式。

1）农产品上行瓶颈

（1）小农经济与大平台电商模式的错配

小农生产缺少计划性和商品化能力。一方面，国内农产品生产以小户为主，全国规模农业经营户占农业经营户比例不到2%，农产品生产分散、缺少计划性，无法形成稳定货源的同时，容易在应收季节产生滞销；另一方面，很多地方有“好东西”却不会加工、包装成“好产品”，对于利润率不高、易损耗的农产品而言，如果没有品牌赋值，不能通过产品分级、初加工、深加工提升产品附加值，则很难保证规模化、商品化后的盈利。

基础设施和服务体系缺失。电商基础设施和配套服务的不足一直是农村电商的痛点，很多地方连最基本的视觉设计和电商摄影都只能靠农民自学自用。而影响最大的因素来自两方面：一是缺少营销推广手段，对于“流量为王”的电商平台而言，在缺乏营销推广支持的情况下很难产生销量；二是仓储物流的短板尤其严重，在配送时效、产品损耗、物流成本等方面，农村电商在全国市场竞争中一直处于弱势地位。

从业主体身份难转变。全国3亿多个农业生产经营者中，35岁以下占比不到20%，高中以上文凭占比不到10%。对于大多数农户、小企业老板而言，很难实现从种植、生产到网店经营之间的角色转换，冲销量、冲店铺等级、冲排行榜等电商常规运营方法对于初入电商圈的农村卖家来说太过陌生，这导致很多早先试水电商的农村卖家碰壁，在电商平台上产生了大量“僵尸店铺”。

---

① 1亩约等于666.7平方米。

（2）寻找适应小农经济的电商模式

适应小农经济的农村电商模式应该具备两个特点：一是能够满足当前小农经济需要，能够帮助农民解决应季农产品销售问题；二是能够倒逼农产品生产加工实现集约化、标准化、品牌化，并提供配套服务和教育培训机会，帮助农民实现身份转变，承接现代化农业发展。

社交电商孵化单品爆品的快销能力，与当季农产品短期大量出售的需求高度契合。以云集为例，云集曾帮助界首市销售 12 500 千克滞销土豆，帮助广西百色地区销售 15 000 千克滞销芒果。与传统电商渠道相比，社交电商的流量成本几乎为零，减轻了农产品上行的成本压力，而其“人情”属性也更容易与农村“乡土人情”产生共鸣，是农村电商的一个重要破局点。

2）云集的社交电商探索

（1）用活社交购物的需求弹性

云集能够在短期内销售大量农产品，首先得益于其平台强大的分销能力。云集的核心人群是店主，一方面，店主可以向身边朋友推荐平台上的产品以获得销售利润，有主动推送平台产品的动力；另一方面，店主在购买时可以获得比其他平台更可观的折扣优惠，店主自身也成为云集重要的消费群体。在云集店主中，宝妈是重要的组成部分，作为家庭食品消费的决策者，宝妈群体对有机、生态、地标类农产品的需求较其他群体更强，为农产品上行提供了销量空间。

爆发的销售额得益于平台的分销能力。区别于传统电商，社交电商在选品上倾向于热销品和高频消费产品，云集把平台 SKU 控制在 3000 个左右，定期淘汰不符合平台需求的商品，摆脱了长尾效应。云集采用推荐商品的方式，在深入研究店主和会员需求的基础上进行选品推荐，可以满足店主自身大部分购物需求，呈现出高“黏性”、高复购、高转化特征。此外，社交模式下产生的情感信任，把店主的网购消费需求与云集紧密捆绑。随着店主数量和个人网络消费的增长，平台交易规模有极大的上升空间。

（2）补齐农产品的供应链短板

云集模式属于典型的 S2B2C 模式，选品、物流、客服、IT 系统、营销方案都由云集统一提供，除了店主的推送，其他环节都靠云集来把关，可以最大限度保障用户体验。为此，云集与顺丰、亚马逊、EMS 达成仓储物流合作，在全国设置了 27 个仓储，基本做到 24 小时就近发货。对于云集来说，能够最大限度控制上架产品的品质，从根本上杜绝假货，这是基于信任关系的社交电商平台长期发展的关键。对于店主，只需转发产品链接和营销文案即可，产生交易之后由云集统一发货并提供售中、售后服务，店主无须压货，降低了准入门槛、精力投入，减轻了资金压力。

除推荐商品获得利润外，店主也通过云集平台进行创业，将身边的好产品推荐给云集，由云集供应链团队审核后在平台上销售，并提供从前端的产品品控、包装设计到中端的营销策略，再到末端仓储物流、售后服务支持。这种方式尤其适合农产品上行，在我国农产品品牌化程度低、地方公共品牌标准不健全的情况下，云集通过与资源方合作，以社交电商的方式，补齐了从农民地里到消费者家里的所有中间环节。通过店主推荐，云集能够快速锁定适合的农产品，极大地降低了选品成本。

（3）实践“育品+育人”双育模式

云集在农产品电商实践中，发挥其平台的供应链优势，首先解决农产品销售问题，然后从培育农产品品牌和新型农业人才着手，促进农产品标准化种植、生产加工和现代化流通销售有机衔接，渐次实现产业升级。

在培育品牌方面，云集联合浙江大学中国农业品牌研究中心（CARD）发起“百县千品”项目，计划在3年内，通过与地方企业、合作社、政府合作的方式，利用云集的供应链服务能力，打通农产品上行通道，培育孵化100个地理标志农产品品牌，并带动一部分宝妈、自由职业者、残疾人等群体就业。目前，“百县千品”项目已帮助陕西洛川苹果、临潼石榴、周至猕猴桃、富平柿饼等优质农产品获得市场认可，提升了地域品牌认知度。

在培育人才方面，云集联合浙江大学全球农商研究院、浙江大学管理学院，推出“乡村振兴千人计划”。云集计划拨出1亿元专项扶持资金，用3年时间培育1000名新农人，为入选的新农人提供农业品牌和农村电商运营、农产品标准化生产和品质溯源、产品设计和“爆款”打造、知识产权和商标注册、精准扶贫政策解读等方面的创业培训，并提供创业导师辅导。

品牌和人才是当前农村电商发展的最大短板，也是农村产业发展中的两类关键要素和能够长久留存的重要资产，云集“双育”模式正是扣住了这两个关键点。其中，培育品牌是转变农产品生产方式的过程，通过品牌标准提高农产品生产的计划性和产品品质，并配套完善后期检验检疫、产品分级、包装设计、仓储物流及品牌宣传推广，提升乡村产业价值；培育人才是转变农业经营观念的过程，通过培育具备现代农业生产技能、管理能力和市场化思维的新农人，强化乡村产业的根基。

3. 淘集集的社交电商洗牌

围绕着社交电商的主题，各色各样的平台、纷繁复杂的模式开始出现。社交电商的火爆让人们看到了“互联网+”时代的辉煌场景，然而，如果只是市场的聒噪，缺少了内在实际创新及对产业改造升级作为支撑，所谓的社交电商或许只是昙花一现。

（1）淘集集引发社交电商洗牌

淘集集于2018年8月上线，一度被称为“第二个拼多多”。不过在短短的一年多以后的2019年年底，淘集集便因举债艰难、无力为继而破产。

互联网创业等于“烧钱”，这是大多数人对互联网公司的第一印象，而“烧钱”似乎已成为互联网创业过程中不可避免的一环。前些年，如美团、滴滴、摩拜；近几年，如拼多多、瑞幸咖啡，无一不是靠着“烧钱”占据一定市场份额，甚至成为独角兽企业。虽然“烧钱”能帮助企业在短时间内快速实现一定的用户规模，但没有一个健康的商业模式，即使用户量再大，也只是一时的虚假繁荣。换言之，“烧钱”获得新用户之后，如何把他们留住才是关键。盲目“烧钱”，只顾着拉新，而不去调整运营战略、控制运营成本，早晚都会跌入“万丈深渊”，经历“暴雷”的淘集集就是这样一个典型案例。2019年9月，淘集集资金链断裂，商家围攻其总部讨要欠款，10月淘集集创始人张正平发布“致伙伴们的一封道歉信”回应称公司增长在出现停滞时，公司却仍想通过融资款来解决问题，延误了最黄金的自救期，策略上更是选择了继续亏损来获取用户。

正如社交电商的本质是资本和巨头共同烘托起来的泡沫一样，以淘集集为代表的玩家同样是被推到台前的棋子。一旦社交电商的红利不再，资本和巨头开始收割，这些曾经风靡一时而实际上并无任何创新的玩家必然是这场闹剧的祭奠者。从表面上看，淘集集失败的原因是并购重组失败，而实质上是附着在社交电商身上的那些长期得不到有效解决的矛盾和问题集中爆发导致的。当像淘集集一样的社交电商企业开始被荡涤出市场时，一个以洗牌为主基调的社交电商的发展新时代或许正在缓缓拉开序幕。可以预见，在未来的一个时期，我们还将看到更多像淘集集一样的社交电商玩家被市场淘汰，曾经风靡一时的社交电商的发展黄金期或许由此关闭，新的时代发展大幕开始徐徐开启。

对于像淘集集一样在互联网落幕的大背景下诞生的企业，如果只局限于传统意义上的互联网运作逻辑，缺少了实际意义上的深度改变，所谓的风光或许是暂时的。过度依赖资本，忽略了对自身商业模式的优化和行业的再造升级，所谓的繁荣或许只是一场虚假的繁荣。当“供血”不济、融资不畅之后，社交电商的发展同样会陷入与以往所有的互联网模式相同的怪圈中。从这个角度来看，淘集集的落败似乎又是一种必然。

从某种意义上来讲，淘集集的失败真正开始吹响了社交电商洗牌的集结号。未来，我们或许还将看到更多像淘集集一样，以社交电商为主要噱头的玩家退场。曾经被人们众星捧月般拥护的社交电商，依然难逃深度洗牌的宿命。只有真正地回归行业的本质，找到社交电商在资本和流量之外最纯粹的部分，才能够真正长久立足于市场。

（2）淘集集为何走向失败

从本质上来看，所谓的社交电商其实是一场以资本和流量为主体的买卖，同以往的互联网模式并没有太大的区别。但是，社交电商打开了一个思考行业发展的全新方式。通过将渠道下沉，去平台化，可以再度将市场内部的红利进一步释放，从而继续用收割流量的方式，享受到流量红利。然而，如果只是把社交电商定位在这个水平上，显然是大错特错的。因为渠道下沉和去平台化的方式只是一块“敲门砖”，真正想要让社交电商走得长远，让社交电商承担起行业未来发展的重任，需要加入更多的内涵。

需要明确的是，现在整个电商行业面临的主要问题不是流量的问题，而是产业的问题。上游产业生产方式的落后、制造效率的低下、对于市场需求把控不够精准等诸多的矛盾和问题，才是困扰电商行业及社交电商行业的根本痛点和难题所在。如果仅仅把社交电商看成一个流量的买卖，带来的必然是战略上的失焦，淘集集的失败正在于此。

市场上的传统电商巨头之所以如此决绝地拥抱新零售、数字经济，其中一个很大的原因是这些新的物种才是真正能够给产业带来深度改变的东西，而不仅仅是对流量的获取和收割。因此，当思考社交电商的败局的时候，或许应该站在这样一个角度来思考才能得出最真实的答案。社交电商除了依然在遵循互联网之外的发展套路，他们对于资本的过度依赖同样决定了他们将会走入和其他的“互联网+”模式同样的困境。单纯地依靠资本的输血，单纯地以获取流量为乐趣，忽略了对于商业本质的理解，所谓的社交电商只是一个由资本市场吹大的泡沫。

一旦这个泡沫进入市场的太阳光下，破裂或许是它的最终宿命。淘集集的失败恰恰印证了这一点，它在融资问题上一再失利，导致了这种以资本为终极导向的发展模式的败退。如果社交电商将资本看成它的终极目标，并且将融资看成维持它发展的关键要素，或许从一开始就注定了它必然会失败的宿命。如果仅仅把社交电商看成一种融资手段，忽略了对于社交电商本身内涵和意义的丰富和完善，所谓的社交电商或许只是一种融资工具。当资本市场不再关注，社交电商将黯然失色，随之而来的洗牌或许是一场必然。淘集集只是一个开始，未来，一切都是未知的。

9.3.3 社交电商模式启示

1. 社交电商逻辑

社交电商的核心思维是基于移动社交的分享与裂变，在整个裂变过程中，社交电商通过人的圈层和社群，锁定相似的一群人，提供精准、有温度的个性化服务，以口碑传播代替市场广告，以“黏性”触达、用户关怀代替显性购买需求。

以社交为中心的社交电商买家复购率高于传统电商 30%以上，交易转化率高于传统电商 50%。但现有的社交电商平台多以电商交易为主，是一种伪社交电商。未来的社交电商趋势将转变成以社交为主体，电商交易成为社交的附加服务，用户通过强关系撬动弱关系，完成之前从未有平台能达成的可持续性强“黏性”高复购率的新零售电商模式，从而发掘出社交电商最大的潜力。

2. 社交电商现状

目前，社交电商正处于用户裂变下沉、多模式共存的快速发展时期。移动化和社交应用的崛起改变了消费者获取各类信息的主要渠道，“社交+电商”契合移动互联网时代消费者分享、信任背书的购物需求。人—货—场的购买方式、传播方式和服务路径得以重构：人依靠社交关系发生裂变延伸，货物基于人群传播得以信任背书，交易场所基于分享场景呈现碎片化态势。此外，社交+电商为移动购物行业解决了用户增长放缓、低活跃、高流失等问题，促进了电商行业高速发展。

3. 社交电商运营策略

① 对于社交电商来说，流量并不是最重要的，把用户经营好才是最关键的。如果所售商品都是好产品，大家都会相互推荐购买。如果产品出现问题，负面消息也会裂变传播，以前的客户就会流失。正因为社交电商是靠社交实现用户群体的裂变的，所以社交电商特别注重服务质量。因为这是一个分享、互动的阵营，一旦发现问题必须做好处理，安抚客户，否则就会造成不良口碑。社交电商与传统电商、微商的最大区别，其实就在于“用户思维”。只有把用户运营好，让用户群体不断裂变，才能把社交电商运营好。

② 社交电商是微商的进化版，那么微商需要注意的地方，社交电商同样要注意。其中一点是要保持社交账号的专业化。从引流开始，社交账号昵称、头像、签名、定位都必须专业化，这是获取买家信任、减少沟通障碍重要的一步。如果从一开始就无法让顾客建立初步的信任感，那么想继续把顾客运营成用户，让一个顾客裂变出更多的顾客完全是无稽之谈。

③ 打造个人品牌，这也是以往微商时代常常强调的一点。再小的个体也是一个品牌。网络用户对于社交电商的信任，其实来自对个人品牌的建设。很多时候，其实顾客不是因为商品而发生购买行为，而是因为卖商品的人。在传统电商、微商业绩纷纷下滑的今天，社交电商却进入了爆发期。抓住机会、弯道超车也有一个前提，就是能找到不同点，找到方法。

4. 社交电商未来发展

“社交+电商”创造流量挖掘新方式，将助力电商行业持续发展，社交玩法正成为电商不可或缺的一部分。商家若要加入社交玩法需要注意以下事项：社交电商基于信任关系发展，需对产品品控严格把关；同时，社交电商的“天花板”是垂直人群的边界，要解决垂直人群的需求，应拓展到垂直人群的多样化需求，直接倾听用户声音反向 C2B；社交裂变可获得四、五线蓝海市场用户，但此部分用户留存率较低，如何留住此部分用户成为增长关键；内容构建需长期积累，内容生态一旦建立将成为稳固的“护城河”。

9.4 案例 25 农产品电商：德庆柑桔协同式农产品商务模式

9.4.1 农产品电商发展现状

电子商务已经成为我国农产品经营流通不可或缺的重要途径，农产品电商不仅极大地扩展了农产品销售渠道，还能通过大数据有效引导和组织农业生产，对于提高农业竞争力，增加农民收入，实现城乡均衡发展具有重要作用，是农业供给侧结构性改革的重要抓手。应用新一代信息技术加速信息流、资金流、物流、商流的深度融合，将为农产品电商发展注入新的生机和活力，带动农产品电商全面升级，产生更为显著的经济和社会效益。

1. 农产品电商的特征

农产品电子商务，即在农产品生产销售管理等环节全面导入电子商务系统，利用信息技术，进行供求、价格等信息的发布与收集，并以网络为媒介，依托农产品生产基地与物流配送系统，使农产品交易与货币支付迅速、安全地得以实现。从我国农产品电子商务的实践来看，农产品电子商务业务呈现三个层次的特点。

① 初级层次。初级层次主要为农产品交易提供网络信息服务。例如，一些企业建立的农产品网上黄页，在网络平台上发布企业信息和产品信息；大型农业集团建立的超大现代农业网；小企业或个体农户则依托各类农产品信息网发布信息。

② 中级层次。一些网站不仅提供农产品的供求信息，还提供网上竞标、网上竞拍、委托买卖等在线交易形式，交易会员可以直接在网上与自己需要的运输公司洽谈，但尚未实现交易资金的网上支付。资金的支付还是依靠传统的邮局或银行实现的。

③ 高级层次。高级层次的农产品电子商务不仅实现了农产品电子商情的网上发布和农产品在线交易，还实现了交易货款的网上支付，是完全意义上的电子商务。

2. 农产品电商发展阶段

第一阶段：起步期（1998—2004 年），以粮食、棉花网上交易为标志。1998 年，郑州商品交易所集成现货网（现名“中华粮网”）开始进行网上粮食交易；2002 年，全国棉花交易市场推出商品棉电子撮合交易，并提供资金、物流配送、信息等配套服务。这一时期，农产品电子商务主要局限于大宗交易，只是现货交易的一种补充。

第二阶段：形成期（2005—2011 年），以生鲜农产品网上交易为标志。2009 年开始，全国涌现了一大批生鲜电商，改写了人们对农产品电商客体的定义和内容，生鲜农产品电商品牌运营一时成为热点。这一时期，农产品电商与人们日常生活之间的距离不断被拉近。

第三阶段：成长期（2012—2014 年），以农产品电商创新模式的竞相推出为标志。2014 年，随着电商的广泛普及，B2C、C2C、C2B、O2O 等各种电商模式被应用于农产品电商；同时，新一代互联网、物联网、大数据、云计算、区块链等大量先进信息技术被引入农产品电商。这一时期，农产品电商受资本青睐，融资和兼并重组频发。

第四阶段：发展期（2015 年至今），以农产品电商相关政策的密集出台为标志。随着国务院《关于积极推进“互联网+”行动的指导意见》《关于促进农村电子商务加快发展的指导意见》《关于深入实施“互联网+流通”行动计划的意见》等诸多政策文件的实施，农产品电商迅速发展，越来越多的消费者通过网络直接购买特色农产品。

3. 农产品电商主流趋势

技术进步支撑精细化。物联网、大数据等新一代信息技术的广泛应用，推动了精准农业、订单农业的发展，支撑了不断细分的农产品电商市场，将不断迎合人们对农产品多样化的需求。

品质把控倒逼标准化。随着农产品质量安全要求的提高和流通标准体系的不断完善，电商平台正从营建经营渠道向把控生产品质演进，倒逼农产品生产端改良工艺和服务，提升品质，我国农产品电商的标准化即将破局。

消费升级呼唤品牌化。越来越多的品牌化农产品踩着全社会消费升级的节奏，走出了低价竞争的误区，实现了自身产品的溢价，赋予了农产品品牌新的内涵和外延，正在通过区域公用品牌建设等途径提速农产品品牌化的进程。

4. 农产品电商存在的主要问题

（1）组织化程度低、产业规模小

我国广大农村地区的农民生产组织化程度低，仍以单一农户经营为主，农产品要么缺乏特色，要么有特色没规模，要么有规模没价值，要么有价值没品牌，很难形成网上可销售的商品。不少地方特色农产品出自家庭作坊式生产或个体加工，受限于场地、人员、设备等条件，很难达到申请生产许可证的要求，导致地方特色农产品无法在电子商务平台上“合规”销售。

（2）农产品标准化程度低

农产品电商发展的一大“痛点”是传统的小规模农户所具备的生产技术和经营意识与现代化零售业的产品标准化之间存在矛盾。目前，我国农产品标准化程度很低，广大农民仍采用传统的生产方式，无法适应和满足现代电子商务的采购、销售标准，农产品的规格化、标准化、包装化亟待提高。

（3）农产品质量安全认证度低

在农产品质量安全认证体系建设上，我国农产品质量安全认证没有完全被纳入法律范畴，无公害农产品等认证没有从法律的角度给予明确和肯定。农产品质量安全认证在我国还属于新生事物，农产品质量安全认证的总体规模较小，加上宣传推广力度不够，导致企业和消费者对其认知程度有待提高。

（4）冷链物流设施不足、物流配送存在障碍

农产品全程冷链投入大，冷链物流设施普遍不足，缺乏为中小电商企业和农户提供标准化冷链物流的公共服务平台，导致生鲜农产品网销困难。不少生鲜农产品的产地预冷不足，运到大中城市预冷成本高、浪费大。同时，出于数据安全和市场竞争考虑，目前从事农村物流配送的企业、机构之间配送信息共享程度不高，物流单据数据没有打通，“满车来空车去”式的单向物流较多。

9.4.2 德庆柑桔电商模式分析

德庆县是“全国柑桔产业十强县”和“中国果蔬无公害十强县”，出产的贡柑、砂糖桔分别获得“中国柑王”“中国桔王”称号，柑桔种植面积达30万亩，总产量达5亿千克，产值达25亿元。该县因地制宜、积极调整农业产业结构，发展贡柑、砂糖桔等种植，着力建设“生产、经营、销售”一体化模式，制定了配送、营销、农资等措施，初步形成了一套自有的柑桔电商模式和流通服务体系，获得了可观的经济效益和社会示范效应。

1. 德庆县柑桔流通体系建设

德庆县柑桔流通体系建设情况如表9-5所示。

表9-5 德庆县柑桔流通体系建设情况

主　体	基本形式	主要做法
领导小组	当地政府部门统筹协调	由负责农业、科技、物价、工商、宣传、信息中心等政府部门构成，组织、规划、协调柑桔流通服务体系建设
柑桔协会	协会+农民	采取“入会自愿，退出自由”原则，鼓励农户入会；统一进行市场推广、品牌升级、价格预测、技术推广
配送公司	公司+农民	主营农产品的配送服务，在该县的各乡镇都有网点
农科院	技术支持	与广东省农科院开展长期合作，在全国范围内首先制定了《贡柑标准化生产技术规程》
农业集团公司	规模化	有皇妃、江南、兴旺、四海等30家左右的果业公司，以及众多的从事收购、加工、销售的商贩
种植基地	标准化种植	如罗坪村蔬菜种植示范基地，创建绿色食品、无公害食品种植和认证
批发市场	主要流通渠道	已建立起德城、悦城两个柑桔专业批发市场，提供场地进行交易、结算，以及配送、质量安全检验服务
大型超市和直营店	直接销售	与超市签订固定价格或浮动价格销售合同，以及建立直销店，直接销售
信息网络	电子商务	目前有德庆柑桔信息网、农业信息网等多家网站
品牌战略	营销和推广	通过自身建设和大力推广，先后荣获“中国柑王”“中华名果”等称号

德庆柑桔流通体系的框架由两端三层的体系构成，如图9-6所示。基本流程是：农户或种植园—加工公司或者集团公司—该县批发市场—销售地经销商—超市/直营店/农贸市场—消费者。部分大型连锁超市可直接从农户或种植基地采购，加工公司也可以与消费相关的服务端的

批发市场直接建立联系通道。

与目前农产品流通体系相比，德庆柑桔流通体系主要是以批发市场为核心、以农户直接销售为辅助，以有形市场为核心、以无形市场为辅助的升级版架构，在一定程度上折射出其在市场功能、组织结构等方面的优化和提高。一是在国内一、二线城市设立直营店，初步建立市场功能由局域网到广域网的延伸；二是建立了较为紧密的组织关系，即生产、流通、消费的模式，促进流通网络的资源优化，基本保持了与消费者价值的一致性；三是建立了初级的电子商务平台，通过第三方物流将柑桔发送到目标市场，提高流通效率的同时降低了物流成本；四是初步实现了市场信息推动生产，消费信息引导物流和加工。

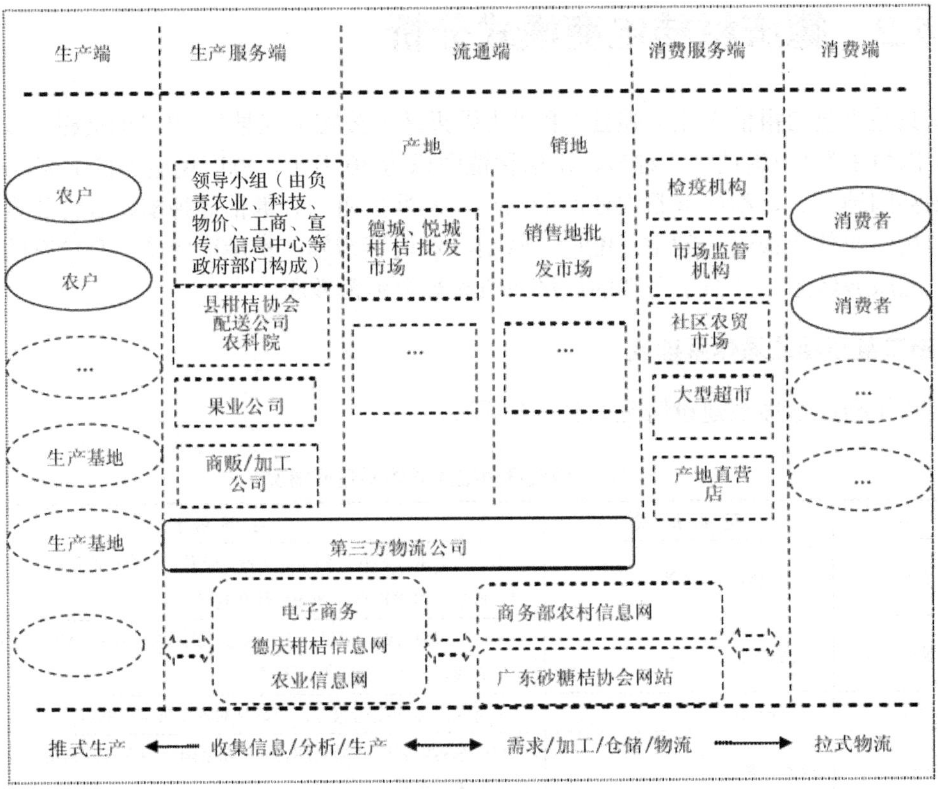

图 9-6　德庆柑桔流通体系

2. 德庆县柑桔流通协同服务模式优化

① 批发市场业态调整和优化，提供全方位的服务。其包括订单管理、协议供应、资信评估、交易撮合、支付结算、定位跟踪、仓储管理、物流组织、配送管理及监督管理、检测检疫等综合性功能，实现远期合约、契约交易。平台交易、订单农业等现代经营和交易方式，采用电子化结算业务，有序推进由有形市场为核心向有形和无形市场兼营的综合业态的调整和改进。

② 改善相关服务端的结构，实现协作配合与一体化服务。在生产相关的服务端，建立农户参与柑桔加工和流通的协作机制；在流通端应鼓励专业性的流通单位加入，进一步提升流通服务的效率和效益；在消费相关的服务端，搭建网络虚拟购物环境，增加在线服务功能，进而实现生产端、消费端与中间服务端的协作配合与一体化服务。

③ 开发柑桔流通服务平台，实现协同商务模式。该模式是指通过构建协同型柑桔流通服务平台，能够完成柑桔购销订单和柑桔流向的网上交易方式。需要说明的是，该交易不同于现货的实际交割，交易契约在平台上达成后，物流会绕过有形批发市场，从生产端直接流通到消费端。

④ 提供金融支持服务，解决果农和种植基地融资难的困境。为了应对黄龙病，防控或者直接砍掉果树重新种植，都需要巨大的资金。虽然当地推出了“党员贷”“巾帼贷”等助农活动，但是限定了人员和贷款金额，没有很好地解决农户的融资困境。有鉴于此，本文认为可以通过建设协同系统，吸引大型商业银行和第三方物流公司加入，为生产者提供专业的金融服务。一是提供土地流转融资产品，果农风险承受能力差，可以将土地流转给龙头公司，由龙头公司对果树进行专业化、集中化管理，同时果农实现收益。二是提供仓单质押融资产品，生产基地或龙头公司等供应者将柑桔存放于商业银行事先指定的仓储中心，以仓储单位出具的单据作为质押凭证，向商业银行融资，第三方物流公司对融通仓里的货物提供日常管理和监督的服务。

⑤ 对流通节点上的主体采取协同管理，实现网络的协同与信息共享。通过协同柑桔流通服务平台，对商流、现金流、物流、信息进行实时监控与管理，实现持续、高效的协同增值。

优化后的农产品流通体系框架如图 9-7 所示。

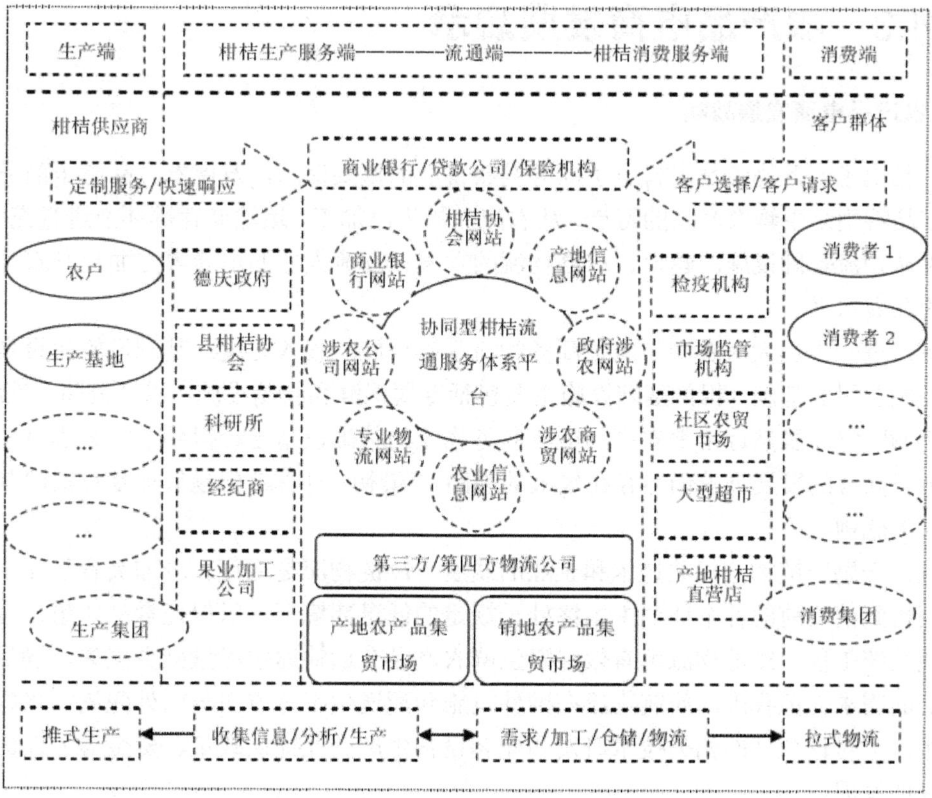

图 9-7　优化后的农产品流通体系框架

3. 德庆县柑桔流通协同系统平台优化

（1）实现平台的信息共享服务

作为柑桔流通体系的共享平台，应当涵盖整个流通过程。协同系统的核心是把商流、现金流、物流、信息归集为价值流和信息流，以信息流进行组织和支配，推动协同系统实现价值增值。以网络批发市场为基础，大力拓展柑桔流通体系的实时信息服务和价值共享功能，建立协同商务模式的核心机制。

信息数据的采集与交换应包括以下功能：一是对供求数据要从三个方面进行实时采集和交换。首先，从柑桔种植农户、生产基地采集的数据，经局域网数据处理中心整理后被传输到协同系统；其次，采集经销商的需求信息时，可以与同层次市场进行信息数据互通；最后，协同系统将供求关系和柑桔价格发布出来，为各地供需者提供参考。二是最近一段时间的价格、需求趋势和预测，对农户和生产基地起到指引作用。

（2）加快向广义市场调整

在协同商务模式下，柑桔通过协同系统来确定流向，直接由生产相关服务端和消费相关服务端运转，实现柑桔从产地到最终消费端的快速、高效流通，进而降低流通成本。目标城市的批发市场也要向协同系统平台过渡，即由狭义市场向广义市场调整，以期达到全国性的协同配合的流通服务体系。

9.4.3 农产品电商发展启示

1. 农产品电商发展战略

农产品电子商务物流是农村电子商务健康发展的重要保障，发展农产品电子商务物流需要根据农产品特别是生鲜农产品的特点，从农产品的生产加工、运输储存等环节进行充分的考虑，具体可以从物流基础设施的建设、冷链物流的发展、物流人才的培养等方面提升农产品电子商务物流的发展水平。

首先，进一步加大对农产品电子商务物流基础设施的投入力度。基础设施建设是农产品电子商务物流发展的基础，相关基础设施主要包括专属保鲜和仓储设施，以及公路、铁路、桥梁、民航等运输网络。虽然近年来农产品电子商务物流的基础设施已经得到了很大程度的改善，但与农村电子商务的发展需求仍然存在较大的差距，“最初一千米”问题依然是目前限制农村电商发展的最大瓶颈。

其次，鼓励冷链物流相关技术和企业的发展。冷链物流是冷藏、冷冻类食品在生产、贮藏运输、销售到消费前的各个环节中始终处于规定的低温环境下，以保证食品质量，减少食品损耗的一项系统工程。冷链物流可有效保障生鲜农产品在运输途中尽量减少损失，满足人们对新鲜农产品的需求。但我国的冷链物流在硬件设施和配送效率等方面与国外先进水平相比还存在较大差距，可对该领域的相关技术研发和配套设备生产企业提供政策、资金等方面的扶持，帮助其更好地发展。

再次，努力培养一批适应农产品电子商务物流发展的高技能人才。人才是农产品电子商务物流发展至关重要的影响因素，农村电子商务的发展需要一批技术水平高、结构合理、数量丰裕的高素质人才队伍。这需要政府、教育机构和电子商务企业共同努力，加大对农产品电子商务物流人才的培养力度，鼓励并引导物流人才深入农村、从事农产品电子商务物流工作。

2. 农产品电商发展策略

① 网站策略。建立农产品营销网站，首先要明确建立此网站的目的，对目标群体的消费习惯、爱好、购买能力等情况做到心中有数，有针对性地建设本企业的网站，并采取措施提高网站的宣传效果，使网站发挥应有的作用。

② 产品和服务策略。互联网具有很好的互动性和引导性，用户可通过互联网在企业的引导下对产品或服务进行选择或提出要求，企业可根据顾客的选择和要求及时地进行生产并提供服务，以提高企业生产效益和营销效率。生产出适合消费者所需要的产品是现代市场营销的中心，电子商务也不例外，太便宜和太昂贵的商品都不易在网上交易成功，因为太便宜的商品会因送货上门而价格上涨，而对于太昂贵的商品，顾客更愿意通过面谈来购买。因此，企业应通过市场调研先了解消费者的购买意向和偏好，再设计产品，只有这样才能使产品研发做到有的放矢，从而赢得顾客。

③ 定价策略。在互联网上开展商业应用网站的成功案例大多遵循了互联网的免费原则、间接收益原则和低价位定价原则，农产品在人们消费结构中多属必需品与低档品，且消费弹性不足，只能采用低价位定价策略。目前，农产品品牌效应尚未形成，应该重点树立品牌农产品物美价廉的形象，而不能盲目地追求高价位，可先用低价位来开拓市场，使产品占领市场后，有计划、有步骤地逐步提高价格，使品牌农产品的价格和价值相符，再用高价位获得高收益。

④ 渠道策略。互联网发展改变了营销渠道的结构，电子商务营销渠道可分为网络直接营销渠道、网络间接营销渠道和双道法三种类型。目前，大多数的企业采用双道法，即同时使用网络直接营销渠道和网络间接营销渠道，以达到销售量最大的目的。鉴于农产品既是生产资料又是生活资料，经营农产品的企业在网上销售渠道的选择上应有所侧重。

9.5　案例 26 移动电子政务：政务头条号服务电子政府建设

9.5.1　电子政务发展现状

电子政务（Electronic Government）是指国家机关在政务活动中，全面应用现代信息技术、网络技术及办公自动化技术等进行办公、管理和为社会提供公共服务的一种全新的管理模式。广义的电子政务包括所有国家机构在内；而狭义的电子政务主要包括直接承担管理国家公共事务、社会事务的各级行政机关。

电子政务是一个系统工程，应该符合三个基本条件。

第一，电子政务是必须借助于电子信息化硬件系统、数字网络技术和相关软件技术的综合服务系统。硬件部分包括内部局域网、外部互联网、通信系统和专用线路等；软件部分包括大型数据库管理系统、信息传输平台、权限管理平台、文件形成和审批上传系统、新闻发布系统、服务管理系统、政策法规发布系统、用户服务和管理系统、人事及档案管理系统、福利及住房公积金管理系统等数十个系统。

第二，电子政务是处理与政府有关的公开事务、内部事务的综合系统。该系统除包括政府机关内部的行政事务外，还包括立法、司法部门及其他一些公共组织的管理事务，如检务、审务、社区事务等。

第三，电子政务是新型的、先进的、革命性的政务管理系统。电子政务并不是简单地将传统的政府管理事务原封不动地搬到互联网上，而是对其进行组织结构的重组和业务流程的再造。

1. 电子政务发展取得成效

（1）统筹协调机制逐步完善

当前，我国电子政务统筹协调机制和顶层设计逐步健全，电子政务工作体系化、系统化不断加强，建立了国家电子政务统筹协调机制，明确了各部门在电子政务发展进程中的职能，提高了电子政务政策实施的协调性。我国开展了国家电子政务综合试点，推动地方解决管理机制不顺、信息系统整合不足、业务系统水平不高、政务服务不到位等问题。

（2）“互联网+政务服务”深入推进

目前，各省份都已经建成省级网上政务服务平台，“互联网+政务服务”成为提供公共服务的重要方式。全面优化网上服务成为深化“放管服”改革的重要支撑，大部分省级行政许可事项已具备网上在线预约预审功能，平均办理时限大幅度压缩。各地“互联网+政务服务”优秀实践不断涌现，浙江省“最多跑一次”改革、广东省“数字政府”改革、福建省电子政务云计算平台建设等都是“互联网+政务服务”深入推进的突出成果。

（3）信息资源整合共享成效初显

各地各部门积极落实《政务信息系统整合共享实施方案》要求，持续推进政务信息互通、资源整合，政务信息系统整合共享取得了积极成效。以政务信息系统整合共享为抓手，加强统筹规划和整体推进，有效地将分散于各级政府和部门的信息数据进行系统整合和有序共享，从整体上提升了政府信息资源的利用水平和政务服务水平。通过政务信息系统整合共享，可以逐步实现部委业务办理系统和地方政务服务平台互联互通，逐步实现基础信息数据和服务事项的交换共享和联动办理。

（4）电子政务逐渐与社会信息化融合发展

电子政务建设逐步从项目建设向服务转变，更多的社会机构和企业参与到政府信息化建设中，政务云市场不断扩大，政务云的稳步推进提升了政府信息化的建设效率。随着国家新一轮的政府机构改革，很多地方政府成立大数据局，将进一步驱动政府数字化转型，随之而来的大数据平台和业务平台将成为政务云基础设施建设后的必然趋势。各地也正在积极推动政务信息资源开放利用，逐步推动与经济社会发展高度相关的数据向社会企业开放，促进大众创业、万众创新，提升人民群众的满意程度和电子政务建设的成效，更好地调动各个社会主体的参与积极性。

2. 电子政务发展中存在的问题

（1）在线服务能力尚需提升

第一，服务范围不够广、服务信息不完善。这主要表现为：有少数地方政府没有认真落实“应上尽上”的要求，网上政务服务供给能力失衡；网上政务服务大厅精细化程度不高，准确性、时效性不强，服务信息更新慢等。第二，服务集约程度仍需提高，服务软件迭代性不强。目前，许多地方政务服务渠道在线上线下“百花齐放”，但形式分散，服务集约化程度仍有待提高。此外，移动客户端功能模块、业务系统的更新升级也显示出不足，不符合持续优化完善政务服务功能的互联网迭代思维。

（2）信息资源孤岛依然存在

目前，各地区网上政务服务平台大多基于已有的网络基础设施、业务系统和数据资源，基本采用独立模式建设，跨地区、跨部门、跨层级、跨业务的信息资源共享共用和业务协同力度不够，信息孤岛仍然存在，如公民户籍、教育、就业、医疗等基本信息仍处于分散状态。同时，政务服务信息资源目录体系应用尚未成熟，没有形成高效的协同协调机制，而各地区网上政务服务平台数据开放共享进度缓慢，信息共享供需矛盾较为突出，造成各部门、各层级之间出现信息孤岛与部门壁垒。

（3）标准规范体系尚未形成

近年来，虽然我国政务信息化建设取得了重要进展，但在信息资源开发利用工作中，相关法律法规和标准化体系仍需完善。电子政务发展处于前列的省市已经出台一些规定和办法，重点解决电子签名、电子证照等法律效力问题，为开展网上政务服务提供制度保障。但从全国范围来看，涉及电子政务发展的基础性问题还缺乏法律保障。此外，如何处理好便捷和安全的平衡，如何厘清隐私保护和安全分享的边界，如何提升安全意识和完善安全机制，也是目前电子政务发展亟待解决的问题。

（4）政民互动机制亟待完善

当前，一些政府网站存在在线服务交互性不强、便民服务模块缺失等问题。例如，“建议咨询”相关板块与“在线咨询”“24 小时网上受理”等无缝互动功能存在一定差距，政府部门处理民众诉求建议也在一定程度上存在着耗费时间较长、反馈拖沓、缺乏针对性等问题。参与机制、沟通机制、保障机制的不完善在一定程度上降低了政民互动效率，阻碍了政府服务水平的提升，且增加行政成本，因此政民互动机制亟待完善，以提升政府公共服务能力。

3. 未来发展趋势

未来我国电子政务发展应重点关注以下四方面，进一步提升政府公共治理和服务信息化水平。

① 坚持以人民为中心的发展理念，提升人民群众的获得感。未来的电子政务发展应更加突出人民需求导向，方便人民及时了解政府信息，畅通政务服务渠道，简化办事流程，提升办事效率。此外，完善搭建政民互动平台，让互联网成为了解群众、贴近群众、为群众排忧解难的新途径，成为倾听民意、汇聚民智的新渠道。

② 加快数字政府建设，促进政府数字化转型。在当前以数据治理为核心的发展阶段，促进政府数字化转型是电子政务发展的新趋势。加快推进政府数字化转型，促进政务服务的业务重组与流程再造，能够通过数字化、智能化的方式推进政务运行一张网、精准化社会治理的形成。数字政府建设是落实网络强国战略的重要举措，是加快政府职能转变、完善政府治理的一场深刻变革。数字政府建设将成为推动经济高质量发展、优化营商环境、引领数字时代政府改革与治理能力建设的着力点和突破口。

③ 促进多方参与，激发市场活力。现阶段，我国电子政务发展已经在整合数据方面取得了

一定成果，而开放数据对于促进电子政务发展也至关重要。一方面，政府应制定数据开放的规划与规范，推进多层次数据开放平台建设，不断释放政务数据红利；另一方面，关注并建立多方参与机制，促进市场参与电子政务的创新工作，充分调动市场主体参与政务信息化建设的积极性，创造条件激发市场活力，从而使市场能够充分参与到电子政务的管理、建设与设计中。

④ 融合运用新兴信息技术，创新电子政务发展。当前，全球信息技术创新与应用发展迅猛，电子政务发展所依托的技术手段正面临重大飞跃，重视与大数据、人工智能、区块链等信息技术的融合，将推动实现治理创新与技术创新的结合，不断提升政府的监管能力、强化政府的基本公共服务水平。VR 技术、生物识别、深度学习等技术将被运用到电子政务服务中，进一步加强政府与民众的“互动性”“连接性”，提高政府服务的即时性与服务效率。

9.5.2 政务头条号模式分析

1. 政务头条号的概念

在移动电子政务迅猛发展，不断满足公众的需求的同时，许多新兴的第三方平台加入了移动电子政务的大趋势中，如支付宝、今日头条等，它们为移动电子政务的发展带来了巨大的机遇，尤其今日头条的影响力日渐显著。今日头条是北京字节跳动科技有限公司（以下简称字节跳动）在 2012 年推出的第一款基于算法推荐、专注内容分发的综合资讯 App。2014 年，今日头条搭建了公共信息发布平台——政务头条号，帮助企业、政府机构、媒体和自媒体发布信息及热点资讯，获得曝光和关注。

政务头条号邀请各级党政机关入驻，每日不定时发送政务相关信息，这意味着政务头条号开始成为移动电子政务发声的平台。政务头条号借助今日头条先进的信息分发技术与大数据算法，精准推送党政机关的决策和信息到目标受众，为公众提供更为精准的信息服务。政务头条号成为各级党政机关部门在今日头条开设的推送政务信息的平台，是传播政府决策和实现政务信息公开的重要手段和平台。众多党政机关和自媒体的入驻，既丰富了内容的来源和种类，也增强了内容的权威性。借助平台优势，政务头条号的发展十分迅速，一方面帮助政府高效传播权威声音，另一方面在良性引导社会舆论、提升政府形象、提供优质服务方面发挥着重要作用。

2. 政务头条号的发展现状

在庞大的网络新闻用户群体中很大一部分是今日头条的用户，这意味着政府及各党政机关需要充分利用信息红利，依靠政务头条号平台优势，创新信息传播途径，打造良好的政府形象，提升服务效率。

如表 9-6 所示，除了香港、澳门、台湾，其他省、自治区及直辖市全部开通了政务头条号。政务头条号补缺了政务微博及政务微信在这些区域的差异化分布，在移动电子政务平台上的影响力正在不断提升，越来越多的政府及相关机构开始入驻政务头条号平台，借助平台优势，提升自身的影响力及公信力。政务头条号成了政务信息发布、传播的“新阵地”，提升了政府及相关机构的亲和力，并且改变了传统的监督形式，由以前的内部监督发力变成了内、外部监督一起发力，提升了政府办事的效率及权威度。

表 9-6 TOP15 省份政务头条号数量

排 名	省 份	政务头条号数量/个
1	山东	8325
2	河南	7485
3	四川	6054
4	甘肃	4384
5	内蒙古	4108
6	广东	3862
7	陕西	3405
8	广西	3136
9	浙江	3126
10	河北	3012
11	湖南	2678
12	贵州	2668
13	江西	2572
14	江苏	2535
15	黑龙江	2412

如表 9-7 所示，包括公安、信访、检察、司法、基层组织、法院、共青团等在内的一百多个垂直系统开通了政务头条号。信访系统开通头条号数量占比为 8.8%，其次为基层组织，占比为 7.9%。而相比于政务微信及政务微博的主要领域——政务微信服务领域构成主要集中在气象类服务及社保、交通服务上，政务微博的服务领域构成主要集中在安全信息关注度上，我们不难发现，政务头条号在信访、公检法等领域发挥着较为重要的作用。目前，包括国务院、最高人民检察院、最高人民法院、商务部在内，已有 58 个中央国家机关政务头条号投入运营，其中，阅读量最高的头条号为商务部开通的“商务微新闻”。

表 9-7 政务头条号领域分布

排 名	头条号领域	数量/个	占 比
1	信访	6587	8.8%
2	基层组织	5888	7.9%
3	公安	4105	5.5%
4	检察	3593	4.8%
5	法院	3517	4.7%
6	交警	3451	4.6%
7	旅游	3254	4.3%
8	科协	3221	4.3%
9	普法	3005	4.0%
10	共青团	2631	3.5%

政务头条号借助今日头条这一平台，依靠平台技术优势及庞大的用户群体，精准推送政务信息，创新政府服务模式，降低政府人力、物力成本，提升政府服务效率。

3. 政务头条号的优势和特点

1）今日头条平台的技术优势

在移动互联网的迅猛发展之下，“两微一端”在移动电子政务方面的作用愈加重要。其中，微博强调动态滚动发布，微信公众号借助自身的社交优势及小程序，不断完善便民服务相关功能。与之相比，今日头条客户端的智能分发、精准推送，则能实现更高效、精准的传播。

今日头条是政务头条号的信息载体，作为聚合类媒体的代表，今日头条将信息内容自动化过滤，通过个性化信息推荐机制，对准用户的切身需求，同时通过强运营，给用户提供了细致入微的体验。这使今日头条在众多聚合类移动新闻客户端中处于领先地位。它具有三大技术优势。

（1）信息快速精准聚合

互联网时代是信息爆炸的时代，有效信息有时会被繁多的信息流掩埋，信息渠道的不畅、信息内容的碎片化在很大程度上影响着公众对社会信息的摄取及认知。而今日头条通过自己强大的搜索引擎和先进的大数据技术，在海量的互联网信息流中能够迅速查询、搜索和抓取有价值的资讯，并通过算法精准推荐，使资讯与目标受众相匹配，呈现出了快速化、系统化和数字化的特点。

（2）智能分发：个性的用户定位

今日头条通过机器算法对用户认知与行为特征进行观察和研究。例如，通过分析用户平时浏览的内容及阅读习惯，对用户进行人物画像，识别用户的兴趣喜好，挖掘用户的需求，并根据用户需求，为用户推送个性化的专属新闻。它是最早推出新闻资讯智能分发的 App，当用户使用微博、QQ 登录今日头条 App 时，它的数据挖掘系统能在 5 秒内计算出用户的兴趣画像，且在用户的点击、阅读动作后系统会在 10 秒内更新模型，用户下拉页面即能更新个性化信息，从而使用户在任何场景都能接收到有价值、符合其兴趣的信息。它颠覆传统新闻“编辑分发”方式，率先引入算法技术，引领行业向“算法分发”方式转变，开启移动互联时代“去中心化”传播模式。

今日头条对每个用户进行定位，为每个用户建立 DNA 数据图谱，每个用户都是一个中心，系统对这个中心进行个性化推荐，千人千面。因此，同一时间段，不同用户接收到的新闻资讯是不相同的；即使同一用户，在不同时间段，接收到的新闻资讯也有所变化。智能分发提供“千人千面”的资讯信息，直击移动时代阅读需求，形成信息找人的模式，使得信息高效、迅速直达目标用户。今日头条坚持为用户提供量身定做的个性化、差异化信息。

（3）“媒体/自媒体+社交”构建内容生态

互联网时代，无论是 App 的存活还是信息价值的实现程度，都与社交化程度有着密切的关系。今日头条不仅具有新闻资讯传播的属性，还在不断开发社交传播的媒体属性，增强平台与用户的交流与沟通。今日头条注重社交属性的开发，在内容传播的同时，开拓短视频和直播传播方式，加强与用户的互动，同时利用用户社交网络的关系链，促进用户互动，培养用户社交化、互享性的阅读习惯。今日头条活跃用户数量及用户黏度数据占资讯类排行第一名。内容分享的移动化及社交化是今日头条客户端的又一大特点。

今日头条客户端借助移动互联网“红利”，智能分发直击碎片化阅读需求，扩展“媒体/自媒体+社交”模式，巩固流量入口，不断扩大用户规模，同时通过高效的运营，提升用户留存率及客户端使用时长。而政务头条号借助平台的优势，功能不断完善，高效的运营模式及双向审核机制，使得政务头条号飞速发展壮大。

2）政务头条号的特点

对比微信公众号发布信息的网络用户数量要求，政务头条号在不限定网络用户数量的背景下，可以不限发布次数，定向推送，直达受众，让每一条资讯都达到最大化的传播。今日头条作为用户量及活跃度最高的手机 App，可以帮助政府机关单位达到传播最大化，形成矩阵和上下级监测体系，实现政务公开。同时相比于微博，在出现负面舆情时，头条号能够通过算法更精准、更高效地帮助政府进行辟谣和澄清，在公共预警、紧急辟谣、突发事件、便民服务等方面发挥着不可替代的作用。

私人定制式、内容滚动生成、24 小时不定时推送最即时的资讯，创新了政府信息传播模式。智能分发技术优化了政府运作模式，提高了政府服务效率，使政务传播对目标受众精准覆盖。智能分发技术根据其领域性、区域性及用户兴趣与需求的差异化等特点，进行分众化和差异化的传播，提升了政府影响力，使得公众充分享受大数据时代的信息红利。大到党和政府的声音、大政方针，小到生活中的医疗、教育、交通、天气、用水、用电等，这些信息都可以通过政务头条号得以产生、重组和分发，高效直达目标用户群体。同时，人工智能加扁平化信息传播模式，在较大程度上降低了信息不对称，抹平了信息鸿沟，在舆论引导上起着不可忽略的作用，特别是在重大公共突发事件中有效遏止谣言的萌芽和发酵。例如，在应对令公众惊慌的突发自然灾害时，不同政府部门可以从各自专业的角度利用政务头条号持续发声，同时在人工智能的帮助下，通过精准推送将这些信息触达目标用户，从而使公众能够全面和立体地了解事情真相，让舆情回归理性。

基于政务头条号的特点（见表 9-8），在信息大爆炸的时代，众多的信息流充斥着我们的生活，而政务头条号利用其先进的算法技术及庞大的用户群体优势，为政府提供了权威声音表达的新平台。政务头条号成为推动电子政务发展的强势力量，通过强大的技术支持、庞大的数据储存和高效的数据分析能力，为政府和公众提供个性化的精准服务。基于平台庞大的用户群体，政务头条号使得政府信息能够准确、高效传达，依据平台优势，有效地带动公众参与，引导积极向上的舆论导向。

表 9-8 政务头条号的特点

政务头条号的六个特点	
平台属性	智能分发、私人定制式、内容滚动生成平台
内容形式	24 小时不定时推送最即时的新闻资讯
信息更新	全天候不固定实时更新，更新频率较高
传播属性	精传播前提下的泛传播
传播方式	开放式精准传播，智能型主动化分众的前提下进行信息的广泛传播
受众定位	信息类别分类、受众群分类明确

4. 政务头条号的作用

基于政务头条号领域性、区域性等突出的特点，同时在传播上强调分众化和差异化，政府可以实现政务信息的精准投放，因此相对于政务微信、政务微博，政务头条号可以帮助政府实现发展移动电子政务的具体目标。

（1）建立官方发声矩阵，传递权威政务信息

今日头条邀请各级党政机关入驻政务头条号，依靠今日头条平台先进的信息分发技术，使得党政机关的权威声音能够有效地传播到目标受众，从而为社会公众提供更为即时、准确、高效的信息服务。今日头条客户端为政务公开提供了方便、快捷、高效的载体，打破了信息传输壁垒，提升了政务信息的透明度。部分省市政务机构整体入驻今日头条，建立全面的发声矩阵。

政务头条号部门构成领域类别覆盖广泛，同时在协助行政部门执行公务上面发挥了重大作用，创新了政府公共服务的模式，为政府公共服务提供了新途径。一方面，通过互联网技术的应用提升了政府的办公效率，在某种程度上减少了很多环节，从而减少了人力、物力的投入，降低了办公成本；另一方面，创新了政府管理方式及方法，升级了政务办事的流程。

（2）舆论引导、精准辟谣

今日头条不仅强调用户兴趣至上，而且不断完善审核机制，强化舆论引导功能，用权威发声对冲负面舆情，坚持引领主流价值观，肩负起应有的社会责任。今日头条实行机器过滤加人工复审双层审核机制，通过大数据技术向已经阅读相关虚假信息的用户定向推送辟谣信息，实现精准辟谣。并且，今日头条针对政府客户，开放头条弹窗功能，第一时间对重大事件进行信息发布，传播社会正能量。例如，重大辟谣、通报、疫情、灾害等信息，今日头条可以做到面向特定区域定点推送，使受众用户即使在不打开今日头条客户端的情况下，也能及时收到突发信息。今日头条目前影响力巨大，作为服务于党政机关及事业单位的媒体，肩负着重要的社会责任及义务。对于当地政府不实报道、政策误读、社会负能量、各种谣言，以及对领导人进行人身攻击的事件，它能够第一时间处理，引导积极向上的舆论导向。目前，国家地震台网、广东发布、浙江发布、平安北京等单位已经使用弹窗推送功能，该功能对于即时传播权威信息、防止谣言扩散、提高舆论引导效率、稳定用户情绪有着重要作用。

（3）数据服务惠民

大数据时代的到来，对于政府创新最迫切的要求就是如何能够依靠数据时代的红利，整合不同部门之间的数据资源，实现数据资源一体化，从而提高行政效率，减少资源、人力浪费，使政府更好地体察民意，形成公众与政府之间良性高效互动。而今日头条拥有庞大的数据储存和高效的数据分析能力。它通过对这些数据进行观察与总结，可以为入驻单位提供各类数据服务。除了能够通过头条号的发稿后台向入驻单位展示每条信息的传播数据，今日头条还可以为入驻单位提供个性化的数据服务。通过数据，相关机构可以准确判断不同年龄阶段、不同人群对热点问题的真实关注度和兴趣点，从而更加准确地把握工作重点，做到有的放矢。这不仅节约了政府办公的资源，还使得政府能够多角度、多方位地了解公众的真实需求，更好地惠民。

（4）信息个性化精准推送

大数据时代，一些权威、关键的信息易被大量的信息流掩盖，加上传统的政府传播模式，层级制的传播方式比较单一，造成政务信息传播效率低，信息传播渠道不畅。而今日头条把宣传内容制作成一条有用的资讯，通过不同的维度定向，包括地域、性别、年龄、兴趣等，来实现文章、资讯的高效定向推送，表现形式多样，如 HS 形式、文图形式、视频播放、直播等，从而高质量地完成宣传工作。这一直都是今日头条所追寻的：你关心的才是头条。多元化的信息传播形式、内容形式及智能分发技术，使得政务信息能够高效传达，同时提升了政务服务的效能。

（5）重大事件专题搭建

今日头条除了充分利用算法技术上的优势，还进一步利用平台优势，帮助政府搭建头条专题，以包容性为第一原则。头条专题把所有媒体刊发的相关事件新闻报道整合分类，是目前包容性最强的媒体，各家媒体对于事件的解读点融汇在头条专题中。专题的搭建，整合了政府资源，提升了资源的利用率，同时提高了政府的权威，加强了公众对政务信息的了解，加深了对政府的信任。目前，今日头条按照国家网信办要求，专题置顶国家主席、总理等国家领导人的相关新闻报道，每天的阅读、评论量相当可观，成为传播正能量的第一窗口。

5. 存在的突出问题

移动互联网的发展给我国电子政务发展带来了巨大的机遇，推动了我国政府治理理念、治理模式等不断向以公众为中心的开放型、服务型转变。现代治理体系要求决策民主化、信息多元化及广泛的政治参与。以今日头条为例，政务头条号的广泛应用大大缓解了政府信息发布、舆情监测和危机管理的压力，但现代治理不仅强调政府对公众的单向治理，还强调公众对公共事务的民主参与，对政府决策的科学化、民主化都有很高的要求。

移动互联技术的广泛应用大大拉近了政府与民众的距离，“两微一端”（微信、微博、客户端）对政府宣传工作的推动，以及政府与民众的关系所展现的优势便是这一技术的正面影响。但是，由于“两微一端”，尤其政务头条号的媒体属性特点，以及各级主管部门对热点事件的讨论采取严格的控评措施又阻碍了公众的政治参与热情，“两微一端”势必沦为政府对公众发布信息的单向工具，而非双向互动的工具，没有释放出移动电子政务和现代技术应有的潜力。

（1）功能单一，媒体属性过强

政府政务号的主管单位多是各级宣传部门，这与其媒体属性、公关属性密不可分。不过，这种由宣传部门单一管理的现状是造成“两微一端”是今日头条这“一端”沦为单向工具的重要原因。宣传部门出于舆论管理和风险控制的需要，对社会突发热点问题往往采取较为严格的管理措施，这就很容易阻断公众意愿的表达，客观上压抑了公民的政治参与，并存在使压力内增的风险。

相对于其他移动电子政务平台，政务头条号在线服务体验感不强，尽管可以协助行政办公，但在互动性和个性化的服务上，发展动力不足。政务头条号多以政务信息和民生信息发布为主，虽然开通了评论窗口，但是互动体验比较差，因此，公众的体验感不强，不利于提高公众参与积极性。

尽管政务头条号在准确发布政务信息、推动政务信息公开、拉近政府与公众关系上发挥了重要作用，但它存在政府对公众的单向的问题。在政务头条号上花费的人力、物力、财力等行政成本，是否充分发挥了其应有的作用尚值得讨论。简而言之，当前的电子政务体系中政务头条号的应用是否满足了公民的真正需求还没有定论。

今日头条平台上的政务头条号发展的最高目标是以海量的用户及用户关注量为基础，将互动和服务作为工具，建立公众参与的多元治理体系，让社会公众更好地参与到政府政策从议题设置到政策制定和完善的全过程中来。各级政府的政务头条号应该积极主动寻找公众的诉求点，通过实事求是的方法来回应公众的提问和要求，提高与公众的互动联系，进而吸引公众积极参与到国家治理过程中。

但当下网上参政存在严重的“泡沫化”倾向。公众参政、议政权利如同泡沫，并未得到实际贯彻与执行。政务头条号的发展提升了政府的透明度和公信力，理应同时提高公民参与度，使全民能够更加便捷、高效地参与。但就我国的实际情况来看，政务头条号并没有达到双向信息交流的期许。虽然政务头条号提供了一个良好的政民沟通平台，但是公民的话语权并没有随之得到提升。

（2）政务头条号区城、领域分布不均衡

就整体而言，一线城市引领着电子政务发展的潮流，中部、西部、东北地区的表现总体上比较平淡。各地媒体“两微一端”的发展水平与其地区经济水平呈正相关，其不均衡程度又远超地方经济水平的不均衡。但政务头条号在近两年的极速发展填补了西部地区和经济欠发达地区的电子政务空白，呈现出与两微平台相对不同的趋势。在今日头条的政务号中，虽然西部地区和基层政府所占的比例较之于两微平台而言更高，但是在使用率和使用频次上依然存在不够重视的问题。

表 9-9 所示为机构类政务微博领域构成。从类别上看，政府部门政务号数量占绝大多数，司法部门政务号数量占比较低，司法系统政务号的占比远远低于政府部门。司法部门政务号数量在微博平台相比于今日头条来说占比更低，检察院仅占 2.7%，法院仅占 2.6%。

表 9-9 机构类政务微博领域构成

一级分类	总数/个	占比	二级分类	总数/个
政府	89 832	65.2%	公安	19 476
			外宣	11 053
			基层组织	8030
			卫计	5002
			司法行政	3684
			交通运输	2898
			旅游机构	2892
社会团体	34 141	24.8%	团委	30 833
党委	5340	3.9%		
检察院	3725	2.7%		
法院	3596	2.6%		

司法部门政务号数据分布的另一个问题，在于基层司法机关政务号数量较少，相对于中央机关内容匮乏。而基层司法部门是直接面向公民、回应公民司法诉求、施行司法救济的一线部门，广大群众对其有着更为直接的利益关系。

（3）存在严重的网络信息安全和个人隐私泄露风险

移动电子政务作为政务和信息的集合体，内容丰富且复杂。移动设备的安全性、数据通道的安全性、用户隐私等多方面存在隐患。政务头条号的数据安全直接关乎个人隐私和网络信息安全的问题，直接关乎政府的公信力及权威性。

当前移动网络接入的设备往往与个人身份信息绑定在一起，因此用户身份和行为成为商业公司炙手可热的生利工具。尤其近年来，各大网络平台频频曝出私自窃听收集用户隐私的丑闻，给广大用户带来了安全隐患。例如，曾曝出今日头条擅自调用用户手机麦克风监听用户谈话，并使用大数据系统进行广告推送的丑闻，虽然母公司字节跳动随即否认这一指控，声称“不存在未经用户许可、擅自获取或使用用户隐私的行为”，但平台强迫用户开放授权各类权限是不争的事实，将用户隐私信息（个人相册、社交关系、浏览行为等）完全暴露给商业公司。这类窃取隐私的问题频频发生，给用户使用软件造成了很大的影响。

另外，我国各类电子政务系统的软件开发和安全机制尚未达到国际标准水平，信息系统可能存在安全漏洞。

（4）大数据资源未得到充分利用

作为一个互联网大国，其蕴藏着极其丰富的大数据资源，涵盖经济、社会、生活等的方方面面。然而面对庞大的数据资源优势，无论是政府本身，还是今日头条客户端，以及其他第三方平台，都在政务数据资源的利用方面存在问题。我国政府作为互联网的重要参与主体，一方面在长期的履行社会管理和社会服务的过程中掌握了大量的数据，另一方面在电子政务运行过程中掌握了大量来自互联网的数据，尽管守着这座“金矿”，但是各级政府部门面临的现实情况是大量政务数据资源未被激活，处于被沉淀、未分析加工的状态。尤其随着移动互联网时代的到来，由移动互联网产生的大数据具备了实时、可移动的显著特点，如果能够充分利用这些数据，将对政府的日常公共管理行为提供极其有针对性的科学依据。

6. 问题的根源分析

（1）过分强调宣传与舆情管理的作用

理论上，移动电子政务的运用，一方面可以使政府相关部门广泛了解决策所需要的信息和公众的真实需求，避免依靠经验盲目决策，提高决策效率；另一方面，相对于以往的政务决策的封闭性，可以帮助优化决策程序，政府和公民之间缺乏有效的沟通，而当下的电子政务也应使公民参与到具体决策中，充分行使自己的参与权，并能够借助互联网平台的优势，如政府头条号的评论功能，发表自己的看法，同时将参政机制与技术方法结合起来，减少层级传递过程中的信息失真和低效，保障公民参与的权利，扩大公民参与的范围。

通过政务头条号，政府部门不仅应提高公民参与决策的积极性，还应弥补政府决策中的有限理性和信息不完备等缺陷。管理者可以根据互联网提供的大数据信息，及时发现问题，确定目标和尽可能多的决策方案，利用获取的信息对各个方案进行分析并比较选择，然后根据决策方案的执行情况来修正和调整决策方案，从而提高决策的科学性和合理性。

但对当下政府的治理目标而言，维护社会稳定、消弭社会矛盾乃是自上而下各级政府的刚性目标，因此，各级政府都很重视舆情管理，避免出现信息不畅带来的民众对政府工作的不理解和不配合等情况，从而影响政府信誉，激化社会矛盾。各级政府通常将“两微一端”的业务纳入宣传部门的管理。中国共产党中央委员会办公厅、中华人民共和国国务院办公厅印发《关于全面推进政务公开工作的意见》，就提出全媒体政务公开，打造舆情应对的闭环，并将政务舆情回应的概念用在了中华人民共和国国务院办公厅文件标题上。

一方面，为了配合政务公开，头条号设定了“端政指数”，将新媒体活跃度、传播力、互动力三类指标纳入指数计算方法，但互动所占的比重较低，限制了“政务头条号”电子政务多元属性的发挥。由于舆情管理的任务优先性，政务头条号在政治参与、政治议题设置及政策制定和执行层面上就稍显不足，过分强调信息公开与舆情管理的主导作用，政务头条号的技术优势被限制了，媒体的传播功能被过分强调，而忽略了平台其他的优势。

另一方面，今日头条作为聚合类新闻客户端，其主要功能集中在新闻资讯的传播上，政务头条号的功能因此被限制在新媒体传播上。相对于政务微信在政务服务上的突出功能，政务头条号尽管在交通及天气服务上有所发展，但是仅停留在信息发布领域。因此，对于政务头条号单一的功能，后续仍待开发和挖掘。

（2）用户分布区域不均，部分政府部门动力不强

政务头条号的区域分布不平衡，源于头条用户定位的特点。就职业分布而言，普通企业员工、下岗或退休职工占比较高；从不同城市级别所占比重上来看，一线城市仅占 10.3%，二、三线城市占比分别为28.7%、39.5%，这是政务头条号区域分布与两微平台不同的主要原因。在广大中西部地区和经济欠发达地区，头条是该地区公民的首选信息公布平台。

例如，司法系统在政府职能部门中原本所占的比例就不大，这是构成司法系统“两微一端”政务号数量少的主要原因。另外，基层司法部门活动空间受当地政府和上级司法主管部门的双重领导，推动电子政务的积极性不高。

（3）服务意识不强，创新性不足

多数移动电子政务只集中在信息发布上，忽视政务服务功能，其本质是缺乏以公众为中心的服务理念，将过多资源用于单向管理，没有真正地从公众需求的角度出发，优化现有的移动电子政务服务平台上的服务功能，而处在被移动互联网倒逼、被动发展移动电子政务的困境，而在这种状态下，很难充分发挥移动互联网优势，更难以实现建立高效便捷的服务型移动电子政府的愿景。

此外，很多政务头条号发文率较低，或者重复发文，且对公众的评论缺乏响应。同时，由于缺失专业化的运营团队，头条号功能的发挥面临专业性障碍。目前，我国移动电子政务平台端的运营人员，很多是政府部门临时指派的，一方面时间不足、缺乏经验，这些工作人员很难同时兼顾本职工作及平台的维护和使用；另一方面，由于缺乏专业训练，人员专业素质良莠不齐，导致部分负责人员在使用移动电子政务平台时消极怠工。

（4）缺乏个人隐私保护相关法律法规

信息安全与个人隐私关系重大，保障用户的隐私安全直接关乎政府的公信力。政府与今日头条平台的深度合作，等于将用户隐私交给了第三方商业机构。就目前而言，移动电子政务对网络安全的保障的确着力甚多，但平台是否滥用个人隐私进行不当得利仍然处在模糊地带。涉及网络安全保护尤其涉及个人隐私的网上信息保护，在立法层面处于待健全的状态，由于缺乏相关立法保护，涉及网上信息安全的事件往往以事后的处罚为主要处理方式，而事前的监督、预防环节则比较薄弱。

同时，我国电子政务法律、法规和政策目前存在层次复杂、法律层次较低的特点。针对电子政务领域，我国尚未颁布专门的法律法规进行规范，现有对电子政务的规定，也面临着层级较低、内容滞后的问题。

（5）大数据资源整合利用能力有待开发

我国的大数据规模庞大，在管理中面临巨大的困难，并且数据没有得到充分运用。尽管不同的政府部门掌握了大量的政务信息和数据，但是由于没有打通不同部门之间信息和数据，因此存在各自为政、相互独立的情况。这种情况致使公众在办理不同的业务时不得不在不同的移动端入口切换，一方面使得老百姓在网上办事存在“办事难，多跑腿”问题，另一方面也造成

了移动电子政务平台重复建设、使用率低下、行政运行成本高等问题，对资源造成了极大的浪费，也难以实现移动电子政务水平质的提升。以“两微一端”为例，政务头条号与政务微信、政务微博在信息发布上存在较大的重合性，这在很大程度上导致了政府运营成本的增加，给政府工作人员的工作带来重复性负担。

现有的大数据包括业务数据、非常庞大的社会化数据及互联网数据等，社会化数据和互联网数据大多掌握在以移动客户端为代表的移动互联网第三方平台手中，全量数据并未对政府开放，这部分数据尚不在政府掌握的范围内。同样，政府掌握的信息也没有开放给公众和第三方平台，海量政务数据被沉淀闲置，限于信息壁垒和标准等原因，政府部门在对数据的共享开放上持消极被动态度，缺乏大数据开放平台。这对于充分利用大数据开展政务活动是极大的欠缺。

9.5.3 电子政务发展启示

通过对政务头条号的研究分析，可以发现，我国在发展移动电子政务方面存在诸多普遍性问题。因此，针对我国发展服务型政府移动电子政务遇到的问题与困难，本节从服务意识、监督机制、机构与平台协调统筹发展及法律法规和专业人才培养等方面，提出相应的对策与建议。

1. 强化服务意识，提升专业素养

（1）应强化各级政府的服务意识，增加移动电子政务平台应用场景

我国政府各级部门应当强化服务意识，树立积极正面的移动政务建设发展观，充分利用现有模式，并有步骤地开放公民直接反馈的通道，建设与完善反馈机制，将其纳入对官员考评的标准中。

首先，应协调多部门共同参与移动电子政务各平台的管理，将议题设置、政府决策、执行反馈等工作与舆情管理工作并举，有步骤、有计划地鼓励和引导公众讨论，这样既可以增加政府决策的民主基础，又可提高政府的执政能力，推动决策民主化、科学化。同时，通过鼓励公民积极参与，可以培养公民健康的政治参与意识，提高公民的政治参与度，大大提升公民的爱国情感和对政府工作的支持。这不仅有助于舆论健康和政府形象的建立，而且有助于实现政府治理和服务的目标。

其次，各级政府要借助新的技术手段，积极开展与加强与互联网平台的合作与对接。一是利用现有平台，充分发挥其民意收集、网络问政、政策反馈等功能；二是将大数据研究整合到政府政研部门中，利用大数据分析，科学分析和预测政府工作的难点和问题，有助于科学决策，从而大幅降低政府信息服务的成本，提高工作效率。

（2）增加投入，提高政府平台运营人员的专业素养

数据资源的开发、利用能力不足，一个根本的原因就是相关运营人员专业能力不足。当前，我国移动电子政务服务发展最大的限制是人才的匮乏、互联网知识储备不足。为推动移动电子政务更快、更稳地发展，更好地满足广大公众的需求，创新政府管理模式，最根本的工作就是加强对移动政务人才的培训工作。一方面，政府相关部门应该设置专人专岗，组建专业运营团

队负责平台的运营和维护，同时定期开展相关培训课程，加强对相关专业素质的考核，强调服务导向型培养的同时，使其掌握最新信息技术和大数据运用；另一方面，政府可依靠第三方平台，借鉴第三方平台优秀的培养模式及培养体制，从流程设计和优化的角度进一步完善平台信息收集、审核、发布等相关工作，进一步提升我国政府平台运营人员在互联网技术等方面的专业素养。

2. 整合多平台优势，推动协调发展

（1）各级政府推动移动电子政务多平台集群协同发展

由于各平台产品属性、定位不同，因此在用户覆盖、传播特点、功能设置方面存在较多差异。例如，政务头条号用户群体偏向二、三线城市，并且具有用户下沉的特点，智能分发、话题整合等可以迅速地将政务资讯精准送达目标用户。而微博的用户群体更偏向于一、二线城市，其话题的公共属性更强，重大事件的热度较高，可以在短时间内形成强大的舆论形势。微信公众号的订阅属性减小了传播的覆盖范围，降低了传播速度，其功能利用率较低，但其平台的小程序及公众号的服务功能比较全面。

针对不同平台，政府部门应根据产品各自的定位及其特点，充分利用其优势，整合多方资源，推动移动电子政务的协调发展。政府要打造政务服务"一张网"，简化服务的流程，创新服务的方式，就要在政务头条号及其他移动端政务平台政务信息发布的功能基础上统筹安排，挖掘网络问政、在线服务等功能，促进各平台协同集群化发展。

（2）鼓励各部门、各地区移动电子政务良性发展

政府要根据城市的发展策略及规划，有的放矢地发挥移动电子政务平台信息发布的意见领袖角色，增强议程设置效果，充分把握各个移动电子政务平台的特点，根据用户的需求及区域发展的需求，有效地推进移动电子政务的发展。各部门、区域开设头条号、微博号数量多，并不意味着移动政务做得好。政府各部门要根据区域发展及民生需求分析，实事求是地创建和运作移动电子政务平台，对有迫切需求而动力不足的领域、区域，要进行鼓励并技术扶持移动电子政务的建设发展，充分利用移动电子政务的发声平台，拉近政府与公众的距离。

另外，政府应当鼓励各级司法机关、立法机关积极发展以政务头条号为代表的"两微一端"，增强政府各分支与公众的互动，既推动了立法、普法工作，又有利于公民增强法制意识，客观上加强了社会公正的信心。对立法工作、热点案件等重大问题，应建立高效、透明的公开机制，及时向公众发布进展，通过对立法及司法判例的讨论提高公众的法律意识和水平，进而推动中国的法治进程。同时，建立矩阵化发展模式，探索政务头条号与其他平台联动发展模式，保证不同级别的政府能够在信息发布上联动共享，减少不必要的资源浪费。

3. 建立专门机构，实现大数据的有效管理

大数据是移动互联网时代的重要资源，移动电子政务的发展离不开对大数据的有效利用。我国政府在日常的政务活动中已经掌握了极其丰富的数据资源，推动移动电子政务的进一步发展，加强对大数据的有效管理和开发利用，是当前我国移动电子政务发展的重要着力点。

首先，政府应建立专门的大数据管理制度，实现对数据资源的有效管理。应整合现有的政务数据资源，打破数据壁垒，从而有效实现对政务数据的保护、利用和共享。同时，要在掌握

大数据资源的基础上建立大数据共享开放平台，推动政府与第三方机构之间的数据合作，让人民群众享受大数据的便利。

其次，要建立基于大数据的一站式移动电子政务平台，打通政府各部门间的信息共享渠道。例如，让不同部门行政事项的办理共享同样的数据接口，将行政审批、办证缴费等事项使用统一的认证机制，降低公众办事成本。让公众以手机为媒介，可以一站式办理相关行政事项，以满足公众的多元化政务服务需要。

4. 健全监督机制，提升政府服务效能

为了实现长期、有效地运营移动电子政务平台，各级政府部门必须建立配套的监督与考核机制，以保证其方向上的效能、运作中的效率和实践后的效果。

在这方面，各地方也有一些初步的探索。例如，广东省政府办公厅、省编办、经济和信息化委等部门牵头，建立了“互联网+政务服务”工作绩效考核制度，重点将行政审批和公共服务效能政务数据共享、政务服务配合、信息安全等方面的工作作为重要的考核指标，形成相关工作的定期通报制度，对一些综合评价高、公众反响好的做法进行典型示范推广。这些举动有效地推动了各级政府部门借助新技术优化政务服务工作。

同时，要配套建立健全相应的问责机制。问责机制要以公众满意度为重要指标，对于移动电子政务中形象工程等政府不作为问题实施问责，并定期在移动端新媒体平台予以公布，让各级政府部门接受用户的监督。

以“两微一端”为代表的移动电子政务平台中参与公共管理的评价体系关系着移动电子政务平台能否健康发展。因此，要加强移动电子政务评价体系的建设。杜绝对移动电子政务平台考核标准单一，仅通过网络用户量与阅读量来评估电子政务工作的优劣。应杜绝政府部门作秀现象，真正从公众和社会的需求出发，建立健全政务头条号的科学考核标准，将群众的评价和回复率纳入考核体系中，借此推动政务头条号的健康发展。

5. 健全信息安全法律法规，提供法律保障

作为数据汇总的平台，以“两微一端”为代表的电子政务平台掌握着庞大的用户数据，数据的安全性关系着平台生死。作为移动电子政务服务的平台，其不仅有责任还有义务保护好用户的相关数据。一方面，平台自身要继续完善数据、隐私管理机制，在数据的使用上要建立严格的规章制度，严格审核数据出口，同时从技术方面完善数据保护平台，防止数据泄露；另一方面，要加强对人员素质的提升，对于涉及重要数据的岗位，要与相关人员签署数据保密协议，同时对数据平台的使用要建立严格的审核机制。

对政府获取和使用公民个人信息的问题，应建立严格的安全认证机制，确立监管责任和追责机制，并完善相关法律法规建设，将政府对公民信息的管理纳入法律规范的框架内。因此，应加快研究相关法律法规，界定对个人信息收集、使用的合法边界，敦促各平台建立有效透明的安全保障机制。

本章小结

本章主要选取了与电子商务发展密切关联的物流、金融、社交、农产品及政务等行业发展电子商务的案例。在电子商务物流方面，分析了京东的“自营+第三方”电商物流模式；在互联网金融方面，分析了蚂蚁金服的互联网金融运营模式；在社交电商方面，分析了每日一淘、云集和淘集集的成与败；在农产品电商方面，分析了德庆柑桔的电商模式；在移动电子政务方面，分析了政务头条号的发展模式。

本章实训

实训案例

典型互联网金融商业模式分析

1．传统金融的互联网化

（1）互联网银行——Moven：CRED 信用分数与大数据应用，引导用户健康消费

Moven 于 2011 年由 Brett King 在美国创立，是一家专门从事手机移动金融业务的银行服务商。作为一家数字银行，Moven 本身并没有银行牌照，其运营模式是 Moven 作为金融科技企业负责运营，联合美国传统银行 CBW Bank 代为管理存款的合作模式。

Moven 占领市场依靠的不是互联网银行的利率优势，而是将目标锁定在那些倾向于手机移动端提供“一站式”便捷金融服务、智能理财、社交等创新服务的人群，尤其需要 Moven 为其提供个人定制的预算与储蓄计划、养成良好储蓄习惯的、认可 CRED 信用分数与收费服务的人群，这是 Moven 的目标客户定位。Moven 基于手机 App 面向客户提供的服务主要有：智能财务管理功能 MoneyPulse 和 MoneyPath；测试客户信用分数 CRED Score；财务个性测试；非接触式支付；朋友间转账；直接存款功能等。

（2）互联网券商——Motif Investing：提供主题投资的社交型券商

Motif Investing 平台正式上线于 2012 年，是在 SEC 注册的经纪商。与传统券商不同的是，Motif Investing 平台向用户提供基于某个主题的投资组合，即 Motif，并以投资组合为单位向用户收取交易佣金。

Motif Investing 的主题投资模式强调“直观”逻辑，投资组合的主题来自日常趋势，十分便于普通投资者理解。Motif Investing 以投资组合作为投资对象，每个投资组合的最低额度为 250 美元。其投资流程为：①选择投资组合。②个性化定制。用户可以直接购买该投资组合，或者进行一定修改之后再投资，如手动添加和删除某只股票，或调节某只股票的投资比例等。③购买组合并支付佣金。一个组合支付 9.95 美元的佣金，用户增加的股票或者 ETF 按只数收取每只 4.95 美元的佣金。④跟进后续调仓。

交易佣金是 Motif Investing 的盈利来源。Motif Investing 的交易佣金以组合计价，每个投

资组合的交易（最多30只股票）收取佣金9.95美元，单只股票交易收取佣金4.95美元。

（3）互联网保险——Maxwell Health：专为中小企业用户提供医疗保险

Maxwell Health成立于2013年，是一家帮助中小企业员工购买福利、就医的公司。在运营模式上，Maxwell Health简化了企业和员工的购买福利和管理流程，员工只需使用公司的网站和App就可以购买福利，所有的流程都在线上完成。

在保险产品供应方面，Maxwell Health并不直接和保险公司合作，而是和保险经纪商合作提供产品。在购买方面，Maxwell Health对接雇主，由雇主选择提供给雇员哪些福利产品。Maxwell Health在其中不参与产品设计，也不参与产品定价。Maxwell Health提供的是一个类似于淘宝的平台，并将所有的产品分类呈现，让所有的产品的条款和用途更加清晰、透明。此外，Maxwell Health还会提供一系列额外的服务，包括健身设备、儿童护理、健康设备等。当公司为员工购买保险时，Maxwell Health会向对应公司或保险经纪商收取一定的费用。目前，美国前100名保险经纪商有40家正在与Maxwell Health接洽保险的事宜。

2．基于互联网平台开展金融业务

（1）互联网基金销售——PayPal货币市场基金：美国第一只互联网货币基金

在美国货币基金市场发展接近顶峰的时期，第三方支付公司PayPal推出了美国第一只互联网货币基金。PayPal的支付用户只要激活基金账户，就成为该基金的投资者，其原本存放在PayPal支付账户中不计利息的余额将自动转入货币市场基金并产生收益。PayPal货币市场基金的申购门槛非常低，只要PayPal账户余额在0.01美元以上，便可进行初始及追加投资。PayPal货币市场基金一经推出就受到了市场的欢迎。

金融危机后，美国联邦储备体系（简称美联储）推出宽松的货币政策，货币基金收益大幅下降，2011年，PayPal官方发布声明关闭货币市场基金。至此，全球第一只互联网货币市场基金退出历史舞台。

（2）互联网资产管理——Betterment：业务全面发展的美国智能投顾平台

Betterment于2010年在美国纽约成立，由于对资产没有最低限额，且费率相对较低，成立之后快速发展，现已经发展成为美国最大的智能投顾平台之一。

Betterment投资标的为ETF，提供的服务包括智能投资理财、税收损失收割、面向投资顾问及机构提供智能投顾服务、为企业提供401（k）账户管理服务等。Betterment的服务用户有三类，分别是零售用户、机构用户及退休用户，因而分别推出了三类平台：Betterment、Betterment for Advisor（B4A）及Betterment for Business（B4B）。针对零售用户，Betterment基于财务规划目标为用户提供投资咨询服务，用户选择财务规划目标后，在不同的财务目标下，Betterment为用户提供投资组合推荐。同时，用户可以基于自己的偏好与风险承受能力选择其他的投资组合。Betterment为用户推荐的投资组合都为ETF，并且每个用户的账户投资的ETF不超过12只。其主要的投资ETF包括股票型ETF与债券型ETF。通过对两类ETF进行组合，来达到用户的配置目标。

（3）互联网商业贷款——Kabbage：大数据驱动的在线小额贷款公司

Kabbage于2008年创立于美国亚特兰大。公司开始只是向eBay网店提供在线小额贷款服务，后来扩展到Yahoo、Amazon、Shopify和Etsy等电商平台。Kabbage号称7分钟放贷，贷款申请流程大致可分为申请、初审、决策、放款四个步骤。①申请。电商客户先注册 Kabbage 账户，并填写简单申请，在 Kabbage 上申请商业预付款服务；②初审。审查用户是否有足够的网络销售时间和数据。③决策。用户可以授权 Kabbage 审核自己一个或多个账户信息来得到自己在 Kabbage 平台的信用额。Kabbage 通过用户授权，会导入用户在其他平台的数据信息。通过分析网店的店铺信息、预付款可用余额、经营情况和社交网络上与客户的互动情况等指标，生成一份独特的信用评分报告"Kabbage Score Kard"，并据此做出贷款决策。④放款。经过初审和决策流程，电商商家可以获得与其信用水平和交易数据相当的商业预付款额度。

Kabbage 通过向获得预付款的商家收取费用来获得收入，具体费用视预付款期限和偿还风险而定。

（4）互联网消费金融——ZestFinance：利用大数据和机器学习

ZestFinance 于 2009 年成立于洛杉矶，面向金融弱势群体提供消费贷款服务，贷款对象的 FICO 分数低于 500 分，甚至信用分数缺失。ZestFinance 的优势在于其强大的数据挖掘能力，并对多维度数据进行集合学习，通过信用评估模型加强这些弱相关数据的描述能力，得到最终的消费者信用评分。ZestFinance 已经成功输出风控技术，公开的成果包括 Spotloan、Basix、ZRobot（与京东金融合资建立的金融科技公司）。

3．全新的互联网金融模式

（1）P2P——Social Finance：专注于学生贷款的 P2P 网贷平台

Social Finance（简称 SoFi）创立于 2011 年，是一家总部位于旧金山的网贷平台。针对美国联邦学生贷款利率无差异化、申请流程烦琐及服务差等弊端，以美国名校 MBA 学生和毕业生为切入点，SoFi 为他们提供比联邦学生贷款利率更低的贷款。

与大多数网贷平台定位在为"无法在银行借到钱"的客群提供高息贷款不同，SoFi 专注于为早期的精英人群提供低息贷款，并以差别化低息吸引高质量借款者，通过社交网络进一步降低违约率，同时以资产证券化降低出借端资金成本。平台借款人平均 FICO 信用评分达 772 分，平均年收入超过 13.3 万美元，月均可支配现金流为 5405 美元。目前平台 80%的出借资金来自资产证券化。随着客户逐渐走出校园、成家立业，SoFi 开始筹谋为他们提供终身金融服务。2014 年 4 月，SoFi 宣布进军住房抵押贷款市场和个人信贷市场。

（2）众筹——CircleUp：专注消费品行业的股权众筹平台

CircleUp 是一家专注于美国消费品行业的股权众筹平台，平台上的融资企业必须是已生产出实物产品或者有实体店的美国消费零售商品公司，消费品领域包括但不限于食品饮料、服装及配饰、家居用品、零售/餐饮等。

CircleUp 专注于为消费领域且有产品实物的企业提供融资。一方面，这能够让投资者通过产品对企业价值进行更全面的评估；另一方面，相对于高科技公司的概念性产品，实物产品的可触摸性和实用性降低了投资者评估公司产品价值所需的知识门槛。融资企业也能够通过产品样本的试用权的分发为产品进行一次市场宣传。

为了帮助投资者了解公司，CircleUp 为投资者提供了交流板块，投资者可以提问并获得与平台团队沟通的机会，聊天记录对所有投资者公开；同时，投资者可以通过电话会议、线上论坛与 CEO 进行交流。感兴趣的投资者可以收到由平台寄出的公司商品样本，或实地考察公司实体零售店。

4．互联网金融信息服务——Credit Karma："完全免费"的美国个人信用管理平台

Credit Karma 于 2007 年成立于美国旧金山，是一家免费的个人信用管理平台。Credit Karma 从美国信用局 TransUnion 和 Equifax 获得信用数据，并为用户提供每周免费更新的信用分数、信用报告及多种工具来帮助用户优化和监测信用分数。此外，Credit Karma 还向用户推荐一些金融产品，如个人贷款、信用卡等。Credit Karma 为用户提供的信用管理服务主要包括免费的信用监测、信用教育、金融工具。用户可以通过 Credit Karma 免费获得来自 TransUnion 的信用监测服务。用户可以通过信用监测服务有效地防范身份盗窃（ID Theft）现象的发生。

Credit Karma 为用户提供了多种金融工具如信用分数模拟工具、购房能力计算器、债务偿还计算器、简单的贷款计算器、分期偿还计算器来帮助用户更好地管理信用分数、债务状况。Credit Karma 的信用教育主要是金融教育文章与社区问答版块。用户可以通过平台上的文章更好地理解复杂的信用与金融概念及发展趋势。

实训内容：比较分析四种互联网金融模式的特点。

实训要求：形成一份案例分析报告。

复习思考

1. 分析京东商城物流模式的启示。
2. 分析蚂蚁金服的金融生态发展特点。
3. 分析社交电商成败的特点。
4. 分析农产品电商发展的关键。
5. 分析政务头条号存在的问题及解决对策。

参考文献

[1] 陈晓鸣，葛青龙，李温乐，等．电子商务案例分析与创新应用[M]．北京：人民邮电出版社，2020.

[2] 逯宇铎，陈璇，孙速超．跨境电子商务案例[M]．北京：机械工业出版社，2020.

[3] 埃弗雷姆·特班，戴维·金．电子商务——管理与社交网络视角（第 8 版）[M]．李在奎，梁定澎译．北京：中国人民大学出版社，2018.

[4] 华晓龙，程艳红．电子商务案例分析（第 2 版）[M]．北京：人民邮电出版社，2020.

[5] 邵婷，黄飞飞，李煊．电子商务案例分析[M]．北京：清华大学出版社，2019.

[6] 唐连生．电子商务运营管理实务[M]．北京：中国财富出版社，2020.

[7] 彭晖，张镱洁．旅游电子商务案例与专题[M]．北京：旅游教育出版社，2019.

[8] 郁道华，林菊玲，杜宗晟．电子商务与现代物流[M]．安徽：安徽大学出版社，2019.

[9] 王红红．电子商务经典案例分析[M]．北京：化学工业出版社，2020.

[10] 孙伟．乡村振兴：农村电子商务模式·运营·案例[M]．北京：中国市场出版社，2019.

[11] 朱小良，王德利，李正波，等．电子商务与新零售研究[M]．北京：中国人民大学出版社，2017.

[12] 杨坚争．电子商务企业模式创新典型案例分析[M]．北京：中国商务出版社，2018.

[13] 左文明．电子商务服务设计与管理[M]．北京：科学出版社，2019.

[14] 黎继子．电子商务物流[M]．北京：中国纺织出版社，2015.

[15] 周兴建，蔡丽华．物流案例分析与方案设计（第 2 版）[M]．北京：电子工业出版社，2018.

[16] 吴谋丽．“三只松鼠”营销策略研究[D]．江西师范大学，2020.

[17] 张梦媛．苏宁易购供应链金融应用案例研究[D]．吉林大学，2020.

[18] 魏超．从信任到转化：快手直播营销对用户购买意愿影响的实证研究[D]．中央民族大学，2020.

[19] PARK JAE HYUN（朴宰贤）．韩国消费者海购行为与海购电商平台研究[D]．浙江大学，2019.

[20] 王佳．商业模式、竞争优势与企业价值[D]．北京交通大学，2019.

[21] 汪婕．自媒体移动端短视频传播策略研究[D]．江西财经大学，2019.

[22] 罗文玉．基于 4C 理论的跨境电商企业网络营销策略研究[D]．中南财经政法大学，2019.

[23] 高钰萌．跨境电商平台商业模式研究[D]．天津商业大学，2019.

[24] 甄少伟．基于阿里巴巴零售通项目的太行公司商业模式研究[D]．河北科技大学，2019.

[25] 周丽君．C2B 模式下服装企业营运资金管理绩效研究[D]．中国地质大学（北京），2018.

[26] 尹璨．三只松鼠的品牌网络传播研究[D]．苏州大学，2018.

[27] 朱小乔．速卖通 B2C 跨境电商平台商业模式研究[D]．华中科技大学，2018.

[28] 周兴建，蔡丽华．现代物流管理概论[M]．北京：中国纺织出版社，2016.